suhrkamp taschenbuch
wissenschaft 1577

Seit Hegel kursieren verschiedene Varianten eines Endes der Kunst. Eine Antwort auf die Frage, wie sich dieses Gerücht so hartnäckig halten konnte, gibt die systematische Rekonstruktion des Topos »Ende der Kunst« bei Hegel, Nietzsche, Benjamin, Adorno und Heidegger. Neben die allgemeinverständliche Darstellung der wichtigsten Theoretiker des Endes der Kunst tritt der Versuch, die latente Reflexion nachhegelscher Kunstphilosophie auf das Verhältnis von Tradition und Moderne am Fallbeispiel des Endes der Kunst freizulegen. Trotz unterschiedlicher Positionen geht es in der Rede vom Ende der Kunst immer um das, was die Moderne fortlaufend produziert, aber ihrem Selbstverständnis nach nicht sein darf: Tradition.

Eva Geulen, geboren 1962, lehrt Literaturwissenschaft an der New York University, USA.

Eva Geulen
Das Ende der Kunst

Lesarten eines Gerüchts
nach Hegel

Suhrkamp

Die Deutsche Bibliothek – CIP-Einheitsaufnahme
Ein Titeldatensatz für diese Publikation
ist bei Der Deutschen Bibliothek erhältlich.

suhrkamp taschenbuch wissenschaft 1577
Erste Auflage 2002
© Suhrkamp Verlag
Alle Rechte vorbehalten, insbesondere das der Übersetzung,
des öffentlichen Vortrags sowie der Übertragung
durch Rundfunk und Fernsehen, auch einzelner Teile.
Kein Teil des Werkes darf in irgendeiner Form
(durch Fotografie, Mikrofilm oder andere Verfahren)
ohne schriftliche Genehmigung des Verlages reproduziert
oder unter Verwendung elektronischer Systeme
verarbeitet, vervielfältigt oder verbreitet werden.
Druck: Nomos Verlagsgesellschaft, Baden-Baden
Printed in Germany
Umschlag nach Entwürfen von
Willy Fleckhaus und Rolf Staudt

1 2 3 4 5 6 – 07 06 05 04 03 02

Inhalt

Vorbemerkung 7

1. Das Ende in der Zwischenzeit 9
2. Hegel ohne Ende 36
3. Rückläufige Bewegung: Nietzsche 61
4. Widerspiel: Benjamin 88
5. Nachspiel: Adorno 117
6. Dasselbe Ende und der andere Anfang: Heidegger 143
7. Epilog: »Das wunderbare Sehnen dem Abgrund zu« 176

Für Tim

Vorbemerkung

Diese Arbeit wurde 1998 in Berlin während eines von der Alexander von Humboldt-Stiftung gewährten Forschungsaufenthaltes begonnen. Der Stiftung schulde ich ebenso Dank wie Professor Hartmut Böhme, meinem großzügigen Gast- und Ratgeber in dieser Zeit. Abgeschlossen wurde die Arbeit in den folgenden Sommern in New York. Bei Andrea Dortmann, Elke Siegel und Kirk Wetters bedanke ich mich für ihre Hilfe bei der Einrichtung des Manuskripts. Für ihr Interesse, Gespräche und Lektüren früherer Fassungen danke ich sehr herzlich Christoph Brecht, Rüdiger Campe, Peter Fenves, Christian Geulen und Anselm Haverkamp.

New York, im Januar 2002

»I invented it all, in the hope it would console me, help me to go on, allow me to think of myself as somewhere on a road, moving, between a beginning and an end, gaining ground, losing ground, getting lost, but somehow in the long run making headway. All lies.« (Samuel Beckett)

1. Kapitel
Das Ende in der Zwischenzeit

I.

Das Ende der Kunst ist ein Gerücht. Solange von einem Ende die Rede ist, bleibt das Verhältnis der Rede zu ihrem Gegenstand ein gespaltenes und unzeitiges, kommt die Rede entweder zu früh oder zu spät. Mit verwandten Final-Dicta wie dem Ende der Natur, der Welt, der Metaphysik oder der Geschichte teilt jede Rede vom Ende der Kunst das Schicksal, sich selbst widersprechen zu müssen, denn entweder hat das Ende schon stattgefunden oder es steht erst noch aus. In der Zwischenzeit, die das Ende vorläufig oder rückläufig aufschiebt, kursiert die berüchtigte Rede vom Ende: »Kommt, reden wir zusammen, wer redet, ist nicht tot«.[1] Obwohl unzeitgemäß, ist das Ende der Kunst immer auf der Höhe der Zeit, denn an jedem Punkt kann es nah oder schon geschehen sein. Was immer das Ende der Kunst sonst noch sein mag, es ist stets auch Mutmaßung. Daß es sich beim Ende der Kunst leider oder glücklicherweise bisher immer auch um Rede und Rhetorik gehandelt hat, um einen Topos jedenfalls und vielleicht sogar um einen Diskurs, hat seine Dringlichkeit nicht beeinträchtigt.

Wenigem ist so viel Nach- und Überleben beschieden wie der Rede vom Ende der Kunst, die sich seit der »Querelle des Anciens et des Modernes« nicht mehr auf das Ende *einer* bestimmten Kunstpraxis oder Kunstepoche bezieht, sondern seither immer radikaler und sozusagen endgültiger das Ende der Kunst überhaupt betrifft, sich infolgedessen immer gründlicher in ihre Widersprüche verstrickt und die semantischen Unterschiede immer nachdrücklicher der Beliebigkeit ausliefert.[2] Ob von der Kunst gesagt wird, daß sie in ihrer philo-

---

1 Gottfried Benn, »Kommt –«, in: *Gedichte in der Fassung der Erstdrucke*, hrsg. Bruno Hillebrand, Frankfurt a. M.: Fischer 1982, S. 467.
2 Zu dieser Vorgeschichte aus literarhistorischer Perspektive vgl. die begriffsgeschichtliche Rekonstruktion von Hans Robert Jauß, »Das Ende der Kunstperiode – Aspekte der literarischen Revolution bei Heine, Hugo und Stendhal«, in: *Literaturgeschichte als Provokation*, Frankfurt a. M.: Suhrkamp ⁶1979, S. 107-143; vgl. auch Jutta Kalckenbrock-Netz, *Fabrikation. Experiment. Schöpfung. Strategien ästhetischer Legitimation im Naturalismus*, Heidelberg: Winter 1981 (insbesondere das Kapitel »Das Diktum vom Ende der Kunst und die Krise der Ästhetik im 19. Jahrhundert«). Eine überzeugende philosophiegeschichtliche Rekonstruktion der Funktion des Endes der Kunst

sophischen Reflexion zu Ende kommt oder als politisches Programm, im spektakulären Gesamtkunstwerk kulminiert oder im wehmütigen Rückblick auf vergangene Kunstperioden erinnert wird, ob sie in den Alltag, den totalen Staat oder das Medienzeitalter erlöst oder aufgelöst wird, verliert gegenüber der Konstanz und Omnipräsenz der Denkfigur zunehmend an Bedeutung. In der Zwischenzeit, die vergangen ist, seit Hegel den Topos vom Ende der Kunst philosophisch fixierte, hat er derart viele Aktualisierungen erlebt, pathetische und melancholische, reaktionäre und revolutionäre, philosophische und ästhetische, daß man behaupten darf, was Kunst bisher gewesen ist, wäre ohne die Rede vom Ende der Kunst nicht vorstellbar. Das Ende der Kunst – ein Gründungsmythos der Kunst, eine privilegierte Selbstbeschreibung des Kunstsystems.[3]

Dieses Dilemma ignoriert und immer wieder ein neues Ende verkündet zu haben, diesen Vorwurf kann man dem modernen Selbstverständnis *nicht* machen. Man hat ja längst und nur zu gut um die eigenen Aporien gewußt. Was Marx vom Dilemma der Revolutionen sagte, gilt auch von der Kunst und ihren Revolutionen im Zeichen des Endes: »Und wenn sie eben damit beschäftigt scheinen, sich und die Dinge umzuwälzen, noch nicht Dagewesenes zu schaffen, gerade in solchen Epochen revolutionärer Krise beschwören sie ängstlich die Geister der Vergangenheit zu ihrem Dienste herauf, entlehnen ihnen

<sub>im Idealismus zwischen Schelling und Hegel bei Odo Marquard, »Gesamtkunstwerk und Identitätssystem. Überlegungen im Anschluß an Hegels Schellingkritik«, in: *Aesthetica und Anaesthetica. Philosophische Überlegungen*, Paderborn, München, Wien, Zürich: Schöningh 1989, S. 100-112.
3 Niklas Luhmann, *Die Kunst der Gesellschaft*, Frankfurt a. M.: Suhrkamp 1995. Zum Ende der Kunst vor allem das Kapitel »Selbstbeschreibung«, S. 393-507. Für die anhaltende Irritierbarkeit durch das Ende der Kunst gibt er selbst ein Beispiel ab, denn Luhmann kann nicht ausschließen, daß das Ende der Kunst, sofern es »Einschluß der Selbstnegation ins System« (S. 472) bedeutet, nicht auch an sein Ende gekommen sein könnte, daß die liminalen Möglichkeiten »inzwischen schon ausgereizt« (S. 479) sind. Freilich hat keiner so scharf wie er gesehen, daß es sich bei der Geschichte der Selbstbeschreibungen des Kunstsystems stets um dasselbe handelt: »Die moderne Selbstbeschreibungsgeschichte des Kunstsystems von der Romantik über die Avantgarde bis zur Postmoderne läßt sich unter einem Gesichtspunkt zusammenfassen – als Variation zu einem Thema. Es geht in all diesen Fällen um die Behandlung der Vergangenheit in einem autonom gewordenen Kunstsystem« (S. 489). In der Tat. Dem Leser wird die Lektüre dieser Variationen in dieser Studie auch zugemutet, weil die systemtheoretische Maschine einen um die Differenzen bringt, auf die doch schließlich auch für Luhmann und die Systemtheorie alles ankommt. Zum Versuch, die Geschichte der Ästhetik systemtheoretisch heimzuholen, vgl. Gerhard Plumpe, *Ästhetische Kommunikation der Moderne. Band 1: Von Kant zu Hegel*, Opladen: Westdeutscher Verlag 1993. Zu Hegels Ende der Kunst vor allem S. 300-355.</sub>

Namen, Schlachtparole, Kostüm, um in dieser altehrwürdigen Verkleidung und mit dieser erborgten Sprache die neue Weltgeschichtsszene aufzuführen.«[4] Einsicht in die zerrüttende Logik des Dramas vom Ende der Kunst, daß wir, wie Bruno Latour formuliert hat,[5] noch nie modern gewesen sind und insbesondere dort nicht, wo das Ende der Kunst beschworen wird, war schon manchem Avantgardist ein alter Hut: »Diese Moderne, die aufrührerisch sich gebärdet, arbeitet im Grunde reaktionär und ist der späte Erbe des uralten Idealismus«, heißt es bei Carl Einstein.[6] Vielleicht hat die Einsicht in den Zusammenhang von Originalität und Wiederholung ihren bislang bündigsten Ausdruck in der Tatsache gefunden, daß Marcel Duchamp, der die Verschränkung von moderner Innovationslogik und Ende der Kunst mit seinen Ready Mades auf eine erste Spitze trieb, späterhin Musterkoffer mit kleinformatigen Reproduktionen derselben anlegte.[7] Im theoretischen Bereich stammt der pointierteste Versuch, die Rolle des Endes der Kunst für das Fortleben der Moderne zu bestimmen, von Paul de Man. Die »temptation of modernity to move outside art«[8] verdankt sich der Erkenntnis, daß die Selbstversicherungen aller Modernen strukturell aporetisch sind: »When they assert their own modernity, they are bound to discover their dependence on similar assertions made by their literary predecessors, their claim to being a new beginning turns out to be the repetition of a claim that has always already been made.«[9] Gerade das Ende der Kunst als Ausbruchsstrategie und Pathosformel der Moderne verstrickt sie in die Widersprüche, von denen sie freilich lebt: »The continuous appeal of mod-

---

4 Karl Marx, »Der 18. Brumaire des Louis Napoleon«, in: Karl Marx, Friedrich Engels, *Studienausgabe in 4 Bänden,* hrsg. Iring Fetscher, Frankfurt a. M.: Fischer, Bd. IV, S. 33-119, hier: 33.

5 Bruno Latour, *Wir sind nie modern gewesen. Versuch einer symmetrischen Anthropologie*, Frankfurt a. M.: Fischer 1998.

6 Carl Einstein, *Die Fabrikation der Fiktionen*, hrsg. Sibylle Penkert, Reinbek b. Hamburg: Rowohlt 1972, S. 21.

7 Francis M. Nauman, *Marcel Duchamp: The Art of Making Art in the Age of Mechanical Reproduction*, Ghent: Ludion Press 1999. In einem strikten Sinn gilt von Duchamps Urinal, daß es allein in seiner Reproduktion zugänglich ist. Hierzu das vorzügliche Buch von Thierry de Duve (*Kant after Duchamp*, Cambridge, Massachusetts: The MIT Press 1999 (1996)), für den Duchamps Urinal gerade nicht der Bruch mit der Tradition ist. Im Gegenteil validiert Duchamp die Tradition, indem er sie zum ersten Male sichtbar macht. Für den Hinweis auf dieses Buch danke ich Sina Najafi.

8 Paul de Man, »Literary History and Literary Modernity«, in: *Blindness and Insight. Essays in the Rhetoric of Contemporary Criticism*, Minneapolis: University of Minnesota Press ²1983, S. 142-165, hier 158.

9 Paul de Man, a.a.O., S. 161.

ernity, the desire to break out of literature toward the reality of the moment, prevails and, in its turn, folding back upon itself, engenders the repetition and continuation of literature. Thus modernity, which is fundamentally a falling away from literature and a rejection of history, also acts as the principle that gives literature duration and historical existence.«[10]

Für die jüngere Zwischenzeit unserer Zeitgenossenschaft scheint aber zu gelten, daß die so lange produktive Rede vom Ende der Kunst ihrem eigenen Ende entgegengeht. Mit der Banalisierung und Trivialisierung der Denkfigur droht einem der erfolgreichsten Krisendiskurse der Moderne selbst die Krise. So umfassend ist das Ende der Kunst zu einem Gemeinplatz geworden, daß die Rede davon selber schal wirkt. Als die sechziger Jahre die Avantgarde wiederholten, konnte Octavio Paz die mangelnde Originalität der Bewegung noch einmal als Ende der Idee moderner Kunst verstehen,[11] aber heute gehört es längst zum guten Ton, das Ende der Kunst als Ladenhüter der Moderne zu enttarnen.[12] Aus den einsamen Höhen philosophischer

---

10 Paul de Man, a.a.O., S. 162. Daß sich daraus, trotz Anleihen bei der Psychoanalyse, noch kein Modell von Literaturgeschichte ergibt, wie Harold Blooms *Poetics of Influence* es will, hat de Man in seiner Bloom-Kritik nachdrücklich gezeigt. *Blindness and Insight*, a.a.O., S. 267-276. In einer Reflexion über das »Scheitern« im Selbstverständnis der Moderne radikalisiert Werner Hamacher (*Entferntes Verstehen. Studien zu Philosophie und Literatur von Kant bis Celan*, Frankfurt a. M.: Suhrkamp 1998, S. 280) de Mans Einsicht, indem er die Theoretiker der Moderne beschuldigt, es sich wohlsein zu lassen bei der Vorstellung, daß Zerfall ein Erhaltungsmodus ist: »Tritt sie unter den Aspekt ihrer Selbstdefinition, dann ist es also der Moderne mit dem Scheitern nicht ganz ernst. Nicht ernst ist es ihr, solange sie sich unter das Prinzip des Wissens stellt und die Erfahrung des Zerfalls an das Gesetz vorstellender Erkenntnis bindet«. Der als Wissen verfügbaren Dialektik von Ende und Anfang, alt und neu, Gelingen und Scheitern in den Theorien der Moderne stellt Hamacher emphatisch die »Praktiker« gegenüber. Nicht ganz überraschend fällt es Kafka (und Benjamin) zu, das Scheitern zum Scheitern des Scheiterns zu radikalisieren.
11 »Die Avantgarde von 1967 wiederholt die Taten und Gesten derjenigen von 1917. Wir erleben das Ende der Idee moderner Kunst.« Octavio Paz, »Baudelaire als Kunstkritiker«, in: *Essays II*, Frankfurt a. M.: Suhrkamp 1984, S. 329. Zum Ende der Kunst 1968 vgl. Karl Markus Michel, »Ein Kranz für die Literatur«, in: *Kursbuch*, hrsg. Hans Magnus Enzensberger, 15, 1968, S. 169-166 und im selben Heft Hans Magnus Enzensberger, »Gemeinplätze, die Neueste Literatur betreffend«, S. 187-197.
12 Zum Beispiel bei Wolfgang Welsch, »Ach, unsere Finaldiskurse ... Wider die endlosen Reden vom Ende«, in: *Zukunft oder Ende. Standpunkte, Analysen, Entwürfe*, hrsg. Rudolf Maresch, München: Boer 1993, S. 23-28. Im Bereich der Kunstgeschichte vgl. Rosalind E. Krauss, *Die Originalität der Avantgarde und andere Mythen der Moderne*, Amsterdam, Dresden: Verlag der Kunst 2000. Lange bevor Peter Bürger und andere das Altern der Moderne ausriefen, hat es bei Konservativen Überlegungen in dieser Richtung gegeben: Harold Rosenberg, *The Tradition of the New*, New York: Horizon

Spekulation bei Hegel ist das Ende der Kunst in die sumpfigen Niederungen der Phrase abgewandert. Aus dem Gerücht ist manifestes Geschwätz geworden. Ein Beispiel aus dieser Sphäre zeigt, daß dem so sein mag und warum es sich dennoch um kein Ende des Endes handelt.

Vom *Spiegel* aus Anlaß der Documenta X über den Zustand zeitgenössischer Kunst befragt, ließ sich der französische Philosoph Jean Baudrillard Äußerungen entlocken, die das Ende der Kunst im Zeitalter digitaler Vernetzung beschwören: »Es kam zu einem Kollabieren der wirklichen Welt in die Kunstwelt. Durch Simulation ist die ganze Banalität der Welt in die Kunst getragen worden.«[13] Das utopische Ziel der historischen Avantgarde, die Differenz von Kunst und Leben aufzuheben,[14] ist am Ende des kurzen 20. Jahrhunderts technisch realisiert und damit profanisiert worden. Immun gegen die banale Indifferenz, die die Unterschiede zwischen Kunst und anderen Wirklichkeiten folgenlos absorbiert, erweist sich jedoch der Topos selbst, den Baudrillard hier noch einmal ohne Rücksicht darauf bemüht, daß dem Novum des Medienzeitalters – sofern es denn ein Novum ist – der vergreiste Topos des Endes der Kunst kaum gerecht werden dürfte. Nach Baudrillard ist alles der Banalität verfallen, die totale Simulation hat Differenzen und Niveauschwellen eingeebnet, alle Geheimnisse und Abenteuer der Kunst sind medial entzaubert, aber das Ende der Kunst wirkt immer noch neu und authentisch. Mit anderen Worten: Banalisierung droht dem Topos eben gerade nicht; sie ist nicht die jüngste, aber zwischenzeitlich dominante Weise, das Ende der Kunst zu aktualisieren.[15]

Press 1959; Wyndham Lewis, *The Demon of Progress in the Arts*, London: Methuen 1954; Hans Sedlmayer, *Die Revolution der modernen Kunst*, Reinbek b. Hamburg: Rowohlt 1955.

13 *Spiegel*, Kultur Extra, Heft 7, Juli 1997.

14 Peter Bürger, *Theorie der Avantgarde*, Frankfurt a. M.: Suhrkamp 1974.

15 Ähnlich auch Henning Ritter, »Immergleiches Spiel der Überraschungen. Die erschöpfte Freiheit der Kunst«, in: *F.A.Z.* vom 17.1.98. In dem Versuch von Boris Groys, die Innovationslogik der Moderne als Kulturökonomie aufzufassen, ist Banalisierung dagegen keine späte, sondern die einzige Logik. Der ökologischen Perspektive, daß wir heute einer Profanisierung der Profanisierungslogik und damit dem Ende der Innovation gegenüberstehen, begegnet Groys mit dem Argument, daß diese Vorstellung voraussetzt, daß es »es zwischen der Kultur und dem profanen Raum, der als Leben, Natur, spontane Volkskultur usw. verstanden wird, von vornherein einen festen Unterschied gibt, so daß der gesamte profane Raum von der Kultur ausgefüllt und in Besitz genommen werden kann (...) Doch der Unterschied zwischen der valorisierten Kultur und dem profanen Raum ist positionsgebunden und verändert sich deshalb ständig.« *Über das Neue. Versuch einer Kulturökonomie*, München, Wien: Hanser 1992, S. 115.

Auch der Befund, die Denkfigur selber sei ubiquitär und trivial geworden, bewegt sich noch im Einzugsbereich der Rede vom Ende der Kunst. Die Beliebigkeitsdiagnose datiert nun einmal auf Hegel, der über das »Ende der romantischen Kunst« in den *Vorlesungen über die Ästhetik* (1835) schrieb, die Kunst sei nun »ein freies Instrument« geworden, und es gebe nichts, was »über dieser Relativität stände«.[16] Was bei Baudrillard Simulation heißt, verstand Hegel unter »Dramatik«.[17] Seinem Appell an den »neuen Heiligen den *Humanus*«[18] zum Trotz kann kein Zweifel sein am wesentlichen Leerlauf und an den bloß noch dramaturgisch inszenierten Effekten aller postromantischen Kunstprojekte: »Deshalb verhält sich der Künstler zu seinem Inhalt im ganzen gleichsam als Dramatiker, der andere, fremde Personen aufstellt.«[19] Freilich glaubt Baudrillard im Unterschied zu Hegel, der davon ausging, daß kein »Dante, Ariost oder Shakespeare (...) in unserer Zeit hervortreten«[20], aus dem Ende noch einmal dialektischen Mehrwert schlagen zu können. Am Schluß des Interviews gelingt Baudrillard der Bogen vom absoluten Ende der Kunst zur Wiederauferstehung des Abenteuers Kunst aus dem Geist der totalen Technik: »Vielleicht gelingt es einem Produkt der reinen Simulation, daß es zu einer Verführung wird, einer Konfrontation mit dem anderen, zur Illusion.«[21] So wird das Ende der Kunst noch einmal in eine Dialektik gespannt, die es auf Gründung, Festigung oder Modifikation eben der Sphäre der autonomen Kunst verpflichtet, die sich mit der Ästhetik

---

16 Georg Wilhelm Friedrich Hegel, *Werke in 20 Bänden*, hrsg. Eva Moldenhauer u. Karl Markus Michel, Frankfurt a. M.: Suhrkamp 1970, 14, S. 235.
17 Freigelegt und bis in die letzten Konsequenzen verfolgt, nicht bloß für die Kunst, sondern das Problem von Selbstbewußtsein und seiner sprachlichen Verfassung überhaupt hat diesen Sinn von Dramatik im weiteren und Komödie im engeren Sinne Werner Hamacher in seinem Aufsatz »Das Ende der Kunst mit der Maske«, in: *Sprachen der Ironie – Sprachen des Ernstes*, hrsg. Karl Heinz Bohrer, Frankfurt a. M.: Suhrkamp 1999, S. 121-156. Vgl. auch Christoph Menkes *Tragödie im Sittlichen. Gerechtigkeit und Freiheit nach Hegel*, Frankfurt a. M.: Suhrkamp 1996.
18 Hegel, a.a.O., S. 237.
19 Hegel, a.a.O., S. 235.
20 Hegel, a.a.O., S. 238.
21 Unter direkter Berufung auf Hegel und in Anlehnung an Odo Marquards Kompensationstheorem schreibt ganz ähnlich Wolf Lepenies: »Die Kunst, die so lange nur die Entzauberung der Welt kompensieren mußte, muß nun mit dem möglichen Ende der Welt fertigwerden. Die Kunst muß uns Überraschungen und Alternativen vorspielen, sie muß an Vergangenes erinnern und uns glauben machen, daß es eine Zukunft noch gibt.« Wolf Lepenies, »Das Ende der Kunst und das Ende der Geschichte«, in: *Aufstieg und Fall der Intellektuellen in Europa*, Frankfurt a. M., New York: Campus 1992, S. 73-95, hier: 94.

Baumgartens und in der »Querelle« abzeichnete, und deren Beschluß bei Hegel widerrufen zu wollen, die Moderne immer wieder zwang, auf den Topos vom Ende der Kunst zurückzugreifen.[22] Aber die kritische Absetzung von und Auseinandersetzung mit der Ästhetik des Idealismus – solange sie im Namen eines Endes der Kunst formuliert wird, und bisher ist sie nicht anders formuliert worden – validiert diese Tradition in genau dem Maße, wie sie deren Ende bekräftigen möchte.

Deshalb involviert die Frage nach dem Ende der Kunst stets auch die nach der Beendbarkeit der Ästhetik, die uns das Ende der Kunst hinterlassen hat und die sich in dem Maße behauptet, wie ihr Ende angestrebt wird. Das ist die Ästhetik Hegels, deren berühmtes Ende der Kunst die Moderne widerrief, bevor sie noch begonnen hatte, und *ineins* damit dafür gesorgt hat, daß immer wieder auf das Ende der Kunst gesetzt wurde. Der anti-ästhetische Affekt bleibt freilich eine Rede vom Ende der Kunst, die den Dialektik-Verdacht nicht abschütteln kann und sich fragen lassen muß, ob die Neubegründung eines trans-ästhetischen Kunstbegriffs, sofern sie mit dem Ende der Kunst spekuliert, nicht doch bloß eine Variation auf die Hegelsche Ästhetik bleibt.

An Beispielen für Versuche, einen neuen Kunstbegriff jenseits der Vorgaben der idealistisch-ästhetischen Tradition zu installieren, fehlt es nicht.[23] Im Gegenteil: der anti-ästhetische Impuls ist der Konsensus jüngerer Theorie seit de Man und Derrida. Die raffinierteren die-

---

[22] Pathetisch aufgeladen, aber wesentlich die gleiche Figur beschließt auch das in den frühen sechziger Jahren erfolgreiche Buch von Wladimir Weidlé, *Die Sterblichkeit der Musen. Betrachtungen über Dichtung und Kunst in unserer Zeit*, Stuttgart: Deutsche Verlagsanstalt, 1958. Und noch ein so erstaunliches Buch wie Giorgio Agambens *The Man Without Content* beschließt seine eigenwillige Analyse des ästhetischen Urteils mit einer verwandten, Heidegger entlehnten Figur, die am Ende im Ende die Ursprünglichkeit entdeckt: »According to the principle by which it is only in the burning house that the fundamental architectural problem becomes visible for the first time, art, at the furthest point of its destiny, makes visible its original project.« Stanford, California: Stanford University Press 1994, S. 115. (Da keine deutsche Übersetzung vorliegt, wird der Verständlichkeit und Zugänglichkeit wegen die englische Übersetzung zitiert.)

[23] So gewinnt etwa Günther Seubold aus einer doppelten Lektüre Adornos und Heideggers das Begriffsmonstrum einer »generativ-destruktiven Ästhetik« in: *Das Ende der Kunst und der Paradigmenwechsel in der Ästhetik. Philosophische Untersuchungen zu Adorno, Heidegger und Gehlen in systematischer Absicht*, Freiburg, München: Alber 1997. Überzeugender dagegen Jay M. Bernsteins Überlegungen zur ästhetischen Entfremdung in *The Fate of Art. Aesthetic Alienation from Kant to Derrida and Adorno*, Cambridge: Polity Press 1992.

ser post-ästhetischen Kunsttheorien versuchen den Hegelschen Geist des Endes abzuschütteln, indem sie die Formlosigkeit des Endes hervorheben, zum Beispiel durch radikale Verzeitlichung des Endes. Hegels arrogant dekretiertes Diktum läßt sich ausspielen gegen das unendliche Enden in den Kunstwerken. Mit Blanchot zu reden: »Die Literatur geht auf sich selber zu, auf ihr eigentliches Wesen, das in ihrem Verschwinden besteht.«[24] Oder man versucht, das Ende anti-ästhetisch als Unterbrechung und Abbruch zu deuten.[25] Vielleicht darf man die faszinierte Wiederentdeckung des Erhabenen im Anschluß an Lyotard in den 80er Jahren als Versuch verstehen, mit dem Erhabenen der ästhetischen Tradition ihre anti-ästhetischen Impulse abzuringen. Mit der Grenzkategorie des Erhabenen erweist sich das Ende als eine spezifisch anti-ästhetische Gegen- und Eigenlogik der Kunst.[26] Im Rahmen solcher Strategien heißt das Ende der Kunst auch »Abschied«.[27] Polemisch verkürzend darf man diese Versuche Radikalisierungen des Endes nennen. Sie sind den Finalisierungen,

---

24 Maurice Blanchot, »Der Literaturschwund«, in: *Der Gesang der Sirenen. Essays zur modernen Literatur*, München: Hanser 1962, S. 265-274, hier: 265.

25 So etwa Karl Heinz Bohrers emphatisches Plädoyer für die moderne Ästhetik der Plötzlichkeit in *Plötzlichkeit. Zum Augenblick des ästhetischen Scheins*, Frankfurt a. M.: Suhrkamp 1981. Heroisch heißt es dort: »Lassen wir uns nicht von der Philosophie das Schöne legitimieren. Starren wir vor allem nicht bei jeder besseren Diskussion auf das Verdikt Hegels über das Ende der Kunst« (S. 86). Andererseits insistiert Bohrer aber scharfsinnig auf dem Grenzcharakter des spezifisch modernen ästhetischen Scheins, den er gegen philosophische oder ideologiekritische Übergriffe schützen möchte. Wenn es sich beim ästhetischen Schein um eine Grenzerfahrung handelt, ist Heteronomie ihm aber wesentlich. Zu Ende und Abbruch vgl. Hans Jost Frey, *Der unendliche Text*, Frankfurt a. M.: Suhrkamp 1990.

26 Christine Pries (Hrsg.), *Das Erhabene. Zwischen Grenzerfahrung und Größenwahn*, Weinheim: VCH Humaniora 1989; Hans-Thies Lehmann, »Das Erhabene ist das Unheimliche. Zur Theorie einer Kunst des Ereignisses«, in: *Merkur*, 487-88, September-Oktober 1989, S. 751-764. Über den Zusammenhang von Avantgarde und Erhabenem Jean-François Lyotard, »Das Erhabene und die Avantgarde«, in: *Merkur* 424, 1984, S. 151 ff.

27 Marianne Schuller, »Versuch zum Abschied«, in: *Moderne. Verluste*, Frankfurt a. M.: Stroemfeld 1997; Reinhard Baumgart, *Addio. Abschied von der Literatur. Variationen über ein altes Thema*, München: Hanser 1995, der freilich vom Phantasma eines real drohenden Todes der Literatur umgetrieben wird. Ungleich eleganter dagegen Karl Heinz Bohrer, *Der Abschied. Theorie der Trauer*, Frankfurt a. M.: Suhrkamp 1996. An Präzision und Radikalität kaum zu überbieten die Überlegungen zur Literatur als Abschied in dem Aufsatz von Werner Hamacher, »Über einige Unterschiede zwischen der Geschichte literarischer und der Geschichte phänomenaler Ereignisse«, in: *Kontroversen, alte und neue, IX: Historische und aktuelle Konzepte der Literaturgeschichtsschreibung; Zwei Königskinder? Zum Verhältnis von Literatur und Literaturwissenschaft*, hrsg. Albrecht Schöne et al., Tübingen: Niemeyer 1985, S. 5-15.

den Versuchen, das Ende des Endes der Kunst einzuläuten,[28] allemal vorzuziehen. Aber auch Radikalisierungen, die Hegels Diktum gleichsam zu überbieten versuchen, bleiben in dem double bind, das (Hegelsche) Ende der Kunst immer dort wiederholen zu müssen, wo es darum geht, jenseits dieser ästhetischen Tradition Fuß zu fassen.[29] Zu zeigen ist aber, daß auch Radikalisierungen nur Möglichkeiten aufnehmen, die Hegels Ende der Kunst bereitgestellt hat, und daß, was weiterführende Radikalisierung scheint, unter Umständen und recht besehen die Bewegung einer Rückkehr vollzieht. In diesem Sinne schreibt Rodolphe Gasché: »Rather than radically breaking with aesthetics, might all the (evidently necessary) attempts to reach beyond traditional aesthetics be elaborations of limit-possibilities that open up within the traditional discipline itself?« Und er setzt hinzu: »art speaks of itself in the aftermath of Hegel's own categorization of

---

28 Schon 1980 in seiner berühmten Adorno-Preis-Rede hat Jürgen Habermas diese Option verfolgt und allen Versuchen, Kunst aufzuheben, ihr Dilemma aufgewiesen. Jürgen Habermas, »Die Moderne – ein unvollendetes Projekt«, in: *Kleine politische Schriften 1-4*, Frankfurt a. M.: Suhrkamp 1981, S. 444-464. Daß sein Plädoyer für den therapeutisch dosierten Umgang mit Kunst und Literatur, wie er am Schluß seines Aufsatzes anhand von Peter Weiss' Roman *Die Ästhetik des Widerstands* exemplifiziert wird, sich mit der konservativen Spielart desselben Modells in Odo Marquards Verständnis von Kunst als »Exile der Heiterkeit« überschneidet, mag als Indiz dessen zureichen, daß sich der Diskurs des Endes der Kunst nur um einen hohen Preis zensieren läßt. Odo Marquard, »Exile der Heiterkeit«, in: *Aesthetica und Anaesthetica. Philosophische Überlegungen*, a.a.O., S. 47-63. Kritische Einwände gegen Radikalisierungs- und Finalisierungsstrategien bei Thierry de Duve, a.a. O., S. 427-462. Die Ironie und Pointe seiner Archäologie der Moderne anhand eines einzelnen Kunstwerks (Duchamps Urinal) ist, daß das Absehen von Radikalisierungsstrategien (für ihn vor allem repräsentiert in der »conceptual art«) die Kunst gleichsam wieder freigibt und die Ästhetik, nicht nur die Hegelsche, sondern die ältere Kants, in das Recht ihrer Jurisdiktion zurücksetzt.

29 Ist dieses Dilemma einmal anerkannt, kann man unterschiedlich darauf reagieren. Man kann, wie Alexander García Düttmann im Ausgang von Adorno, die Aporie im Zusammenhang mit dem Ende philosophisch begründen und artikulieren (*Kunstende. Drei ästhetische Studien*, Frankfurt a. M.: Suhrkamp 2000). Aber unter der Bedingung der philosophisch inthronisierten Widersprüchlichkeit und Nicht-Identität eines jeden Endes gibt es auch keine Geschichte des Endes mehr, die etwas anderes (gewesen) sein könnte als die wiederholte Entfaltung des konstitutiven Selbstwiderspruchs. Darf man aber ausschließen, daß dem Ende im Laufe seiner Zwischenzeit etwas geschehen sein könnte, daß es sich in den Geschichten, die von ihm erzählt werden, den Gerüchten, die über es kursieren, den Erfahrungen, die mit ihm gemacht werden, verändert hat? Man kann aber auch versuchen, die Radikalisierungsbemühungen noch zu verschärfen, wie es zum Beispiel Jean-Luc Nancy und Werner Hamacher je anders akzentuierend tun. Vgl. dazu das Kapitel »Hegel ohne Ende«.

the forms of art after art, in ways that remain more often than not tributary to these categorizations.«[30] Eine und vielleicht die zentrale dieser Kategorien ist das Ende der Kunst.

Zu den jüngsten überbietenden Radikalisierungen des Endes der Kunst gibt es inzwischen eine gegenläufige Alternative. Sie lautet: Kunst statt Ende, also die programmatische Rehabilitierung der Ästhetik und sogar des Schönen. Wenn diese Gegenbewegung zur Radikalisierung tatsächlich ansteht, dann wäre diese zirkelhafte Rückkehr die ironischerweise gelungene Probe auf die These, daß Ästhetik und Anti-Ästhetik verschränkt und aufeinander verwiesen bleiben. Am Ende des Endes der Kunst, am Ende der Radikalisierungen stehen die wieder schönen Künste.[31] Die unter Umständen anstehende Rehabilitierung der Ästhetik als Tendenz nachweisen oder gutheißen zu wollen, liegt nicht im Interesse dieser Studie. Nicht jenseits, sondern diesseits von Radikalisierung des Endes der Kunst einerseits und Rehabilitierung des Kunstschönen oder der Ästhetik andererseits geht es um die Rekonstruktion einiger, entscheidender Stationen dieser Denkfigur nach Hegel, zwischenzeitlich und vorläufig.

Es geht also nicht um das Ende der Kunst als ein Ende unter anderen, sondern um das Ende der Kunst seit Hegel in einem vielfältigen, aber doch so spezifischen Sinne, daß man sich weitere Verweise auf die enorme Masse an Überlegungen zum Ende in der Moderne überhaupt schenken darf. Es geht nicht um Typologien des Endes,[32] nicht um das Ende als anthropologische Konstante der Sinnstiftung,[33] nicht um das Ende der Kunst als Funktion der Säkularisierung oder Restbestand apokalyptischer Tradition, nicht um Aktualisierung, Radikalisierung oder Finalisierung des Endes. Statt dessen: Analyse der Bedingungen, die solche Vielfalt immer wieder möglich und vielleicht sogar notwendig gemacht haben. Auch und gerade nach dem von Lyotard verkündeten Ende der sogenannten großen Erzählungen

---

30 Rodolphe Gasché in *L'esprit créateur*, Sonderheft »Beyond Aesthetics?«, hrsg. Rodolphe Gasché, Bd. 35, Nr. 3, Herbst 1995, S. 3-4, hier: 4.
31 So hat z. B. Elaine Scarry jüngst eine neoplatonische Apologie des Schönen vorgelegt mit dem sprechenden und gleichsam vor-kantischen Titel *On Beauty and Being Just*, Princeton: Princeton University Press 1999.
32 Matei Calinescu, *Five Faces of Modernity: Modernism, Avantgarde, Decadence, Kitsch, Postmodernism*, Durham: Duke University Press 1987.
33 Frank Kermode, *The Sense of an Ending. Studies in the Theory of Fiction*, New York: Oxford University Press 1967; Sonderheft der *Yale French Studies*, »Concepts of Closure«, 1986; Christiaan Hart Nibbrig, *Ästhetik der letzten Dinge*, Frankfurt a. M.: Suhrkamp 1989.

stellt sich die Frage, ob sich vom Ende (der Kunst) Geschichten erzählen lassen. Daß dies nicht möglich sein soll, ist paradox, denn seit Aristoteles ist das Ende eine Funktion der Erzählung, auch der vom Ende der Erzählung.[34] Vielleicht steht es ja so, daß erst das Erzählen, von einem Anfang bis zu einem Ende, verschiedene Modalitäten eines Endes, einschließlich der Sterblichkeit, in den Blick rückt. Wir erzählen nicht, weil wir sterben müssen, sondern weil wir erzählen können, wird etwas als Ende begreifbar.[35] In diesem Zusammenhang gebührt dem Ende der Kunst vielleicht doch ein Privileg vor anderen Finalsätzen. Wenn es sich bei allen Bestimmungen eines Endes vorrangig um Formfragen handelt, dann ist das Ende in der Kunst gleichsam zu Hause. Denn die Kunst, die Ästhetik, einschließlich der Frage ihrer Überbietbarkeit, Überwindbarkeit oder Obsoleszenz, ist der Bereich, in dem Fragen nach der Möglichkeit oder Unmöglichkeit von Einheit und Abschluß, Ende und Anfang, Gelingen und Scheitern als *Formfragen* verhandelt worden sind, und nirgends ausführlicher als bei Hegel,[36] der das Gerücht vom Ende der Kunst in Umlauf gesetzt hat.

Wenn im Folgenden das Ende der Kunst als Gerücht im Sinne einer Erzählung, einer Aussage, eines Sprechaktes verstanden und auf seine narrativen Formen und rhetorischen Techniken hin befragt wird, dann hat das keinen denunziatorischen Sinn. Eben weil über das Ende der Kunst nur Gerüchte kursieren können, ist nicht auszuschließen, daß es tatsächlich so etwas wie ein Ende der Kunst gibt, gegeben hat oder geben könnte. Aber einer Interpretation, die weder Letztgültiges zum Paradox des Endes an sich zu sagen hat, noch auch selbst ein Ende der Kunst, sei es inszenieren, sei es dementieren möchte, bleibt nur übrig, eine Formenlehre dieses Gerüchts anzustreben.

34 Karlheinz Stierle, »Die Wiederkehr des Endes. Zur Anthropologie der Anschauungsformen«, sowie Reinhart Herzog, »Vom Aufhören. Darstellungsformen menschlicher Dauer im Ende«, in: *Das Ende. Figuren einer Denkform*, hrsg. Karlheinz Stierle u. Rainer Warning, München: Fink 1996, S. 578-599, S. 283-349.
35 Zu den damit angeschnittenen Problemen vgl. Dieter Thomä, *Erzähle dich selbst. Lebensgeschichte als philosophisches Problem*, München: Beck 1998.
36 Der Literaturwissenschaftler und Formgeschichtler Wolfgang Preisendanz hatte in seinem Buch *Humor als dichterische Einbildungskraft. Studien zur Erzählkunst des Poetischen Realismus*, München: Fink ²1976, die Behauptung riskiert, »daß Hegels Ästhetik wohl noch immer die tragfähigste Grundlage einer Rechtfertigung des seitherigen ›Bildens und Gestaltens‹ bleibt« (S. 122), denn sie ist der »großartige Ansatz zu einer Formgeschichte« (S. 122). Ausführlicher auf das Verhältnis von Formgeschichte und Ende der Kunst gehe ich ein in ›Wiederholte Spiegelungen‹: Formgeschichte und Moderne. Kommerell und Preisendanz«, in: *DVjs*, (2), Juni 2002.

Beim Ende der Kunst scheint unmittelbar sinnfällig, daß die Einheit und Identität dieses Gegenstandes nicht in ihm selbst zu suchen ist, sondern in der Aussage über ihn. Als Gerücht ist das Ende der Kunst außerhalb seiner Artikulationsfomen gegenstandslos. Was Foucault am Beispiel des Wahnsinns einigermaßen mühsam aufzuweisen versuchte,[37] daß die Einheit eines Wissensgegenstandes sich dem Zusammenspiel von Regeln verdankt, die die Erscheinung eines Gegenstands ermöglichen, liegt beim Ende der Kunst auf der Hand. In diesem Sinn sind die nachfolgenden Interpretationen Prolegomena zu einer Phänomenologie des Endes der Kunst als Gerücht.

Da die Verkündigung eines Endes der Kunst einen Sprechakt darstellt, der sich auf keine übergeordnete Instanz der Verifizierung berufen kann, liegt jedes Mal, wenn ein Ende der Kunst beredet wird, ein quasi-souveräner Akt der Grenzziehung oder Grenzsetzung vor.[38] Grenzziehungen vorzunehmen und Urteile zu fällen unter Verzicht auf eine souveräne Instanz, dies ist seit Kant das Geschäft der Ästhetik. Freilich hat sich seit Kant die Frage nach dem Urteil über das Schöne verschoben zu der Frage: Ist es Kunst?[39] Auch weil in der nachhegelschen Moderne nicht länger das Schöne, sondern Kunst überhaupt auf dem Prüfstand steht, ist das Ende der Kunst ein so zentrales Motiv im Selbstverständnis der Moderne, steht und fällt moderne Kunst mit dem Ende der Kunst. Was Kunst sei, hängt wesentlich von

---

37 Michel Foucault, *Wahnsinn und Gesellschaft*, Frankfurt a. M.: Suhrkamp 1969.
38 Neben dem schon erwähnten de Duve hat auch Clemens Pornschlegel das Ende der Kunst in der juridischen Souveränitätsproblematik verankert (*Der literarische Souverän. Zur politischen Funktion der deutschen Dichtung bei Goethe, Heidegger, Kafka und im George-Kreis*, Freiburg i. Brsg.: Rombach 1994). Aber während de Duve auf der Unverzichtbarkeit ästhetischer Urteile insistiert, instrumentalisiert Pornschlegel das Ende der Kunst einigermaßen fraglos. Nachdem er gezeigt hat, daß Dichtung und Literatur im theologisch-juridischen Dispositiv des Staates und seiner Souveränität zusammenhängen, bestätigt er das Ende der Kunst bei Goethe und Hegel als Ende des älteren Souveränitätsbegriffs, der neuen Individualisierungs- und Disziplinierungstechniken Platz gemacht habe. Hegels »prosaische Wirklichkeit« ist das Ende der Kunst in diesen modernen Techniken, die er in der Turmgesellschaft des *Wilhelm Meister* exemplifiziert sieht. Das politische Desaster der Wiederbelebungsversuche des Dichters als Souverän im späten 19. und frühen 20. Jahrhundert (etwa bei Heidegger) führt Pornschlegel auf die Tatsache zurück, daß die alte Souveränität historisch längst abgedankt hat. Das ist angesichts der jüngeren Diskussionen um die *longue durée* der Souveränität (etwa bei Giorgio Agamben) nicht länger gültig. Und im engeren Sinne auf das Ende der Kunst bezogen, kann doch gar kein Zweifel sein, daß das Ende der Kunst eine souveräne, vielleicht *die* souveräne Geste ist. Vgl. Giorgio Agamben, *Homo Sacer. Sovereign Power and Bare Life*, übers. Daniel Heller-Roazen, Stanford: Stanford University Press 1998.
39 Vgl. Thierry de Duve, *Kant after Duchamp*, a.a.O., S. 301 ff.

dem ab, was noch nicht oder nicht mehr Kunst ist.[40] Aber – und das ist eine ironische Prämisse des Endes der Kunst in der Moderne – dieses Ende der Kunst wurde schon vom vermeintlichen Erzfeind derselben Moderne, von Hegel, dem letzten Theoretiker des Schönen, am Ende des Idealismus formuliert. Man kann diesen Umstand unterschiedlich deuten: Entweder ist Hegel, dessen Rede vom Ende der Kunst die Moderne entmündigte, selbst schon ein Moderner, oder man argumentiert, daß die Moderne noch in ihren radikal anti-idealistischen Impulsen ein Ableger des Idealismus ist. Eine Entscheidung darüber soll hier nicht gefällt, sondern Antworten gesucht werden auf die Frage, wie solche Alternativen im Bannkreis der Rede vom Ende der Kunst entstehen können.

Wie jedes Gerücht ist auch dasjenige vom Ende der Kunst eine nicht-autorisierte Rede.[41] Das setzt seine Untersuchung dem Dilemma aus, einigermaßen willkürlich einen Anfang setzen, das Gerücht datieren und an eine Autorstimme binden zu müssen. Wenn hier zunächst Hegel als Initiator des Gerüchts fungiert, dann geschieht dies nicht, weil er der erste oder einzige gewesen wäre, der vom Ende der Kunst gesprochen hat.[42] Aber bei Hegel zeichnet sich mit der Vielfalt der Interpretationsmöglichkeiten des Endes der Kunst auch sein diffuser Gerüchtcharakter ab. Dies wird kursorisch im folgenden Abschnitt und ausführlich im nächsten Kapitel zu zeigen sein. Vor Hegel und nach ihm kursiert das Gerücht vom Ende der Kunst, aber *als* Gerücht wird es – mit weitreichenden Folgen – bei Hegel artikuliert. Daß zunächst Hegel den Beginn macht, ist aber selbstverständlich auch ein heuristisches Manöver, dessen Gültigkeit sich erst erweisen muß. Am Schluß des Buchs wird es notwendig geworden sein, mit Hölderlin einen anderen Anfang zu erproben.

---

40 In Adornos Worten: »Kunst bedarf eines ihr Heterogenen, um es zu werden.« »Kunst und Künste«, in: *Gesammelte Schriften*, hrsg. Rolf Tiedemann, Frankfurt a. M.: Suhrkamp 1997, Bd. 10/1, S. 439.
41 Vgl. Avital Ronell, »Street-Talk«, in: *Finitude's Score. Essays for the End of the Millenium*, Lincoln u. London: University of Nebraska Press 1994, S. 83-104.
42 Bevor Heine das Ende der Kunstperiode verkündete, sprach dessen noch lebender Repräsentant von einem drohenden Ende der Kunst in globaler Kommunikation: »Reichtum und Schnelligkeit ist, was die Welt bewundert und wonach jeder strebt; Eisenbahnen, Schnellposten, Dampfschiffe und alle möglichen Fazilitäten der Kommunikation sind es, worauf die gebildete Welt ausgeht, sich zu überbieten, zu überbilden und dadurch in der Mittelmäßigkeit zu verharren«, schreibt Goethe am 7. Juni 1825 an Zelter und setzt stoisch hinzu: »Laß uns soviel wie möglich an der Gesinnung halten, in der wir herankamen; wir werden, mit vielleicht noch wenigen, die Letzten

2.

Seine erstaunliche Langzeitwirkung – nur Weniges aus dem Hegelschen Korpus ist derart ungebrochen aktuell geblieben – konnte das Ende der Kunst auch entwickeln, weil es schon bei Hegel so dicht von Widersprüchen und Fragwürdigkeiten umgeben ist, daß bisher noch nicht einmal Einigung darüber erzielt werden konnte, ob es *überhaupt* eine Hegelsche Rede vom Ende der Kunst gibt.[43] So setzen die Vorlesungen zwar mit dem Abgesang auf die Kunst ein, die »für uns ein Vergangenes« ist,[44] aber am Ende derselben Einleitung wird die Hoffnung ausgesprochen und klassizistisch ins Bild gesetzt, daß ein Ende der Kunst vorläufig nicht zu fürchten ist: »Was nun also die besonderen Künste in vereinzelten Kunstwerken realisieren, sind dem Begriff nach nur die allgemeinen Formen der sich entfaltenden Idee der Schönheit, als deren äußere Verwirklichung das weite Pantheon der Kunst emporsteigt, dessen Bauherr und Werkmeister der sich selbst erfassende Geist des Schönen ist, das aber die Weltgeschichte erst in ihrer Entwicklung der Jahrtausende vollenden wird« (13, 124). Ein anderes Mal heißt es wieder, daß nach der Antike »Schöneres (...) nicht sein und werden« kann (14, 128), aber am Schluß des systematischen Teils der Abhandlung, vor dem Übergang zum System der einzelnen Künste, darf Goethes Gedicht »Wiederfinden« aus dem *West-Östlichen Divan* das Gegenteil bezeugen.[45] Solche Widersprüche gehören

---

sein einer Epoche, die sobald nicht wiederkehrt.« Zitiert bei Karl Viëtor, *Goethe – Dichtung. Wissenschaft. Weltbild*, Bern: Francke 1975, S. 561.

43 Die Literatur zum Thema Ende der Kunst bei Hegel ist schier endlos. Einen guten Überblick geben Annemarie Gethmann-Siefert und Otto Pöggeler, Hrsg., *Welt und Wirkung von Hegels Ästhetik*, Bonn: Bouvier 1986 (Hegel-Studien, Beiheft 27); Willi Oelmüller, »Hegels Satz vom Ende der Kunst und das Problem der Philosophie der Kunst nach Hegel«, in: *Philosophisches Jahrbuch*, 73, 1965, S.75-94; Dieter Henrich, »Kunst und Kunstphilosophie der Gegenwart. (Überlegungen mit Rücksicht auf Hegel)«, in: *Immanente Ästhetik und Ästhetische Reflexion*, hrsg. Wolfgang Iser, München: Fink 1966, S. 11-32; Hans-Georg Gadamer, »Ende der Kunst? Von Hegels Lehre vom Vergangenheitscharakter der Kunst bis zur Anti-Kunst von heute«, in: *Ende der Kunst – Zukunft der Kunst*, München: Deutscher Kunstverlag 1985, S. 16-33.

44 Georg Wilhelm Friedrich Hegel, »Vorlesungen über die Ästhetik«, in: *Werke in 20 Bänden*, Frankfurt a. M.: Suhrkamp 1970, Bd. 13-15. Alle Hegelzitate beziehen sich auf diese Ausgabe und werden im folgenden durch Bandnummer und Seitenzahl in runden Klammern gekennzeichnet. Hier: 13, 25.

45 Über diese und weitere Widersprüche Thomas M. Knox, »The Puzzle of Hegel's Aesthetics«, in: *Selected Essays on G.W.F. Hegel*, hrsg. Lawrence S. Stepelevich, New Jersey: Humanities Press International 1993, S. 2-10.

neben der philologischen Unzuverlässigkeit des Textes, der nur in einer Vorlesungsnachschrift Hothos vorliegt, und dessen Ende der Kunst folglich auch in einem editionstechnischen Sinne nur gerüchteweise existiert, zu den Widerständen, die Hegels Ästhetik gegen eine schlüssige Lesart aufbietet und die ihr ihren insgesamt schlechten Ruf eingetragen haben.[46]

Die Diskussionen darüber, ob Hegel ein Ende der Kunst verkündet hat oder nicht, nehmen sich jedoch harmlos aus im Vergleich zu dem Streit, der um Bewertung und Deutung herrscht. Gesetzt, Hegels Ästhetik habe ein Ende der Kunst behauptet, wäre das als Verlust zu beklagen, als Emanzipation zu feiern oder als Entlastung der Kunst von philosophischen Wahrheitsverpflichtungen zu begrüßen? Da der Text der Ästhetik jede dieser Positionen möglich, aber keine zwingend macht, entsteht um das Ende der Kunst ein Interpretationsstrudel, dem zwischenzeitlich nur zu widerstehen ist, indem man vorher ansetzt, vor der Semantik und vor der Bewertung des Endes, bei Wort und Namen der fraglichen Sache. Die Formulierung vom »Ende der Kunst« taucht weder in den *Vorlesungen zur Ästhetik* auf noch in den anderen einschlägigen Texten Hegels zur Kunst, der *Enzyklopädie* und der *Phänomenologie des Geistes*. Es heißt zwar, daß etwas »vergangen«, »verloren«, »vorüber« sei; daß die Kunst über sich selbst hinausgegangen sei (14, 237), und Hegel behauptet auch, daß es eine Vollendung der Kunst gibt (13, 82) und daß sie einen »Endzweck« hat (13, 82). Wie jedoch wurde es möglich und warum wurde es nötig, diese Unterschiede zu kappen, um verkürzend von Hegels These vom Ende der Kunst zu sprechen? Diese Rede, ›Hegels These vom Ende der Kunst‹, ist derart verbindlich geworden, daß selbst solche, die es besser wissen, hinzusetzen, es sei richtiger vom Vergangenheitscharakter der Kunst zu sprechen, um dann aber doch bei der Formulierung zu bleiben, weil sie längst zur stehenden Redewendung erstarrt ist.

Es passiert natürlich alle Tage, daß ein Name, diese »unendliche Abkürzung des natürlich Existierenden« (13, 220), sich verselbständigt, und Hegel selbst stellt seine Vorlesungen zur Philosophie der schönen Kunst generös unter den Begriff, den zu verabschieden sie antreten: »Wir wollen es deshalb bei dem Namen Ästhetik bewenden lassen, weil er als bloßer Name für uns gleichgültig und außerdem einstweilen so in die gemeine Sprache übergegangen ist, daß er als

---

46 Zur Kritik vgl. Peter Szondi, »Hegels Lehre von der Dichtung«, in: *Poetik und Geschichtsphilosophie I*, hrsg. Jean Bollack et al., Frankfurt a. M.: Suhrkamp 1974, S. 267-511.

Name kann beibehalten werden« (13,13). Hegels »These vom Ende der Kunst« ist es ähnlich gegangen, gewiß auch aufgrund der Affinität seines philosophischen Diktums zu Heines Verkündigung des Endes der Kunstperiode anläßlich von Hegels und Goethes Tod. Damit ist aber die Rede von der »These« noch nicht geklärt; als These indessen ist Hegels lakonisches Fazit – die Kunst ist und bleibt für uns ein Vergangenes – immer wieder verstanden, verteidigt oder bestritten worden. Diese Abbreviatur ist um so bemerkenswerter, als Hegel selbst an den fraglichen Stellen der Einleitung eine Reihe von Begründungen für sein Diktum anführt, freilich so lakonisch und nachlässig, als sei die Suche nach Gründen müßig.[47]

Dem immer wieder zitierten Satz – »In allen diesen Beziehungen ist und bleibt die Kunst nach der Seite ihrer höchsten Bestimmung für uns ein Vergangenes« (13, 25) – gehen einige längere Passagen voran, in denen nacheinander ganz verschiedene Argumentationsmuster erprobt werden. Zunächst behauptet Hegel, es sei nur »ein gewisser Kreis und Stufe der Wahrheit (…) fähig, im Elemente des Kunstwerks dargestellt zu werden« (13, 23). Der zur Kunst disponierten griechischen Götterwelt stellt er die christliche Auffassung der Wahrheit entgegen, die »nicht mehr dem Sinnlichen so verwandt und freundlich ist« (13, 24). Dieser historisch relativierenden Begründung schließt sich ein verwandtes, aber rezeptionsästhetisch akzentuiertes Argument an: »Die eigentümliche Art der Kunstproduktion und ihrer Werke füllt unser höchstes Bedürfnis nicht mehr aus; wir sind darüber hinaus, Werke der Kunst göttlich verehren und sie anbeten zu können; der Eindruck, den sie machen, ist besonnenerer Art, und was durch sie in uns erregt wird, bedarf noch eines höheren Prüfsteins und anderweitiger Bewährung. Der Gedanke und die Reflexion hat die schöne Kunst überflügelt« (13, 24). In der Hegelforschung korrespondiert das erste Argument der Strategie, das Ende der Kunst zu entschärfen, indem man es auf die klassische Kunst, die Kunstreligion der Antike, beschränkt, während das rezeptionsästhetische Argument dazu dient, das Ende der Kunst als immanente Funktion des Hegelschen Systemdenkens insgesamt zu entlarven. Im fraglichen Passus stehen beide Aspekte zunächst unvermittelt, aber gleichberechtigt nebeneinander und werden anschließend um einen dritten erweitert: »Wenn man es liebt, sich in Klagen und Tadel zu gefallen, so kann

---

47 Vgl. die sensible Detaillektüre von Timothy Bahti in *Allegories of History. Literary Historiography after Hegel*, Baltimore u. London: Johns Hopkins University Press 1992, S. 95-133.

man diese Erscheinung für ein Verderbnis halten und sie dem Übergewicht von Leidenschaften und eigennützigen Interessen zuschreiben, welche den Ernst der Kunst wie ihre Heiterkeit verscheuchen; oder man kann die Not der Gegenwart, den verwickelten Zustand des bürgerlichen und politischen Lebens anklagen« (13, 24). Hier finden sich die Möglichkeiten vorgezeichnet, wie das Ende der Kunst in der Tradition des Kulturpessimismus bis hin zu Botho Strauß' *Anschwellender Bocksgesang* instrumentalisiert worden ist. Aber als seien diese unterschiedlichen Motivierungs- und Begründungsstrategien des Endes irrelevant, setzt der folgende Abschnitt herrisch ein: »Wie es sich nun auch immer hiermit verhalten mag, so ist es einmal der Fall, daß die Kunst nicht mehr diejenige Befriedigung der geistigen Bedürfnisse gewährt, welche frühere Zeiten und Völker in ihr gesucht und nur in ihr gefunden haben« (13, 24). Die folgende Beobachtung stiftet allerdings neue Verwirrung, denn Hegel behauptet nun, daß es kein Ende der Kunst, wohl aber veränderte Maßstäbe und anders gelagerte Interessen gibt. Es sei unser »Bedürfnis, allgemeine Gesichtspunkte festzuhalten und danach das Besondere zu regeln«; nicht für die Kunst, aber für das Interesse an ihr »fordern wir im allgemeinen mehr eine Lebendigkeit, in welcher das Allgemeine nicht als Gesetz und Maxime vorhanden sei« (13, 25). Die Kunst ist nicht tot, aber unsere zeitgenössischen Vorlieben gelten dem von einer lebendigen Kunst her gesehen Toten: »Deshalb ist unsere Gegenwart ihrem allgemeinen Zustande nach der Kunst nicht günstig« (13, 25).

Obwohl man aufgrund dieser Passagen eine ziemlich vollständige Typologie der Begründungsmodi des Endes der Kunst in der Moderne entwickeln könnte, sind die einzelnen Momente in letzter Instanz natürlich nicht strikt voneinander zu trennen, und für Hegel hängen sie gewiß zusammen. Summarisch heißt es schließlich: »*In allen diesen Beziehungen* ist und bleibt die Kunst nach der Seite ihrer höchsten Bestimmung für uns ein Vergangenes« (13, 25, Hervorh. E.G.). Während der Verweis auf die »Seite ihrer höchsten Bestimmung« das Verdikt zunächst zu mildern und einen wahrheitstechnisch und system-intern freilich unbedeutenden Fortgang der Kunst zu garantieren scheint, kontrastiert dies scharf mit dem kategorischen Verweis »in allen diesen Beziehungen«. Welche Vorstellung von einem Ende der Kunst wäre außerhalb solcher Beziehungen denn noch denkbar? – Keine, jedenfalls bisher nicht und jedenfalls nicht »für uns«. Und darauf kommt es an. Es ist nämlich nicht der Fall, daß die Rede von Hegels »These« vom Ende der Kunst sich über Hegel hinweggesetzt und seine komplexen Begründungen illegitimerweise reduziert hätte, sondern umgekehrt: Es *muß* die Rede vom Ende der Kunst geben, denn nur so ist die Tatsache zu überspielen, daß Hegel die heterogenen Deutungsmöglichkeiten des Motivs nivelliert und deren Unterschiede einebnet. Der längst obligatorische Zusatz »These« ist berechtigt, weil ein *Streit* über das Ende der Kunst nur so möglich wird und notwendig erscheinen kann. Der Zusatz »These« ist die Reaktion auf einen Überschuß an Interpretationsangeboten; zu Ende gedacht oder gebracht ist hier nicht die Kunst, sondern erschöpft und damit in gewisser Hinsicht zu Ende gedacht ist das Ende der Kunst.[48] Der Grund, warum man vom Ende der Kunst spricht und darüber streitet, ist nicht in den Zumutungen der These zu suchen, sondern darin, daß den Verwendungsmöglichkeiten des Topos mit Hegel Grenzen gesetzt sind. Hegel erschließt dem Ende der Kunst seinen Horizont, aber er schließt es ineins damit auch ab, sofern jenseits dieses Horizontes kein Ende der Kunst mehr denkbar ist.

Wenn es wirklich der Fall sein sollte, daß das Ende der Kunst heute so umfassend zu einer Banalität geworden ist, daß semantische Unterschiede wie z.B. die Differenz zwischen kulturpessimistischer Melancholie und emanzipatorischem Triumph von dieser Inflation ergriffen und entwertet werden, dann ist es dieser bei Hegel schon erreichte Zustand, den die nicht abreißenden Debatten um »Hegels These vom Ende der Kunst« immer wieder zu suspendieren und ignorieren versuchen. Wenn das Ende der Kunst bei Hegel in diesem Sinne als Diskurs erkennbar ist, d.h. als eine Rede, die die Rede vom Ende der Kunst organisiert jenseits der darin möglichen Positionen, dann erweist sich Hegel damit nicht als Prognostiker der Postmoderne, sondern umgekehrt, erst im nachhinein und jetzt wird Hegels Stellung als Diskursstifter lesbar.[49] Hegel ist nicht der Prophet einer

---

48 Das Verständnis von Hegels These als dessen »Prognose«, etwa in den Schlußkapiteln von Peter Bürgers *Theorie der Avantgarde,* funktioniert nach demselben Muster, denn nur unter dieser Bedingung kann weiter darüber geredet werden, ob Hegels Prognosen eingetroffen sind oder nicht.

49 Zur Definition des Diskursstifters oder Diskursivitätsbegründers schreibt Michel Foucault, daß Autoren dieser Kategorie – seine Beispiele sind Freud, Marx und, implizit, er selbst als Diskursstifter der Diskurstheorie – nicht nur »eine Reihe von Analogien ermöglicht haben, sondern ebensosehr eine Reihe von Unterschieden. Sie haben den Raum für etwas anderes als sich selbst geöffnet, das jedoch zu dem gehört, was sie begründet haben.« »Was ist ein Autor?«, in: *Dits et Ecrits. Schriften,* Bd. 1, Frankfurt a. M.: Suhrkamp 2001, S. 1003-1041, hier: 1023.

Wirklichkeit, die sich als Postmoderne erfüllt hat,[50] denn wenn sich bei dem Begründer der Rede vom Ende der Kunst als Diskurs zugleich dessen Ende abzeichnet, dann liegt seine Finalisierung des Endes nicht vor uns als Aufgabe, sondern hinter uns als Aufgegebenes, Mitgegebenes, Hinterlassenschaft oder, wenn man will, Erbe. Nur unter dieser Bedingung wird es möglich, die Strukturen des Diskurses zu erkennen und seine Geschichte aufzuzeichnen, ohne unter dem Zwang zu stehen, mit der Logik des Endes brechen, das Ende beenden oder radikalisieren zu müssen.

Es gibt (bisher) keine Weise, das Ende der Kunst zu denken, seine Formen zu entwickeln oder seine Geschichte zu schreiben, die sich nicht in Hegel vorgezeichnet finden müßte. Zum Diskurs wird das Ende der Kunst vermöge der Ausschließlichkeit, die alle möglichen Ansätze einschließt und damit zugleich neutralisiert. Jenseits des Endes der Kunst gibt es für Hegel keinen Ort der Kunst. Was mit Kunst zu tun hat, ist vom Ende der Kunst her begriffen und gezeichnet. Nicht in der »These« vom Ende der Kunst, die die Existenzberechtigung moderner Kunst in Frage stellt, sondern in der Diskursivierung dieses Motivs, der gleichzeitigen Erschließung und Begrenzung seiner Interpretationsmöglichkeiten, besteht das aktuelle Erbe der Hegelschen Ästhetik, mit deren Ansprüchen sich bis jetzt noch jede Kunstreflexion, von Nietzsche und Heidegger bis zu Adorno und Derrida, auseinandergesetzt hat. Hegels Leistung (und das Problem seiner Lektüre[51]) besteht darin, das Ende der Kunst als Diskurs zu initiieren, ohne die heterogenen Interpretationsangebote in einem allumfassenden Ende der Kunst endgültig aufzuheben (was alle Überbietungsversuche Hegels versucht haben, sei es, vor Hegel, Schelling, sei es, nach Hegel, die Avantgarde). Weder gibt es bei Hegel nur *ein* Ende der Kunst, noch ist jedes einzelne Ende der Kunst eindeutig als Aufhebung in Hegels Sinne zu identifizieren. Neben das Ende der Kunst als Aufhebung treten nämlich vergleichsweise unspektakuläre Formen des Endes. Das Erhabene zum Beispiel, das Hegel der symbolischen Kunst zuordnet, fällt einfach fort, anderes verläuft sich im alltäglichen Bewußtsein. Auch von dem Ende als Aufhebung der Kunst, wie es in

---

50 So aber Peter Bürger und im Anschluß auch David Roberts, *Art and Enlightenment. Aesthetic Theory after Adorno*, Lincoln u. London: University of Nebraska Press 1988.
51 Dazu ausführlich Werner Hamacher, »pleroma – zu Genesis und Struktur einer dialektischen Hermeneutik bei Hegel«, in: *Georg Wilhelm Friedrich Hegel, »Der Geist des Christentums«. Schriften 1796-1800*, hrsg. Werner Hamacher, Frankfurt a. M., Berlin, Wien: Ullstein 1978, S. 9-333.

der Sequenz der Kunstphasen symbolisch, klassisch und romantisch vorherrscht und das Verhältnis von Philosophie und Kunst kennzeichnet, ist noch nicht endgültig entschieden, ob es sich auf den Begriff dialektischer Aufhebung bringen läßt.

Hegels gleichsam demokratische Pluralisierung des einen Endes in viele und verschiedene ist der Beginn des Endes der Kunst als Diskurs. Das Ende der Kunst konnte seit und mit Hegel zum Diskurs werden, weil die Rede vom Ende der Kunst in Hegel selbst unendlich ist: Hegel ohne Ende. Hegels profilierte Stellung als Diskursstifter schreibt sich also nicht daher, daß er den weiten Horizont der Bedeutungen des Endes im Spannungsfeld von Apotheose und Apokalypse in den spekulativen Begriff der Aufhebung aufgehoben und damit das Ende der Kunst endgültig gemacht hätte. Umgekehrt gibt erst seine Philosophie des Schönen die diversen Positionen innerhalb des Diskurses vom Ende der Kunst zur Besetzung frei, freilich um den Preis, daß jede Position, jede Wertung und jede Sinnbestimmung eines Endes der Kunst immer noch und immer schon im Namen Hegels, seiner Kunst und deren Enden stattfindet und deshalb auf eine Rückkehr zu Hegel angewiesen ist.[52]

Das Ende der Kunst als Diskurs wirft andere Fragen auf als die, die sich unter den akuten Bedingungen der Verwendung des Topos stellen. Es geht dann nicht mehr vorrangig darum, das Ende zu widerlegen, das jüngste mit dem allerjüngsten zu übertrumpfen, und auch nicht um den Versuch, das Ende der Kunst entgrenzend zu radikalisieren oder endgültig zu beenden. Statt dessen wird gefragt: Wer darf die Kompetenz beanspruchen, das Ende der Kunst zu dekretieren oder zu dementieren, und wie spricht man sich diese Kompetenz zu? Welche politischen Fragen stehen auf dem Spiel, wenn es um das Ende der Kunst geht? Welche Darstellungspraktiken werden möglich und notwendig, mit welchen Sprechakten und Argumentationsformen arbeiten Texte, die vom Ende der Kunst reden? Ist so etwas wie eine Geschichte des Endes der Kunst überhaupt denkbar, und wie müßte die Geschichte eines Gegenstands aussehen, der sich gleichsam von Haus aus der Historisierung widersetzt und den man nicht als abgeschlossenen Gegenstand voraussetzen kann, weil wir immer noch

---

52 Daß diese Art der Rückkehr tatsächlich möglich bleibt, hat jüngst Brigitte Hilmer bewiesen, deren beeindruckende Rekonstruktion einer Antiästhetik in Hegels *Vorlesungen zur Ästhetik* dem antiästhetischen Anti-Hegelaffekt die Spitze abbricht. Brigitte Hilmer, *Das Scheinen des Begriffs. Hegels Logik der Kunst* (Hegel-Deutungen, Band 3), Hamburg: Meiner 1998.

unter seinen Bedingungen von Kunst reden? Wie muß man das Verhältnis von Kontinuität und Diskontinuität bei einem so verzwickten Gegenstand wie der langen Geschichte des immer neuen und gleich schon wieder veralteten Endes der Kunst proportionieren? Gibt es Texte oder Objekte, deren Darstellungstechniken und Denkverläufe nicht nur das Ende der Kunst aktualisieren und instrumentalisieren, sondern zugleich Möglichkeiten aufweisen, auf das Ende der Kunst als Diskurs unter den Bedingungen des Diskurses zu reflektieren, die also den Diskurs fortführend auch fortlaufend modifizieren? Ist es möglich, die Geschichte des Endes der Kunst als Geschichte einer immer wieder neu einsetzenden Entdeckung und Modifikation des Endes der Kunst als Diskurs auszuweisen, in deren Verlauf sich zwar nicht das Ende des Endes der Kunst abzeichnet, aber eine Befreiung vom Ende unter der Bedingung des Endes, eine Freisetzung des Endes in seine endlosen Möglichkeiten? Erfährt man von denen, die ihre Geschichte vom Ende der Kunst erzählen und sich in dieser Lage als Glied einer Kette ähnlicher Erzählungen vorfinden, etwas über die Mechanismen von Überlieferung und Traditionsbildung? Methodologisch gewendet: Kann man sich die Modalitäten einer Genealogie der Moderne von denen zuspielen lassen, die am Diskurs des Endes der Kunst seit Hegel mitgeschrieben, ihn verändert und modifiziert haben, oft ohne das unmittelbar kenntlich zu machen?

Das Ende der Kunst wird nämlich nicht nur – das ist die These – so abwechslungsreich wie repetitiv durchgespielt, sondern das Durchspielen gewährt gelegentlich auch Einblick in die Regeln des Spiels, in die diskursiven Bedingungen, unter denen gespielt wird. Am Ende des Endes der Kunst steht kein Ende, sondern ein anderer Anfang: die Entdeckung des Endes der Kunst als ein Diskurs der Moderne. Diese doppelte Dimension des Endes der Kunst als innerästhetisches Theorem einerseits und als externer Schauplatz seiner Entdeckung als Diskurs andererseits ist das Anliegen der jeweiligen Rekonstruktion des Endes der Kunst von Hegel bis Heidegger. Neben die immanente Rekonstruktion des Endes der Kunst und seiner Formen in ausgewählten Texten tritt der Versuch, in der Lektüre das freizusetzen, was über die Immanenz der Ästhetik hinausweist auf die *Geschichte* der Ästhetik in der Moderne. Zutage tritt dabei eine eigentümliche Gespaltenheit oder Verdopplung des Endes der Kunst. Gewiß ist das Ende sozusagen von Haus aus ambivalent, indem seine Bedeutung immer zwischen den Polen Vollendung und Endlichkeit schwankt. Aber das eigentliche Paradox dieser Denkfigur im ästhetischen Diskurs der

Moderne ist ein anderes. Ausgerechnet die Denkfigur »Ende der Kunst«, in deren Namen sich die Autonomie der Kunst so oder so installiert, wird zum Anlaß einer Reflexion auf die Einheit von Autonomie und Heteronomie. Wenn das Ende der Kunst ein Diskurs im Sinne Michel Foucaults ist, so ist er eine Form des Wissens. Da das Ende der Kunst aber ein Gerücht ist und insofern kein Gegenstand eines Wissens sein kann, muß es sich bei dem in die Aussage über das Ende der Kunst eingegangenen Wissen um etwas anderes als ein Wissen über das Ende der Kunst handeln. Dieses andere ist die Erkenntnis des Zusammenhangs von Autonomie und Heteronomie, gleichsam die Außen- oder Kehrseite des ästhetischen Diskurses seit der »Querelle«. Die Rekonstruktion solchen Wissens als der Horizont, in dem sich konkrete Wissensgegenstände erst bilden, so daß überhaupt erst die Frage gestellt werden kann, ob es sich im einen oder anderen Fall um ein Ende der Kunst dieser oder jener Art handelt, nennt Michel Foucault Archäologie. Allerdings geht es im Folgenden nicht um die bei Foucault selbst nur zögernd avisierte Möglichkeit, den Begriff der Archäologie auf andere Gebiete aus Philosophie und Kunst anzuwenden.[53] Die hier analysierten Texte sind nicht Gegenstände einer archäologischen Rekonstruktion, sondern ihre Autoren sollen selbst als Archäologen der Moderne ausgewiesen werden. So unterschiedlich die Texte und ihr Gestus, so verschieden die philosophischen und historischen Voraussetzungen, unter denen sie formuliert wurden, stets erweisen sich die Autoren als Archäologen, Museologen, kurz: als Theoretiker von Traditionsbildung und -umbildung in der Moderne. Mit dem Ende der Kunst wußten und fanden sich Hegel, Nietzsche, Heidegger, Benjamin und Adorno in einer Überlieferung vor. Was sie daraus gemacht haben, wie sie die Kontinuitäten je anders verdeckt und entdeckt haben und welche Hinterlassenschaft uns damit zugefallen sein könnte, ist Gegenstand ihrer Interpretation. Das Wissen, das ihre Analyse zu heben trachtet, und die Pointe des Endes der Kunst von Hegel bis Adorno: Über dem Ende der Kunst werden diese Autoren zu Theoretikern der Moderne *als* Tradition. Daß diese freizulegende Einsicht in den traditionalen Charakter der Moderne sich fundamental von dem unterscheidet, was man üblicherweise unter Tradition im guten oder schlechten Sinne versteht, wird zu zeigen sein. Vorläufig deuten Begriffe wie Tradition und Überlieferung immerhin an, daß es sich bei den Beschleunigungen, Radikalisierungen

---

53 Michel Foucault, *Die Archäologie des Wissens*, Frankfurt a. M.: Suhrkamp 1981, S. 274.

und Veränderungen, die das Ende der Kunst im 19. und 20. Jahrhundert erfährt, nicht um einen Reflexionszuwachs handelt, wie ihn Literatur- und Kunstgeschichte gerne für die nachhegelsche, vermeintlich selbstreflexive Moderne verantwortlich machen. Der Name Tradition, gerade weil er entweder als obsolet gilt oder nur als das Andere, Vergessene, Verdrängte der Moderne Signifikanz hat, besagt dagegen: Beim Ende der Kunst geht es um Verbindlichkeiten, die nicht unbedingt als Reflexionszuwachs zu begreifen und unter Umständen gar nicht als Entwicklung, sei es kontinuierlicher oder diskontinuierlicher Art, vorzustellen sind.[54]

3.

Das Ende der Kunst bildet nicht nur die Fuge zwischen Ästhetik und Anti-Ästhetik, sondern es sitzt auch im Blick auf die für es zuständigen Disziplinen zwischen allen Stühlen. Kunstgeschichte und Literaturwissenschaften sind hier ebenso kompetent oder inkompetent wie Geschichtswissenschaft und Philosophie. Insbesondere problematisch ist freilich das Verhältnis von ästhetischer Theorie und Praxis, deren Verschränkung im Zeichen des Endes der Kunst an dem fast gleichzeitigen Tod Hegels und Goethes ihr historisches Emblem hat. Die seit Platon virulente Konkurrenz von Philosophie und Kunst ver-

---

54 Seit Gadamers großem und aus guten Gründen gescheiterten Rehabilitierungsversuch eines Begriffs von Tradition in *Wahrheit und Methode* ist es um die Theoriebildung dieses Begriffs schlecht bestellt. Zwar gibt es Modelle, vor allem im Bereich der Rhetorikforschung, die indirekt auf einen Begriff von Tradition rekurrieren. Auch im Zusammenhang postmoderner Wiedereinspielungen von Tradition taucht der Begriff auf. Die Postmoderne setzt sich ihrerseits von einem alten Traditionsbegriff ab, von dem behauptet wird, er beziehe sich aufs Erbe, während Tradition heute, also postmodern, als »erfunden« ausgegeben wird. Vgl. Charles Jencks, »Postmodern vs. Late-Modern«, in: *Zeitgeist in Babylon: The Postmodernist Controversy*, hrsg. Ingeborg Hoesterey, Bloomington: University of Indiana Press 1991, S. 4-21. Daß es sich bei der Differenz finden vs. erfinden nicht um einen Gegensatz handelt, steht schon bei Hegel zu lesen. Die Behauptung oder Erkenntnis dessen, daß Tradition stets erfunden und konstruiert wird, entlastet schon deshalb nicht von der Aufgabe, ihr nachzuforschen, weil die »Konstruktion« der Verbindlichkeit keinen Abbruch tut. Zur Konstruktion von Tradition vgl. Eric Hobsbawm u. Terence Ranger, Hrsg., *The Invention of Tradition*, Cambridge: Cambridge University Press 1992; David Gross, *The Past in Ruin: Tradition and the Critique of Modernity*, Amherst: University of Massachusetts Press 1992; Benedict Anderson, *Imagined Communities. Reflections on the Origin and Spread of Nationalism*, London u. New York: Verso ²1991. Zur Rolle der Tradition in der Moderne Thierry de Duve, *Kant after Duchamp*, a.a.O., S. 67 ff.

schärft sich unter den Bedingungen des Endes der Kunst als Diskurs zum agonalen Prinzip, das die Streitenden fest aneinanderkettet. Der Topos ist zwar philosophischen Ursprungs, aber schon Hegel konzedierte, daß die Wendung zur Ästhetik die lebendige Existenz echter poetischer Werke voraussetze. Als Dekret der Philosophie kommt das Ende der Kunst immer zu spät oder zu früh. Die Kunst kann sich aber nicht selbst beenden, weil sie dann keine Kunst mehr wäre, bedarf also der vorgängigen Philosophie oder wird selbst Philosophie, wo sie das Ende anstrebt.[55]

Mit Ausnahme des Epilogs, der spät, aber entschieden einem Hölderlingedicht das letzte Wort einräumt, stehen im folgenden nur Autoren und Texte der kanonisierten kunstphilosophischen Tradition zur Diskussion, solche also, die aus dem Zuständigkeitsbereich der Literatur- oder Kunstwissenschaften herausfallen. Aber wenn das Ende, insbesondere das der Kunst, nicht nur ein Philosophem, sondern immer auch eine Rede ist, narrative Struktur hat und in diesem Sinne literarisch funktioniert, haben Vertreter dieser Disziplinen nicht nur das Recht, sondern vielleicht die Pflicht, philosophische Texte zu lesen. Und wenn es weiterhin so steht, daß die Trennung von ästhetischer Praxis und ästhetischer Theorie im Zeichen des Endes der Kunst sowohl installiert wie auch verhindert wird, dann steht es keiner einzelnen Disziplin mehr zu, sich allein Kompetenz für das Ende der Kunst zuzusprechen. Ob es sich beim Ende der Kunst um ein Dekret der Philosophen oder um eine immanente Dynamik der Kunst handelt, sind Fragen, die erst aufgrund der Ordnung des Diskurses fallen können, weil sie erst innerhalb der Ordnung des Diskurses als Probleme anstehen.[56] Für die Lektüre der fraglichen Texte bedeutet dies,

---

55 Vgl. Arthur C. Danto, *The Philosophical Disenfranchisement of Art*, New York: Columbia University Press 1986. Zur Diskussion seines Buchs: *Deutsche Zeitschrift für Philosophie*, 5, 1997, Schwerpunkt: Arthur C. Danto und »Das Ende der Kunst«. Scharfe Kritik an Danto übt Alexander García Düttmann in *Kunstende*, a.a.O., S. 64-70.

56 Daß hier allein kunstphilosophische Texte analysiert werden, heißt ausdrücklich nicht, daß das Ende der Kunst eine exklusive Angelegenheit der Theorie wäre. Im Gegenteil, gerade die Rede vom Ende der Kunst sorgt für das gegenseitige Abhängigkeitsverhältnis von ästhetischer Theorie und Praxis. Für eine Untersuchung des Endes der Kunst in der Kunst käme eine ganze Reihe von schon kanonisierten Kunstwerken in Frage, in der Malerei zum Beispiel Malewitsch einerseits und Duchamp andererseits. (Vgl. Werner Haftmann, *Malerei im 20. Jahrhundert*, München: Prestel 1954.) Im Bereich der Literatur stehen Namen wie Kleist und Hölderlin, Beckett und Kafka für eine Literatur, in der es auf die eine oder andere Weise um das Ende geht. Es gibt sogar einzelne Werke, die Anspruch haben, als Texte über das Ende der Kunst verhandelt zu werde, etwa Balzacs Erzählung »Das unbekannte Meisterwerk« (vgl.

daß ihre system-internen, gleichsam offiziell philosophischen oder philosophiegeschichtlichen Zusammenhänge zurücktreten hinter die Detaillektüre. Zwar wird auf solche Zusammenhänge Rücksicht genommen (soweit jedenfalls wie dies einem Nicht-Spezialisten überhaupt möglich ist), aber Zugang zu den Autoren und Texten eröffnet ihre jeweilige Artikulation des Endes der Kunst. Mit anderen Worten, es geht nicht um die Arbeit am Begriff, sondern um die am Text, um Lektüre und Lesarten. Wenn komplexe philosophische Zusammenhänge auf das Ende der Kunst als Textur eingeengt werden, das Ende der Kunst aus den philosophischen Kontexten, in die es jeweils verflochten ist, gleichsam herausgebrochen wird, dann geschieht das allerdings auch in der Hoffnung, daß es der Lektüre im ein oder anderen Fall gelingen möchte, dem Altbekannten eine neue Perspektive abzugewinnen, das Bekannte im Aspekt des Endes der Kunst neu zu arrangieren, umzustellen, anders zu versammeln.

Die Autoren – Hegel, Nietzsche, Benjamin, Adorno, Heidegger und Hölderlin – sind einschlägig, aber ihre Zusammenstellung hier ist nicht unmittelbar evident. Die Beschränkung auf ausschließlich deutsche Philosophen verdankt sich der Tatsache, daß es sich beim Ende der Kunst als Erbteil des deutschen Idealismus um einen national gefärbten Diskurs handelt. Es ist bekannt, daß der Aufstieg der Ästhetik und der sogenannten autonomen Kunst in Deutschland, der »verspäteten Nation«, eine Art provisorischen Ersatz nationalstaatlicher Identität darstellt, die Ästhetik gleichsam ein Supplement der Nation ist. (Umstrittener, aber unbezweifelter Kronzeuge dieses Nexus ist seit Heideggers problematischer Deutung Hölderlin, dessen Gedicht »Stimme des Volks« auch aus diesem Grund das Schlußkapitel vorbehalten ist.)[57] Die kunstphilosophische Tradition von der Romantik an hat sich als besonders anfällig erwiesen für das, was seit Walter Benjamins berühmtem Kunstwerkaufsatz von 1936 »Ästheti-

---

Hans Belting, »Das unsichtbare Meisterwerk«, in: *DU* (12) 1997). Aber erstens läßt sich der Aussagecharakter der Rede vom Ende der Kunst in einem nicht selbst schon als Kunstwerk kanonisierten Text besser herausarbeiten, und zweitens geht es hier vor allem um den Nachweis, daß die Kunst von Hegels sogenannter These vom Ende der Kunst nichts zu fürchten hat, mit Ausnahme der Tatsache freilich, daß moderne Kunst, so sie das Ende der Kunst ins Spiel bringt, sich längst schon im Einzugsbereich der Philosophie befindet. Diese Zusammenhänge ändern sich aber ganz entschieden dann, wenn ein Philosoph einem Künstler das Ende der Kunst zuspricht. Diese vielleicht einmalige Inversion zeichnet sich mit Heidegger ab. Vgl. das 6. Kapitel »Dasselbe Ende und der andere Anfang«.

57 Vgl. Philippe Lacoue-Labarthe, *La fiction du politique*, Paris: Bourgois 1987.

sierung der Politik« heißt. Das Ende der Kunst signalisiert oft genug eine fatale ästhetische Selbstüberhebung und Selbstüberschätzung der Kunst, die mit der Verkündigung ihres Endes sich selbst verabsolutiert.[58] Für das Maß der hypostasierenden Aufwertung der Kunst gegenüber anderen Bereichen gibt das Ende der Kunst eine Art Gradmesser ab. Von Schelling über Wagners Gesamtkunstwerk bis zur Avantgarde und hin zu dem, was Benjamin als Ästhetisierung der Politik diagnostizierte, haben sich die desaströsen politischen und gesellschaftlichen Konsequenzen solcher Versuche gezeigt. (Es ist wohl nicht zuletzt dieses politisch fatale Potential der Rede vom Ende der Kunst, das dem anti-ästhetischen Konsens jüngerer Theoriebildung zugrunde liegt.)[59] Mit dem Hinweis auf die nationale Dimension der Rede vom Ende der Kunst ist nicht gesagt, daß es sich beim Ende der Kunst um einen deutschen Sonderweg handelt. Kierkegaard, Blanchot oder Bataille, um nur einige wenige zu nennen, teilen die Rede vom Ende der Kunst. Aber die spezifisch politischen Aspekte dieses Diskurses in Deutschland lassen sich in der Beschränkung schärfer herausarbeiten. Bei Heidegger oder Nietzsche mag der Zusammenhang von Ästhetik und nationaler Politik auf der Hand liegen. Daß aber auch der keineswegs nationalistisch gesonnene Walter Benjamin in seinem Trauerspielbuch auf die Wiedergeburt deutscher Kunst spekuliert, ist weniger bekannt. Und es dürfte ebenso überraschen, daß ausgerechnet Hegels Ästhetik Kritisch-Erhellendes über die Genese nationalspezifischer Kunstproduktion aus außereuropäischen Zusammenhängen zu sagen hat.

Es gibt freilich einen (französischen) Autor, dessen Fehlen im Zusammenhang mit diesen Autoren nicht zu übersehen ist. Jacques Derrida hat nicht nur die europäische und insbesondere die deutsche Philosophietradition sozusagen neu entdeckt, indem seine Lesarten neu faßten, was in dieser Tradition auf dem Spiel steht, sondern er ist auch der entscheidende zeitgenössische Bezugspunkt für das schwierige Verhältnis von Philosophie und Kunst, das keine Analyse des Endes der Kunst vermeiden kann. Daß eine Auseinandersetzung mit Derrida trotzdem fehlt, verdankt sich nicht der Überzeugung, daß Derrida die ästhetische Tradition sei es endgültig verabschiedet, sei es gesprengt hat.[60] Seine Reflexion auf das Problem von Wiederholung,

---

58 Vgl. Odo Marquard, »Gesamtkunstwerk und Identitätssystem«, a.a.O.
59 Paul de Man, *Aesthetic Ideology*, hrsg. Andrzej Warminski, Minnesota: University of Minnesota Press 1996.
60 So aber die These von Christoph Menke (*Die Souveränität der Kunst. Ästhetische Er-*

Schrift und Autorschaft in der Debatte mit Searle, seine Überlegungen zum apokalyptischen Ton bei Kant oder zum Problem des Stils bei Nietzsche, die Interpretation der Van-Gogh-Bilder aus Heideggers Kunstwerkaufsatz und vieles andere mehr stellen zweifellos genuine Beiträge zu Problemen der westlichen philosophischen Tradition dar. Aber sie replizieren auf andere als *ästhetische* Fragestellungen.[61] Und deshalb verdiente Derrida eine gesonderte Abhandlung, die hier nicht geleistet werden kann, denn hier geht es mit dem Ende der Kunst um das zentrale Motiv der ästhetischen Tradition.

Freilich ist auch die jetzt getroffene Auswahl selektiv. Lukács fehlt ebenso wie Marcuse, die beide sehr wohl am Diskurs über das Ende der Kunst gearbeitet haben (im Unterschied zu Adorno, der eine kuriose Ausnahme bildet, da seine Texte nur an der Peripherie zum Diskurs gehören, obwohl sie geradezu besessen sind vom Ende der Kunst). Auf diese und andere wurde verzichtet, weil sich die Auswahl danach richtete, wie weit ein Autor jeweils zur Entdeckung des Endes der Kunst als Diskurs beigetragen hat. Nun gelten die fraglichen Autoren ihrerseits seit langem als Traditionsstifter; sie organisieren das Feld, in dem die Ästhetiktradition bis heute wahrgenommen wird. Ihr kanonischer Status als große Repräsentanten deutscher Kunstphilosophie ist aber in der Perspektive der vorliegenden Studie nur ein beliebiges Zeichen dafür, daß diesen Theoretikern des Endes der Kunst Einsichten in die Geschichte der Ästhetik in der Moderne gelungen sind. Und dies, nicht ihr Klassikerstatus, sanktioniert ihre Zusammenstellung im Aspekt des Endes der Kunst.

---

fahrung nach Adorno und Derrida, Frankfurt a. M.: Suhrkamp 1991), der von Derridas Entgrenzung der Kunst zum Text ausgeht und diesen universal gewordenen Textbegriff gegen Adornos ästhetische Selbstbeschränkung ausspielt.

61 Diese Asymmetrie übergeht Menkes Gegenüberstellung von Adorno und Derrida in *Die Souveränität der Kunst*. Ein Rekonstruktionsversuch des Zusammenhangs Kunst (insbesondere Literatur) und Philosophie bei Derrida vor dem Hintergrund einer spezifisch US-amerikanischen Derrida-Rezeption bei Rodolphe Gasché, *Inventions of Difference. On Jacques Derrida*, Cambridge, Massachusetts: Harvard University Press 1994.

2. Kapitel
Hegel ohne Ende

1.

»Denn die Kunstschönheit ist die *aus dem Geiste geborene und wiedergeborene Schönheit*«[1], steht am Anfang von Hegels Ästhetik-Vorlesungen zu lesen. Obwohl im Druckbild hervorgehoben, gehört die enigmatische Formulierung nicht zu den für das Ende der Kunst einschlägigen Hegel-Zitaten. Daß dem Kunstschönen doppelte Herkunft beigelegt wird, scheint ein Ende zwar vorauszusetzen, denn was wiedergeboren werden soll, muß auch sterben, aber Hegel spart dieses Ende hier elliptisch aus. Wie hat man sich das Verhältnis von Geburt und Wiedergeburt unter Verzicht auf ein Sterben vorzustellen?

In der Einleitung, die noch nicht systematisch argumentiert, sondern sich aus methodologischen Gründen eng an philosophiegeschichtliche und kunsttheoretische Vorgaben hält, sucht Hegel die Naturschönheit, die seit Kants dritter Kritik eine zentrale Rolle in der Kunstphilosophie des Idealismus gespielt hatte, von der Kunstschönheit abzukoppeln und von der Betrachtung auszuschließen. Natur mag schön sein, aber Hegel läßt keinen Zweifel, »daß das Kunstschöne *höher* stehe als die Natur« (13, 14). Diese Unterscheidung von »schöner« und »höher« erweist sich als für die gesamte Ästhetik von grundlegender Bedeutung, wo sie u.a. den qualitativen Unterschied zwischen schöner, klassischer und nicht-mehr-so-schöner, aber hinsichtlich ihrer Wahrheit höherer romantischer Kunst begründet. Aufgrund dieser Unterscheidung, der die Differenz von Kunstprodukt und Naturphänomen korrespondiert, gehört die Kunstschönheit dem Geist an. Deshalb fährt Hegel fort: »und um soviel der Geist und seine Produktionen höher steht als die Natur und ihre Erscheinungen, um soviel auch ist das Kunstschöne höher als die Natur« (13,14). Da sich das absolute Wesen des Geistes aber nicht relativieren oder proportionieren läßt, kann Hegel schließen, daß »alles Schöne nur wahrhaft schön ist als dieses Höheren teilhaftig und durch dasselbe *erzeugt*« (13,15, Hervorh. E.G.). Erweist sich das Naturschöne als defizienter Modus, »eine Weise, die ihrer *Substanz* nach im Geiste selber enthalten ist« (13,15), ist das Naturschöne aus dem Spiel, und die Kunst-

---

[1] Georg Wilhelm Friedrich Hegel, *Vorlesungen über die Ästhetik*, a.a.O., 13, 14.

schönheit trägt das Siegel geistiger Produktivität. Kunst ist des Geistes Kind.

Diese Argumentation über die Kunstzeugung des Geistes erklärt zwar schlüssig, warum das Kunstschöne geistgeboren genannt wird, nicht aber, daß es geboren *und wiedergeboren* heißt. Um den Sinn dieser Formulierung zu klären, muß man zusätzlich das Verhältnis bedenken, in dem die Kunst bei Hegel zur Wirklichkeit steht. Die geistgeborene Kunst leistet zugleich eine Wiedergeburt der schlechten, vergänglichen Wirklichkeit, der sie damit »eine höhere, geistgeborene Wirklichkeit« verschafft (13, 22). Kraft ihrer geistigen Abkunft gelingt es der Kunst, die Wirklichkeit als und im Kunstwerk neu zu gebären, indem sie deren Sinnlichkeit zum Schein läutert. Aber auch diese Erklärung bedarf des Sterbens oder Absterbens, das Hegels Formulierung ausspart. Für Hegel hat der Tod stets eine »gedoppelte Bedeutung: einmal ist er das selbst unmittelbare Vergehen des Natürlichen, das andere Mal der Tod des *nur* Natürlichen und dadurch die Geburt eines Höheren, des Geistigen, welchem das bloß Natürliche in der Weise abstirbt, daß der Geist dies Moment als zu seinem Wesen gehörig an sich selbst hat« (13,451). Folglich müßte auch die Geburt eine doppelte Bedeutung aufweisen und hätte jenen verschwiegenen Tod mitzubedeuten, den Hegel durch »Wiedergeburt« ersetzt.

Eine weitere Lesart muß noch weiter ausgreifen. Gelingen und Versagen der Kunst bestehen für Hegel darin, daß sie »auch das Höchste sinnlich darstellt und es damit der Erscheinungsweise der Natur, den Sinnen und der Empfindung näherbringt« (13, 21). Daher rührt die Mittlerrolle der Kunst, die als Reaktion auf den Gegensatz von geistig und sinnlich tendenziell seine Überwindung ist. Denn daß es den Gegensatz überhaupt gibt, verdankt sich schon einer Operation des Geistes, der den »*Bruch* aber, zu welchem der Geist fortgeht, (…) ebenso zu heilen« weiß; »er erzeugt aus sich selbst die Werke der schönen Kunst als das erste versöhnende Mittelglied zwischen dem bloß Äußerlichen (…) und der unendlichen Freiheit des begreifenden Denkens« (13, 21). Der scheinbar tautologische Zusatz »und wiedergeboren« muß also bedeuten, daß die Kunst den Widerspruch von Äußerlichkeit und Denken nicht nur heilt und tilgt, sondern auch reproduziert und wiederholt. Tatsächlich reagiert die Kunst nicht nur auf einen Bruch, sondern beginnt mit einem Bruch, der Abscheidung von Gestalt und Bedeutung: »Erst mit diesem Versuche entsteht das eigentliche Bedürfnis der Kunst« (13, 430). (Daß diese Brüchigkeit auch die klassische Kunst auszeichnet, von der Hegel gelegentlich behauptet, sie leiste die schöne Identifikation von Gestalt und Bedeutung, nach der die symbolische nur tastete und die der romantischen unmöglich wurde, ist später zu zeigen.) Aber ein Manko dieser Deutung bleibt, daß zwar sinnvoll sowohl von einer Wiedergeburt der Wirklichkeit als auch von einer Wiedergeburt des Widerspruchs die Rede sein kann, daß aber in dem fraglichen Satz – »denn die Kunstschönheit ist aus dem Geist geborene und wiedergeborene Schönheit« – das Kunstschöne nicht Subjekt, sondern ebenso Objekt einer Wiedergeburt ist.

So bleibt nur eine Erklärung übrig. Geburt und Wiedergeburt des Kunstschönen bezeichnen dessen doppeltes Verhältnis zum Geist, der die Kunst nicht nur als Mittelglied erzeugt, sondern sich auch in ihr wiederfindet. Die »Macht des denkenden Geistes«, schreibt Hegel in der Einleitung, liegt darin, *»nicht etwa nur sich selbst* in seiner eigentümlichen Form als Denken zu fassen, sondern ebensosehr sich in seiner *Entäußerung* zur Empfindung und Sinnlichkeit *wiederzuerkennen«* (13, 28, letzte Hervorh. E.G.). Im Augenblick dieser Anagnorisis, da das Kunstschöne *wiedererkannt*, wiedergefunden und wiedergeboren wird, ist es nicht mehr, was es als Kunst noch war oder gewesen sein soll, sondern wird wiedergeboren als philosophische Erkenntnis des Schönen. Der Zusatz »wiedergeboren« markiert den Übergang der Kunst in ihre philosophische Durchdringung, die zuerst und zuletzt die geistige Abkunft der Kunst besiegelt. Die Erkenntnis des Schönen unterscheidet sich von der schönen Erkenntnis wie die höhere Wiedergeburt von der profanen Geburt.

Aber die Konsequenzen dieser orthodox Hegelschen Interpretation für das Verhältnis von Kunst und Philosophie sind recht unhegelianisch. Wenn »geboren und wiedergeboren« die Doppelschlächtigkeit des Kunstschönen als Kunstwerk einerseits und als philosophischer Begriff andererseits ausdrückt, dann fällt der qualitative Sprung zwischen Kunst und Philosophie, zwischen diesem »Schönen« und jenem »Höheren« fort. Diese Differenzierung büßt ihre organisierende Macht ein, wenn der Weg von der geistgeborenen Kunst über deren Tod zu ihrer Wiedergeburt in der Philosophie des Schönen führt. Die Kopula »und« in dem Satz »geborene *und* wiedergeborene« verzichtet auf Aufhebung, verschweigt sie zumindest und verschleift infolgedessen die Differenz zwischen Philosophie und Kunst – mit dem Effekt, daß die philosophische Reflexion auf bedenkliche Weise am Schönen der Kunst zu partizipieren droht. Von der philosophischen Durchdringung und Wiedererkenntnis der Kunst dürfte Schönheit eigentlich nicht mehr erwartet werden, aber Hegels elliptische Aussparung des Endes – gewiß eine Formulierung unter vielen, aber kursiv hervorgehoben und an sehr prononcierter Stelle plaziert – suggeriert, daß die Schönheit in die philosophische Ästhetik migriert sein könnte und statt einer Erkenntnis des Schönen immer nur schöne Erkenntnisse zu haben sind. (In gewisser Hinsicht ist das in der *Ästhetik* tatsächlich der Fall. Hegels gelungenste Interpretationen, die der Sphinx oder Shakespeares zum Beispiel, sind schöne, klassizistische Interpretationen noch-nicht-schöner oder nicht-mehr-schöner Kunst.)

In jeder Reflexion auf das Kunstschöne, in jeder Philosophie der Kunst ist Kunst immer schon vergangen. Gilt Kunst als schön – und dies ist der Fall für Hegel nur, wo sie als schön erkannt wird –, gehört diese Schönheit der Vergangenheit an. Schön kann Kunst nur sein, sofern sie erkannt, erkennend wiedergeboren wurde und damit vergangen sein muß. In Hegels erster Bestimmung des Kunstschönen ist die Kunst schon vergangen, aber so vergangen, daß für ein Ende zwischen Geburt und Wiedergeburt buchstäblich kein Platz bleibt, das Ende keinen Ort, keine Stätte hat. Statt dessen steht die Kunst am Anfang der *Ästhetik* ohne Ende, aber immer schon vergangen da. Was schöne Kunst sei, vergeht und zergeht zwischen Geburt und Wiedergeburt. Das Ende der Kunst ist der Prozeß der Kunst, und er führt nicht von der Kunst zur Philosophie (oder umgekehrt), sondern verläuft zwischen Kunst und Philosophie. Von einer Freisetzung der Kunst, die es erlaubte, das Enden der Kunst zu ihrer autonomen Eigenlogik zu erheben, kann nicht die Rede sein. Im Aspekt des Endes ist Kunst so heteronom wie Philosophie.

An einer anderen Stelle der Einleitung formuliert Hegel dasselbe noch einmal ähnlich, aber weniger enigmatisch. Es sei die Aufgabe der Vorlesungen zu zeigen, »was das Schöne *ist* und wie es sich *gezeigt hat*«. Das Schöne, wie es sich gezeigt hat, wird zur Gegenwart höheren Lebens in seiner philosophischen Erkenntnis erweckt. Damit ist Kunst immer nur nicht-mehr-schöne Kunst, und zur Bestimmung der Schönheit wird das Vergangensein. Das Schöne *hat* sich gezeigt, es ist immer nur schön *gewesen,* und wenn Schönheit irgendwo gegenwärtig ist, dann als wiedergeborene in der Philosophie bzw. der Religion. Dies bedeutet einerseits, daß sich die Philosophie im Zuge ihrer Selbstermächtigung zum Kunstrichter, deren erster und entscheidender Akt die Verbannung des Schönen der Kunst in die Ferne ihres Vergangenseins war, gleichsam am Schönen infiziert hat und infolgedessen die Stätte einer Wiedergeburt der Kunst abgibt, die zwar vergangen ist und immer vergeht, aber kein Ende hat als Vergehen und noch in der Philosophie perenniert. Andererseits entstünde der Kunst als Kunst damit auch die Option, etwas anderes zu sein, zu werden und sogar gewesen zu sein als schön oder wahr. Der Wunsch, dieses Potential zu entbinden, inspiriert alle jüngeren Hegellektüren im Gefolge von Derridas Bataille-Exegese.[2]

Im Sinne der doppelzüngigen Formulierung »Hegel ohne Ende« muß eine Lektüre von Hegels Ende der Kunst folglich das Verhältnis betreffen, in dem der Vergangenheitscharakter der Kunst überhaupt, ihr gleichsam endloses Vergehen, wie es vor allem die radikalisierenden Hegelinterpretationen hervorheben,[3] zum historisch und geographisch konkreten Ende der Kunst in ihrer klassischen Phase steht. Denn die klassische Kunst der griechischen Antike ist jener Endpunkt, an dem die Möglichkeiten der Kunst zwar vollendet, aber damit auch ausgeschöpft sind. Für dieses Verhältnis hängt fast alles von der Interpretation des Begriffs der *Erinnerung* ab, in dem Wiederfinden, Wiedererkennen und Wiedergeburt ihr Widerspiel entfalten.

2.

Wie »Sinn«, »dies wunderbare Wort« (13, 173), oder »Aufhebung« gehört auch »Erinnerung« zu den spekulativen Begriffen, deren Bedeutungsvielfalt im Wort geronnen ist.[4] In der Hegelschen Erinnerung bilden verfremdende Verwandlung, verinnerlichende Anverwandlung und produktive Umwandlung einen Zusammenhang, den Hegel gelegentlich anhand der Verdauung illustriert. In der *Ästhetik* versinnbildlicht sie den Übergang von der Kunstreligion der klassischen Phase zur (christlichen) Religion, wo »das Absolute aus der Gegenständlichkeit der Kunst in die Innerlichkeit des Subjekts hineinverlegt« ist (13, 142). Religion ist erinnerte Kunst im Ritus der andächtigen Gemeinde, »in welchem die Objektivität gleichsam verzehrt und verdaut und deren Inhalt nun ohne diese Objektivität

---

2 Vgl. Jacques Derrida, »Von der beschränkten zur allgemeinen Ökonomie. Ein rückhaltloser Hegelianismus«, in: *Die Schrift und die Differenz*, Frankfurt a. M.: Suhrkamp 1972, S. 380-421.
3 Werner Hamacher, »Das Ende der Kunst mit der Maske«, in: *Sprachen der Ironie – Sprachen des Ernstes*, hrsg. Karl Heinz Bohrer, Frankfurt a. M.: Suhrkamp 1999, S. 121-155; Jean-Luc Nancy, *Die Musen*, übers. Gisela Febel und Jutta Legueil, Stuttgart: Legueil 1999.
4 Jean-Luc Nancy, *La Remarque Speculative*, Paris: Galilée 1973.

zum Eigentum des Herzens und Gemüts geworden ist« (13, 143).[5] Erinnerung verdankt ihre Emphase dem Geist, in dessen Wesen es liegt, nach innen zu gehen.

Aber nicht weniger und vor allem für die Kunst im Vorfeld ihres Übergangs in Religion und Philosophie bedeutsam sind die schlichteren Effekte der Erinnerung. Kunst profitiert vom Erinnern, weil ihr damit quasi automatisch eine Allgemeinheit zufällt, um die sie als Kunst, die »immer an die Zufälligkeit anstreift«, stets ringen muß (13, 26). Daß der zeitliche Abstand Partikularitäten abblendet und so den Bodensatz des Verallgemeinerungsfähigen bereitstellt, schlägt sich zum Beispiel in der Stoffwahl des klassischen Künstlers nieder. Daß »die idealen Kunstgestalten in mythische Zeitalter, überhaupt aber in die älteren Tage der Vergangenheit als besten Boden ihrer Wirklichkeit hineinversetzt werden« (13, 248), verdankt sich der Erinnerung, denn sie »vollbringt von selber schon das Einhüllen der Charaktere, Begebenheiten und Handlungen in das Gewand der Allgemeinheit, durch welches die besonderen äußerlichen und zufälligen Partikularitäten nicht hindurchscheinen« (13, 248). Der Aufgabe der Kunst, die Erscheinung von ihrer sinnlichen Partikularität soweit zu läutern, wie dies möglich ist, ohne daß die Kunst aufhört, Erscheinung zu sein, kommt die Erinnerung entgegen, da sie »von selber schon jene Verallgemeinerung des Stoffs zuwege bringt, deren die Kunst nicht entbehren kann« (13, 342).

Dieses Privileg der Erinnerung als tendenziell Allgemeines gerät allerdings, und vor allem im Bereich der Dichtung, permanent in Konflikt mit dem anderen, nicht minder fundamentalen Primat, den die Ästhetik der philosophisch inthronisierten Phantasie einräumt. Hegels obstinates Insistieren auf der schöpferischen Phantasie als Material der Dichtung gehört für die meisten Literaturwissenschaftler zu den enttäuschendsten Punkten seiner Kunstphilosophie.[6] Um der geistigen Abkunft auch dieser Kunst willen kommt für Hegel als Material der Dichtung nicht die Sprache, sondern einzig die schöpferische Phantasie in Frage. Daran hat Hegel unbeirrt festgehalten, obwohl ihm diese Überzeugung krause Absurditäten abverlangt hat, wie zum

---

5 Zu Verdauung und Essen in Hegels frühen religionsphilosophischen Schriften vgl. Werner Hamacher, »pleroma«, in: G.W.F. Hegel, *Der Geist des Christentums. Schriften 1796-1800*, hrsg. Werner Hamacher, Frankfurt a. M., Berlin: Ullstein 1978, S. 232-333, im Anschluß auch Timothy Bahti, *Allegories of History. Literary Historiography after Hegel*, a.a.O., S. 109 ff.

6 Peter Szondi, »Hegels Lehre von der Dichtung«, in: *Poetik und Geschichtsphilosophie I*, hrsg. Jean Bollack et al., Frankfurt a. M.: Suhrkamp 1974.

Beispiel die Versicherung, daß ein poetisches Werk unbeschadet übersetzbar sei, oder die Behauptung, daß man beim Lesen immer die Stimme höre.[7]

Hegels Ästhetik fordert vom Kunstideal, daß schöpferische Phantasie einerseits und Erinnerung andererseits übereinkommen. Erfinden und Finden, eigene Bildung und vorgefundenes Material müssen identifiziert werden. Nun sollte man meinen, daß gerade Erinnerung in ihrer komplexen Bedeutungsvielfalt das Medium solcher Identifikation bereitstellt. Im Akt der Erinnerung verschmelzen Finden und Erfinden doch zum höheren »Wiederfinden«. Aber gerade dem sperrt sich der Text, als könne Erinnerung nicht die Vereinigung und Verinnigung von erfinderischer Schöpfung und Aufbewahrung des Vorgefundenen leisten. Hegels Beispiele bezeugen, daß die Konkurrenz von Finden und Erfinden fortbesteht. Das »echte Produzieren« der »künstlerischen *Phantasie*« (13, 62) kann »mit der Art und Weise schon eines lebenserfahrenen, auch eines geistreichen, witzigen Mannes verglichen werden, der, ob er gleich vollständig weiß, worauf es im Leben ankommt, was als Substanz die Menschen zusammenhält, was sie bewegt und die Macht in ihnen ist, dennoch diesen Inhalt weder sich selber in allgemeine Regeln gefaßt hat, noch ihn anderen in allgemeinen Reflexionen zu explizieren weiß, sondern, was sein Bewußtsein erfüllt, immer in besonderen Fällen, wirklichen oder erfundenen, in adäquaten Beispielen usf. sich und anderen klarmacht« (13, 62-63, Hervorh. E.G.). Aber wo der alternde Philosoph sich zum Beispiel versteigt, hinkt greisenhaft sei Vergleich,[8] und Hegel korrigiert sich unverzüglich: »Doch eine solche Art der Einbildungskraft beruht mehr auf Erinnerung erlebter Zustände, gemachter Erfahrungen, als daß sie selber erzeugend wäre. Die Erinnerung bewahrt und erneut die Einzelheit und äußere Art des Geschehens solcher Ergebnisse mit allen Umständen und läßt dagegen *nicht* das Allgemeine für sich heraustreten. Die künstlerische produktive Phantasie aber ist die Phantasie eines großen Geistes (…)« (13, 63, Hervorh. E.G.). Hier wird der passive Charakter, das Hängenbleiben der Erinnerung, die andernorts Verallgemeinerung zuwege bringt, am Partikularen kritisch ein-

---

7 Eine detaillierte Analyse bei Jacques Derrida, »Der Schacht und die Pyramide: Einführung in die Hegelsche Semiologie«, in: *Randgänge der Philosophie*, Wien: Passagen 1999, S. 93-132.
8 Zum Problem des Beispiels bei Hegel Andrzej Warminski, *Readings in Interpretation: Hölderlin, Hegel, Heidegger*, Minneapolis: University of Minnesota Press 1987, S. 163-79.

schränkend vermerkt. An anderer Stelle heißt es wieder umgekehrt, daß »die großen Individuen sich fast immer durch ein großes Gedächtnis auszuzeichnen pflegen« (13, 364). In der Erinnerung kommt der Konflikt von Finden und Erfinden jedenfalls nicht zur Ruhe, weshalb Hegel im einen Fall von Erinnerung, im anderen von Gedächtnis spricht.

Diese latente Spaltung des Erinnerungsbegriffs scharf herausgearbeitet hat Paul de Man in seinem Aufsatz »Sign and Symbol in Hegel's Aesthetics«.[9] Er entdeckt im Innern der Erinnerung ein unerinnerbares Vergessen, das die Mechanismen der Aufhebung erst ermöglicht, ohne selbst einer Aufhebung zugänglich zu sein. Die Erinnerung vereinigt nicht, sondern zerfällt in Erinnerung einerseits und Gedächtnis andererseits: »The surprise, in Hegel, is that the progression to thought depends crucially on the mental faculty of memorization (...). Memorization (Gedächtnis) has to be sharply distinguished from recollection and from imagination. It is is entirely devoid of images (*bildlos*) (...) But it is not devoid of materiality altogether.«[10] In dieser Spaltung, die sich auch in Hegels Schwanken gegenüber der Rolle der Erinnerung für die Kunst niederschlägt, lokalisiert de Man die materielle Spur als Schrift, die gleichsam hinter Hegels Rücken den Primat der Phantasie widerruft: »Memory, for Hegel, is the learning by rote of *names*, and it can therefore not be separated from the notation, the inscription, or the writing down of these names. In order to remember, one is forced to write down what one is likely to forget. The Idea, in other words, makes its sensory appearance, in Hegel, as the material inscription of names.«[11] In diesem Sinne ist Erinnerung »a truth of which the aesthetic is the defensive, ideological and censored translation. Memory effaces remembrance.«[12] Deshalb kann de Man vom Ende der Kunst sagen: »Art is ›of the past‹ in a radical sense, in that, like memorization, it leaves the interiorization of experience forever behind. It is of the past to the extent that it materially inscribes, and thus forever forgets, its ideal content.«[13]

Diese Dimension des Erinnerungsbegriffs am radikalsten exponiert hat Hegel selbst in einem berühmten Passus der *Phänomenologie*

---

9 Paul de Man, »Sign and Symbol in Hegel's Aesthetics«, in: *Aesthetic Ideology*, a.a.O., S. 91-104, hier: S. 100 f.
10 Paul de Man, a.a.O., S. 101.
11 Paul de Man, a.a.O., S. 102.
12 Paul de Man, a.a.O., S. 102.
13 Paul de Man, a.a.O., S. 102.

des Geistes. Am Anfang des Kapitels über »Die offenbare Religion« findet sich jene Stelle über die vergangene Kunstreligion, die für uns, nachdem »Gott gestorben ist« (3, 547), nicht länger sinnfälliger Ausdruck, sondern bloß noch fragmentarischer Rest jenes sittlichen Lebens ist, in dem sie reifte. »Die Bildsäulen sind nun Leichname, denen die belebende Seele, so wie die Hymne Worte, deren Glauben entflohen ist, die Tische der Götter ohne geistige Speise und Trank, und aus seinen Spielen und Festen kommt dem Bewußtsein nicht die freudige Einheit seiner mit dem Wesen zurück. Den Werken der Muse fehlt die Kraft des Geistes, dem aus der Zermalmung der Götter und Menschen die Gewißheit seiner selbst hervorging. Sie sind nun das, was sie für uns sind, – vom Baume gebrochene schöne Früchte: ein freundliches Schicksal reichte sie uns dar, wie ein Mädchen jene Früchte präsentiert; es gibt nicht das wirkliche Leben ihres Daseins, nicht den Baum, der sie trug, nicht die Erde und die Elemente, die ihre Substanz, noch das Klima, das ihre Bestimmtheit ausmachte, oder den Wechsel der Jahreszeiten, die den Prozeß ihres Werdens beherrschten. – So gibt das Schicksal uns mit den Werken jener Kunst nicht ihre Welt, nicht den Frühling und Sommer des sittlichen Lebens, worin sie blühten und reiften, sondern allein die eingehüllte Erinnerung dieser Wirklichkeit. –« (3, 547-48). Die verwaiste Welt der Kunst ist deren Erinnerung. Wir richten uns unter den Gegenständen museal ein, und unser Verhältnis zu den Kunstobjekten bleibt vollkommen äußerlich: »(...) es ist das äußerliche Tun, das von diesen Früchten etwa Regentropfen oder Stäubchen abwischt und an die Stelle der inneren Elemente der umgebenden, erzeugenden und begeistenden Wirklichkeit des Sittlichen das weitläufige Gerüst der toten Elemente ihrer äußerlichen Existenz (...)« errichtet (3, 548). Nur wenige Sätze danach investiert Hegel in das dialektische Kapital dieser bloß toten Erinnerung, denn der Geist des Schicksals, »der uns jene Kunstwerke darbietet«, sei »mehr als das sittliche Leben und Wirklichkeit jenes Volkes, denn er ist die *Er-Innerung* des in ihnen noch *veräußerten* Geistes« (3, 548). Diese hastige Versicherung widerspricht aber dem Bild, in dem die Kunstwerke, die abgebrochenen Früchte des ehemals sittlichen Lebens, von der Emphase der Er-innerung unberührt bleiben. Das sie präsentierende Mädchen wird freilich zur Allegorie des »freundlichen Schicksals« und Muse dieses Schicksals: »Aber wie das Mädchen, das die gepflückten Früchte darreicht, mehr ist (...), so ist der Geist des Schicksals mehr (...) als das sittliche Leben (...)« (3, 548). Die innere Spaltung der Erinnerung, wie sie de Man im Gegensatz von Erinnerung und Gedächtnis markiert hat, verläuft hier zwischen den museal erstarrten Früchten einerseits und dem sie präsentierenden Mädchen andererseits. Das Mädchen muß bedeuten, daß die Gegenstände nicht mehr bedeuten und was sie nicht mehr bedeuten können.

Anhand dieses Passus aus der *Phänomenologie* hat Jean-Luc Nancy in seinem Buch *Die Musen* eine Lektüre des Endes der Kunst bei Hegel entworfen, die sich mit der Aufdeckung einer obstinaten Materialität der Erinnerung nicht begnügt, sondern dessen Ästhetik von innen heraus zu sprengen sucht. Nancys Überlegungen, in denen Hegels Ästhetik gleichsam implodiert und die Möglichkeiten einer nicht-ästhetischen Ästhetik freisetzt, die doch keine Gegen- oder Antiästhetik sein will, stellen die jüngste und wohl radikalste Aktualisierung von Hegels Ende der Kunst dar.[14]

»Warum gibt es viele Künste und nicht nur eine einzige Kunst?« ist Nancys Ausgangsfrage.[15] Der Pluralität und inneren Partikularität der Künste traut er es zu,[16] die dialektische Bewegung, den Prozeß der Aufhebung des Äußerlichen in der Er-innerung, zu unterbrechen. In einem Aufsatz, der sich mit dem Verhältnis der Kunst zu Religion und Philosophie bei Hegel beschäftigt, zeigt Nancy, daß die Aufhebung der Kunst in die Religion nicht nur unvollständig bleibt, sondern auch einer Befreiung der Kunst zu sich selbst in ihrer partialen und pluralen Partikularität gleichkommt. Anhand der Dichtung, die Hegel zufolge das Medium der Selbstauflösung der Kunst bildet, weil ihre Bestimmung zur Sinnlichkeit und damit ihr Kunstcharakter von der der Dichtung immanenten Tendenz aufs Innerliche bedroht sind, weist Nancy nach, daß sich gerade im Moment ihrer drohenden Auflösung die Pluralität der Künste manifestiere, da sich Dichtung gezwungen sieht, Anleihen bei der Musik und der Malerei zu machen. Dasselbe gilt, behauptet Nancy, von dem Verhältnis der Dichtung zur

---

14 In eine ähnliche Richtung zielten auch schon die Überlegungen Giorgio Agambens, der zu Hegels Ende der Kunst schreibt: »His is in no way a simple eulogy but is rather a meditation on the problem of art at the outer limit of its destiny, when art loosens itself from itself and moves in pure nothingness, suspended in a kind of diaphanous limbo between no longer being and not yet being.« Giorgio Agamben, *The Man without Content*, a.a.O., S. 53.
15 Jean-Luc Nancy, *Die Musen*, Stuttgart: Verlag Jutta Legueil, 1999, S. 11.
16 Dies erinnert noch einmal an Dieter Henrichs wichtige Interpretation von Hegels Ende der Kunst als Beginn der Kunst als Partialität in »Kunst und Philosophie der Gegenwart (Überlegungen mit Rücksicht auf Hegel)«, in: *Immanente Ästhetik. Ästhetische Reflexion*, a.a.O., S. 11-32.

Prosa des Denkens, denn letztere kommt nicht ohne Dichtung aus, die jener einen Körper gibt. Sofern die Kunst wiedergeboren wird in der Prosa des Denkens, handelt es sich zugleich um eine Wiedergeburt der der Kunst wesentlichen Pluralität. »Der Punkt, an dem die Kunst sich auflöst, fällt also *wesensmäßig* zusammen mit dem Punkt, an dem ihre plastisch-konkrete Selbstständigkeit erneut hervortritt und in entsprechender Weise die ebenso wesensmäßige *innere Pluralität der einzelnen Momente dieser sinnlichen Plastizität* deutlich wird.«[17]

Diese These von der Unaufhebbarkeit der Kunst an ihren Grenzen und in ihrer pluralen Partikularität modifiziert der zweite Teil von Nancys Essay im Vollzug einer Lektüre des zitierten Passus von dem Mädchen und seinen Früchten aus der *Phänomenologie*. Er argumentiert, daß der Prozeß der »Er-innerung« im emphatischen Sinne eben nicht, wie doch eigentlich notwendig und bei Hegel notorisch, die bloße Äußerlichkeit aufhebt, denn die Werke werden immer noch *gestisch* präsentiert. Nancy läßt sich auf eine Differenzierung zwischen dem Mädchen und seinen Früchten nicht ein, sondern deutet so, daß deren Differenz, ohne aufgehoben zu werden, in der Geste, dem Präsentieren verschwindet. Vermöge dieser Geste ist das Mädchen irreduzibel beides, Kunst und freundliche Gunst des Schicksals, also sowohl das Erinnerte, was Selbstbewußtsein des Geistes als Geist wird, als auch das Bewußtsein der Kunst als Kunst außerhalb der Kunstreligion und außerhalb der Religion, die die Kunst aufhebt. »Es zeigt sich, dass eine Form nichts darstellt, nichts anderes in Form bringt als nur den anmutigen Charakter der Form selbst. (...) In der unendlichen Geste der Darbietung wird eben gerade die dialektische Logik unterbrochen (...) In diesem Innehalten unterbricht er den Sinn der Bewegung und präsentiert deren Form: Das *Präsentieren* ist die einzige Aufgabe des jungen Mädchens«.[18] Und weil in der Geste eben nichts zu sehen ist als der Gestus selbst, schließt Nancy: »Das junge Mädchen zeigt uns, wie die Kunst ihr eigenes Verschwinden bejaht: nicht weil sie so wiederaufzuerstehen hofft, sondern gerade weil sie nicht in diesen dialektischen Prozess eintritt. Die ›schönen Früchte‹ sind vom Baum gebrochen, losgelöst, und ihre Darreichung bedeutet das Einverständnis mit diesem Losgelöstsein, sterblich unsterblich. Wie, wenn die Kunst nichts anderes wäre als jene notwendig plurale, singuläre Kunst, den Tod zu bejahen, die Existenz zu bejahen?«[19]

17 Jean-Luc Nancy, a.a.O., S. 69.
18 Jean-Luc Nancy, a.a.O., S. 83-4.
19 Jean-Luc Nancy, a.a.O., S. 85.

Nancys Interpretation des a-repräsentativen Gestus zitiert ihrerseits einen philosophischen Gestus, der in einer ganz anderen ästhetischen Tradition steht und mit dem Kantischen Begriff der Gunst zu tun hat.[20] Tatsächlich nennt Nancy an einer Stelle Kant als den Autor der Rede vom Ende der Kunst, die Hegel radikalisiert und ausformuliert hat, »er spricht zwar nicht im Wortlaut von einer Blutleere der Kunst, aber es deutet sich hier zum ersten Mal die Behauptung eines ›Endes‹ an, das unter dem zweideutigen Motto einer immer neu zu beginnenden *Vollendung* der Kunst steht.«[21] Im Aspekt des Endes der Kunst verschränken sich nicht nur Ästhetik und Antiästhetik, sondern auch die scheinbar antipodisch angelegten Stränge der Ästhetiktradition, Kants ästhetische Erfahrung einerseits und Hegels Darstellungsästhetik andererseits.

Man kann sich freilich fragen, ob Nancys Versuch, Hegels Ende der Kunst in eine heteronome Eigenlogik der partikularen Künste zu überführen – sozusagen die Inversion des Gesamtkunstwerks –, endgültig gegen einen Rückfall in das utopisch hypostasierende Ende der Kunst gefeit wäre. Im letzten Essay der *Musen* entfaltet Nancy Hegels Ende der Kunst als das Ende einer jeglichen Verbindung von Bild und Kunst. Aisthesis, die der Ästhetik ihren Namen gab, wird zum Entzug der Wahrnehmung: »(...) dass die Kunst, wenn man sie weiterhin als eine Beziehung von Bild und Idee oder von Bild und Unvorstellbarem definiert (...,) sich als Ganze mit dem Bild zurückzieht. Und genau das hat Hegel vorausgesehen. Wenn seine These vom Ende der Kunst so erfolgreich war, dass sie sogar erweitert und anderweitig vereinnahmt wurde, so einfach deshalb, weil sie etwas Wahres enthielt und weil die Kunst letztlich begann, sich von der Funktion, Bilder zu erzeugen, das heißt von ihrer onto-theologischen Funktion, zu lösen«.[22] Es scheint, daß nur eine Radikalisierung des Hegelschen Endes hoffen darf, der Logik des Endes als Aufhebung zu entkommen: »Wenn man nur einen kleinen Schritt über die Grenze der Onto-Theologie hinaus macht, den einen Schritt, der von Hegel ausgehend über Hegel hinausgeht, den Schritt zum *äußersten Ende des Endes der Kunst*,

---

20 Daß es in der Tat möglich ist, die heterogenen Stränge ästhetische Erfahrung (Kant) und Hegelsche Darstellungsästhetik miteinander zu verknüpfen, vielleicht sogar ihre Ko-Artikulation schon bei Hegel geleistet wird, hat Jacques Taminiaux in einer luziden Lektüre gezeigt. »Between the Aesthetic Attitude and the Death of Art«, in: *Poetics, Speculation and Judgement. The Shadow of the Work of Art from Kant to Phenomenology*, Stony Brook: Suny Press 1995, S. 55-72, hier 69 ff.
21 Jean-Luc Nancy, a.a.O., S. 129-30.
22 Jean-Luc Nancy, a.a.O., S. 138.

der dieses Ende in einem anderen Ereignis zu Ende bringt, dann hat man es nicht mehr mit dem bekannten Paar aus Sinnlichem, das darbietet, und dargebotenem Ideal zu tun, sondern mit folgendem: Die Idee als Form zieht sich zurück und die vestigiale Form dieses Rückzuges ist eben das, was wir in unserem von Platon geprägten Sprachgebrauch ›sinnlich‹ nennen. *Ästhetik* als der Bereich des Sinnlichen und als dessen Reflexion meint eben dies.«[23]

Ebenso radikal, aber was Hegel angeht, deutlich skeptischer urteilt Werner Hamacher, dessen Analyse des Endes der Kunst anhand der Komödiendarstellung in der *Phänomenologie des Geistes* es um die Kunst als Agentin der Dekonstruktion von Selbstbewußtsein überhaupt. Den in Hegels Überlegungen zur Maske angelegten Horizont von Möglichkeiten reißt Hamacher indessen nur auf, um entschieden darauf zu beharren, daß das Potential radikaler Entfaltung in Hegel zwar bereitliegt, aber dort eben auch eingeschränkt und limitiert wird, da das »Ende für Hegel begriffenes Ende und somit der privilegierte Modus der Selbstermächtigung und Selbstaneignung« bleibt.[24] Indem das radikalisierte Verschwinden im Spiel mit der Maske von Hegel exklusiv auf die attische Komödie beschränkt wird, wird es davor bewahrt oder, wie Hamacher impliziert, daran gehindert, auf andere Genres, Epochen und die Philosophie selbst überzugreifen. Das Ende der Kunst in der attischen Tragödie ist in ein und derselben Bewegung die Entdeckung und die Beschneidung von Möglichkeiten: »Die These vom Ende der Kunst in der Komödie – so radikal darin die Kunst als Agentin der politischen und religiösen, der philosophischen und der ästhetischen Desintegration des Selbstbewußtseins gedacht ist –, diese These hat auch den Sinn, dem Enden der Kunst ein Ende zu setzen und die Radikalität der in ihr eröffneten Endlichkeits- und Glückserfahrungen zu limitieren.«[25] Damit ist der große Haken benannt, den alle radikalisierenden Lektüren der *Ästhetik* haben. Sie scheitern an der klassischen Kunst. Mit diesem Ende ist allem endlosen Enden Einhalt geboten. Alle Spaltung und alle Doppelschlächtigkeit des Schönen beruhigt sich einmalig und endgültig in einer Zone, die vom Prozeß des Vereinigens und Verinnigens ausgeschlossen bleibt, weil diese Kunst »leibliche, unerinnerte Gegenwart« ist (14, 237). Die vollendete Kunst der klassischen Phase ist nicht nur Kunst

---

23 Jean-Luc Nancy, a.a.O., S.142.
24 Werner Hamacher, »Das Ende der Kunst mit der Maske«, a.a.O., S.145.
25 Werner Hamacher, a.a.O., S. 145.

des Endens, endlos vergängliche Kunst, sondern sie ist auch das Ende der Prozessualität.

Den Status dieser Kunst und ihres Endes zu ermessen, tut man gut daran, Hegel nicht voreilig auf einen borniertren Klassizismus festzulegen. Die klassische Kunst als das organische und organisatorische Zentrum der *Vorlesungen* ist keinem idealistischen Vorurteil geschuldet, sondern verdankt sich, wie Hamacher mit Recht argumentiert, Hegels Bedürfnis, die endlose Vergänglichkeit der Kunst in ein gleichsam handfestes, geographisch und historisch lokales (und in der *Phänomenologie* auch gattungspoetisch begrenztes) Ende zu überführen und solchermaßen einzuhegen. Der Primat der klassischen Kunst ergibt sich aus Hegels Versuch, das Ende und die Enden der Kunst auf *ein* Ende festzulegen und zu beschränken. Dieser Versuch darf gelungen und mißlungen zugleich heißen. Mißlungen ist er, sofern sich nachweisen läßt, daß sich das Kunstideal schon vor seinem Ende, nämlich im Übergang von der symbolischen zur klassischen Kunst, zersetzt und diese Kontamination der Kunst mit ihrer Vorgeschichte die singuläre Abgeschlossenheit des Ideals gleichsam avant la lettre widerruft. Zugleich ist der Versuch der Einhegung aber auch erfolgreich auf die klassische Kunst begrenzt. Statt aber diese Beschränkung als Hegels Borniertheit zu denunzieren, ist sie, mit Hegel, als virtuelle, verschiebbare Grenzziehung zu beschreiben, die verschiedene Möglichkeiten des Endes, einschließlich seiner entgrenzenden Aktualisierung wie Nancy oder Hamacher sie vornehmen, allererst zuläßt. Unter Umständen ist gerade die klassische Kunst, deren systematische Priorität in Hegels Ästhetik alle moderne Kunstreflexion beunruhigt, der Ort, an dem die Moderne erfunden und gefunden wurde und wo sie anders oder neu wiederzufinden ist. Die landläufige Kritik an Hegels Option für die klassische Kunst ist selbst ein klassizistisches Vorurteil, dem ein Begriff von Klassik zugrunde liegt, der bei Hegel nicht zu finden ist. Hegels klassische Kunst war immer schon so modern, wie es viele Ultramoderne heute noch nicht sein wollen.

3.

Mit der künstlerischen Darstellung der menschlichen Gestalt hat die klassische Kunst Form und Inhalt zur Deckung gebracht. Vorgefundenes Material und erfinderische Phantasie fallen in eins. Leibliche, unerinnerte Gegenwart geworden, ist diese Kunst klassisch, zeitlos und so endgültig wie als Kunst endgültig zu Ende. Anspruch aufs Ideal hat sie, weil in ihr die Identität von Schönheit und sittlicher Substanz als Kunst zur Darstellung kommt.

Aber das Konfliktpotential der Erinnerung zwischen Finden und Erfinden macht auch vor dem Kunstideal nicht halt, in dem das »*Zusammenstimmen des konkreten Ideals mit seiner äußerlichen Realität*« (13, 327) einmalig geleistet sein soll. So bedarf die Tatsache, daß in der klassischen Kunst nicht frei erfunden wird, immer noch der Legitimation. »Allerdings sind wir gewohnt, eine freie Produktion der Einbildungskraft höher anzuschlagen als die Bearbeitung bereits vorhandener Stoffe, aber die Phantasie kann sich nicht dahin auslassen, das geforderte Zusammenstimmen so fest und bestimmt zu geben, als es in dem wirklichen Dasein bereits vorliegt, wo die nationalen Züge aus dieser Harmonie selbst hervorgehen.« (13, 331) Klammert man den Ort dieses »wirklichen Daseins«, das Heroenzeitalter, in dem das Schöne in der vor-individuellen sittlichen Substanz heimisch ist, zunächst einmal aus,[26] dann wird hier das Vergangene per se für kunstfähig erachtet. Die Identität von wirklichem Dasein und poetischen Zeiten, sittlicher Substanz und Kunstreligion ist gewissermaßen nur die nachgetragene Legitimation des ästhetischen Primats der Vergangenheit. Aber dieses Prärogativ der Vergangenheit erweist sich im Folgenden als einem anderen Gesetz geschuldet. Es ist die im Zusammenhang mit der klassischen Kunst leitmotivisch wiederkehrende Rede vom Zu-Hause- und Heimisch-Sein, die in den Ausführungen zur klassischen Kunst die Stelle des konfliktträchtigen Erinnerungsbegriffs einnimmt. Alle Spannungen zwischen Finden und Erfinden beruhigen sich in dem Postulat des Heimisch-Seins: »Das allgemeine Gesetz, welches wir in dieser Beziehung können geltend machen, besteht darin, daß der Mensch in der Umgebung der Welt müsse heimisch und zu Hause sein« (13, 327). Diesem Gesetz untersteht nicht nur die Figurendarstellung innerhalb des Kunstwerks und das Verhältnis von Kunst und historischer Realität, sondern es bestimmt auch – und das ist entscheidend – über historische Distanzen hinweg das Verhältnis einer jeweiligen Gegenwart zur Kunst, »welche fordern darf, das Kunstwerk zu verstehen und darin heimisch zu werden« (13, 343).[27] Nicht allein die Figuren eines Kunstwerks sollen als in ihrer

---

26 Vgl. Christoph Menke, *Tragödie im Sittlichen*, a.a.O., S. 50 ff.
27 Das zeigt sich daran, daß Hegel Goethes Epos *Hermann und Dorothea* heranzieht, um den Nachweis zu führen, daß nicht nur bei Homer alles »einheimisch« ist (13,

Welt zu Hause erscheinen, sondern auch Leserschaft bzw. Publikum müssen sich in dieser Welt wiederfinden und dort heimisch werden können. Wir haben für das Vorübergegangene »nicht aus dem bloßen Grunde schon, daß es einmal dagewesen ist, Interesse. Das Geschichtliche ist nur dann das Unsrige, wenn es der Nation angehört, der wir angehören (...)« (13, 352). Am Einheimischen, den nationalen Besonderheiten, erweist sich deshalb auch die »sterbliche Seite des Kunstwerks«, denn »es trägt immer Partikularitäten an sich, die es von den Eigentümlichkeiten anderer Völker und Jahrhunderte abscheiden« (13, 342).

Vorrang hat Vergangenes nicht, weil es verallgemeinerungsfähig ist, sondern weil allein mit dem Entlegenen, Fremden, nicht länger Heimischen die Veränderungen vorgenommen werden können, die dem Imperativ des Zu-Hause-Seins und Heimischwerdens entsprechen. *Anachronismen* – Symptome dessen, daß man im Kunstwerk nicht zu Hause ist – gehören deshalb konstitutiv zum Kunstwerk: »Auch das Vortrefflichste *bedarf* in dieser Rücksicht einer Umarbeitung« (13, 358). Hegel versucht zwar, eine Stufenleiter der Modi des Zu-Hause-Seins einzuführen. In der Klassik hat die Kunst dargestellt, was in dieser Phase absolut zu Hause gewesen ist; der post-romantischen Kunst steht dagegen zur Verfügung »alles, worin der Mensch überhaupt heimisch zu sein die Befähigung hat« (14, 238). Aber die genealogische Herleitung der Klassik aus der symbolischen (Vor)kunst relativiert das absolute Zu-Hause-Sein, denn als heimisch erweist sich die klassische Kunst erst, indem sie ältere, vorgefundene Stoffe bearbeitet, die als Anachronismen präsent bleiben.

In seinen Ausführungen über den Anachronismus in der klassischen Kunst unterscheidet Hegel verschiedene Formen. Dem, was unter die Rubrik des Requisits fällt, »zunächst bloße Äußerlichkeiten« betreffend (13, 358), folgt die »wichtigere Art der Anachronismen« (13, 358): »daß in einem Kunstwerke die Personen in der Art sich aussprechen, Empfindungen und Vorstellungen äußern, Reflexionen anstellen, Handlungen begehen, welche sie in ihrer Zeit und Bildungsstufe, ihrer Religion und Weltanschauung nach unmöglich haben und ausführen konnten« (13, 359). Hegel verteidigt das Recht dieses Anachronismus gegen die Ansprüche eines normativen Realismus: »Eine solche Verletzung der sogenannten Natürlichkeit ist ein für die Kunst

338), sondern unentfremdetes Dasein auch unter modernen Bedingungen möglich bleibt: »Sie trinken in der Kühle ein heimisches Gewächs, Dreiundachtziger, in den heimischen, nur für den Rheinwein passenden Gläsern« (13, 340).

notwendiger Anachronismus« (13, 359). Natürlich steht die Kunst bei Hegel immer unter dem Druck, Partikularitäten zu tilgen; sofern dies aber in Form von notwendigen Anachronismen geschieht, entstehen der scheinbar in sich ruhenden und abgeschlossenen klassischen Kunst Schwierigkeiten.[28]

Der folgende Abschnitt steht deshalb ganz im Zeichen von Hegels Bedürfnis, seine Konzession an einen »notwendigen Anachronismus« der Kunst zu beschränken und von dem abzugrenzen, was er einen »Anachronismus höherer Art« nennt (13, 360). Der liegt vor, »wenn Anschauungen und Vorstellungen einer *späteren* Entwicklung des religiösen und sittlichen Bewußtseins auf eine Zeit oder Nation übertragen werden, deren ganze Weltanschauung solchen neueren Vorstellungen *widerspricht*« (13, 360). Es gibt jedoch keine Basis, die kunst-eigentümliche und infolgedessen sanktionierte Verletzung der Natürlichkeit von dem nicht-sanktionierten Widerspruch »höherer Art« zu unterscheiden. Da kein Kunstwerk frei von Anachronismen ist, anachronistisch auch das Verhältnis der Kunstphasen ausfällt, (das Romantische anachronistisch die symbolische Phase zitiert), scheint fraglich, ob der Anachronismus als das Prinzip der Aufhebung des Natürlichen in der Kunst wirklich so einzuschränken ist, wie Hegel es will. Vielmehr wuchert der Anachronismus im Inneren der Kunst (und ihrer philosophischen Deutung).

Das Kapitel über die Genese der klassischen Kunst aus der symbolischen läßt jedenfalls keinen Zweifel daran, daß die Leistung der klassischen Kunst in nichts anderem als einem »höheren« Anachronismus besteht. Erst und allein die rücksichtslose Verwandlung und Überwindung der symbolischen Kunst, die anachronistisch Eingang ins Klassische findet, macht die Klassizität aus. Der ideale Charakter des Klassischen, wo alles »einheimisch« ist (13, 338) und die Kunst ihre höchste Bestimmung erlangt, ist nicht allein Ausdruck der eingeborenen sittlichen Substanz. Sie kann dies nur sein, weil es im Klassischen um nichts anderes als um die Transformation und Kolonisierung der fremden, vergangenen, nicht-griechischen Vorkunst geht. Erst in diesem Prozeß differenziert die Vorkunst sich zu einer fremden aus und formiert ineins damit die eigene Identität: »Denn wir gaben der klassischen Kunst überhaupt die Stellung, daß sie sich erst durch Reaktion gegen die zu ihrem eigenen Bezirk notwendig gehörenden Voraus-

---

28 Dies ist nur ein Hinweis auf die antiklassischen Züge der Klassik. Vgl. Peter Szondis Ausführungen zur Trauer der griechischen Götter in »Hegels Lehre von der Dichtung«, a.a.O., S. 407 ff.

setzungen zu dem heraufbilde, was sie als echtes Ideal ist« (14, 94). Doch diese genealogische Herleitung der klassischen Kunst begründet nicht nur, sondern entstellt auch ihre Klassizität, denn die Reste des Symbolischen wirken oft unklassisch »bunt, kraus« (14, 97) und kontingent: »es blicken aber die Reste symbolischer Bedeutungen hindurch« (14,95). Auch das klassische Kunstwerk, in dem die Identifikation von Gestalt und Bedeutung geleistet sein soll, hat noch Anklänge an Früheres und wird von dunkler Erinnerung an symbolische Mehrdeutigkeit umgetrieben. »Selbst bei dem klassischen Kunstgebiete tritt noch hin und wieder eine ähnliche Ungewißheit ein, obschon das Klassische der Kunst darin besteht, seiner Natur nach nicht symbolisch, sondern in sich selber durchweg klar und deutlich zu sein.« (13, 401) Neben das plötzliche Entspringen des Klassischen aus freiem künstlerischen Schaffen der erwachenden Individualität, »wo der Blitz des Genius ins Hergebrachte schlägt« (14, 376), tritt die genealogische Herleitung dieser Kunst aus der Vorkunst: »In dieser Beziehung hat die klassische Kunst allerdings ein *Werden*, das jedoch außerhalb ihrer ein selbständiges Dasein erhalten muß, da sie als klassische alle Bedürftigkeit, alles Werden hinter sich haben und in sich vollendet sein muß« (14, 448).[29]

29 Vielleicht das überzeugendste Beispiel für den Anachronismus der Kunst ist Hegels anachronistische Beschreibung einer zeitgenössischen Goethe-Büste von Rauch. Die griechischen Götter seien in ihrer Schönheit der »Leiblichkeit enthoben«, schreibt Hegel und fährt fort: »In dieser Beziehung bringen die griechischen Götter einen Eindruck hervor, bei aller Verschiedenheit ähnlich dem, welchen Goethes Büste von Rauch (…) auf mich machte« (14, 84). Im ersten Teil der folgenden Beschreibung der Skulptur des Dichterfürsten geht es noch klassisch in erwartbarer Weise zu, »diese hohe Stirn, diese gewaltige, herrschende Nase das freie Auge, das runde Kinn (…) und in aller Lebendigkeit die Ruhe, Stille, Hoheit im Alter«, aber dann: »und nun daneben das Welke der Lippen, die in den zahnlosen Mund zurückfallen, das Schlaffe des Halses, der Wangen, wodurch der Turm der Nase noch größer, die Mauer der Stirn noch höher heraustritt. – Die Gewalt dieser festen Gestalt, die vornehmlich auf das Unwandelbare reduziert ist, erscheint in ihrer losen, hängenden Umgebung wie der erhabene Kopf und die Gestalt der Orientalen in ihrem weiten Turban, aber schlotterndem Oberkleid und schleppenden Pantoffeln; – es ist der feste, gewaltige, zeitlose Geist, der, in der Maske der umherhängenden Sterblichkeit, diese Hülle herabfallen zu lassen im Begriff steht und sie nur noch lose um sich frei herumschlendern läßt« (13, 84/85). Wo man einen jungen Griechengott erwartet, steht ein schlotternder Greis, angetan mit den Requisiten des Erhabenen und Orientalischen, die aus dem Bereich der symbolischen Vorkunst stammen und nicht auf die Befreiung von der Leiblichkeit *vor*-, sondern in das Symbolische *zurück*verweisen. Vgl. Beat Wyss, »Klassizismus und Geschichtsphilosophie im Konflikt«, in: *Kunsterfahrung und Kunstpraxis im Berlin Hegels*, hrsg. Annemarie Gethmann-Siefert u. Otto Pöggeler (Hegel-Studien, Supplement 22), Bonn: Bouvier, 1983, S. 42.

Hegel hat gute Gründe, das Risiko einer solchen Entgrenzung des Anachronismus auf sich zu nehmen. Daß die klassische Kunst von der überwundenen symbolischen Vorkunst affiziert bleibt, muß Hegel konzedieren, denn nur wo das Überwundene als Spur lesbar bleibt, ist die Aneignung *als* Eigenleistung des Klassischen zu würdigen, das »wesentlich erst durch solche Umbildung des Früheren zustande kommt« (14, 76). Um der unwiederholbaren Eigenart der klassischen Kunst willen darf die Vor-Kunst nicht restlos annihiliert werden, sondern muß als kolonisierte, als anverwandelte wiederzuerkennen sein, auch wenn diese Aufhebung zu Kollisionen im Kunstideal führt, die den Anachronismus zu entgrenzen drohen, die Vollendung und damit das Ende der Kunst nach der Seite ihrer höchsten Bestimmung in Frage stellen.

Die Nötigung, das Symbolische im Klassischen *als* überwunden wiederzuerkennen, zwingt Hegel, eine Unterscheidung zwischen Haupt- und Nebenzügen einzuführen, die es im klassischen Kunstwerk eigentlich nicht geben dürfte. Die klassische Kunst ist »eine Mitte, die jedoch, wie das Leben überhaupt, zugleich nur ein Durchgangspunkt ist, wenn sie auch auf diesem Durchgangspunkte den Gipfel der Schönheit ersteigt und in der Form ihrer plastischen Individualität so geistig-konkret und reich ist, daß *alle Töne in sie hineinspielen und auch das für ihren Standpunkt Vergangene*, wenn auch nicht mehr als Absolutes und Unbedingtes, doch noch als eine Nebenseite und als Hintergrund vorkommt.« (14, 26, Hervorh. E.G.) Das in seiner Vollkommenheit keiner Hermeneutik bedürftige Kunstwerk, das »sich weiß, sich weist« (14, 13), weil es »das sich *selbst Bedeutende* und damit auch *sich selber Deutende*« (14, 13) sein soll, ist von Entstellungen versehrt.

Freilich kann man hier und jederzeit einwenden, daß die symbolischen Restbestände der Klassik symptomatisch für das Dilemma aller Kunst sind. Noch die vollkommene Kunst krankt nach Hegel daran, sinnliche Erscheinung und noch nicht Religion oder Philosophie zu sein. Aber durch den Spalt zwischen Haupt- und Nebenzügen, Äußerlichkeiten und Wesentlichem dringt eine hermeneutische Unsicherheit, die sonst keinen Platz hat, da das normative Ideal der Klassik zugleich die Aufhebung des Auslegens bedeutet. Hegel entfaltet die hermeneutische Problematik dort, wo Fragen von Auslegung und Deutbarkeit historisch und systematisch zu Hause sind, im Bereich der symbolischen Vorkunst, die nicht nur das Fremde und Andere für die Klassik zur Aufhebung, Verwandlung und Umarbeitung bereitstellt, sondern die auch die Voraussetzungen dafür schafft, daß die Identifikation von Gestalt und Bedeutung zum transhermeneutischen Ideal avanciert. Diese Vorkunst hat die ausdrückliche Scheidung von Gestalt und Bedeutung zu leisten. Ihr fällt es zu, die Aufgabe zu formulieren, die zu erfüllen dem Klassischen vorbehalten ist.

In den Ausführungen zur symbolischen Kunst hat auch der Anachronismus seinen systematischen Ort. Dort erhält er als Modus des Werdens der Klassik »selbständiges Dasein« (14, 448). Weil die klassische Kunst schon anachronistisch operiert, kann sie nicht das Zuhause des Anachronismus sein, sondern allein die Zeit und Kunst, in der wir nicht mehr zu Hause sein können und in der die Zeitgenossen ebenfalls noch nicht zu Hause sind. Als Heimat aller Unangemessenheiten von Darstellung und Inhalt, einschließlich aller Formen des Anachronismus, gewinnt die symbolische (Vor)kunst insgeheim ein Privileg, das der Klassik den Rang abläuft. Die Frage nach der klassischen Phase als dem verwirklichten Kunstideal (und damit dem vollendeten Ende der Kunst) verschiebt sich deshalb zur Frage nach dem Ende der symbolischen, die das »Werden« der Klassik beherbergt.

In dem Kapitel über das Symbolische sieht sich Hegel mit massiven Darstellungsproblemen konfrontiert. Wie ist angemessen und nicht vorab anachronistisch über eine Kunst zu sprechen, in der wir als Nachfahren der klassischen Antike nicht heimisch sein können oder dürfen? Hegel zeigt sich bemüht, nichts Späteres in diese vorkünstlerischen Werke hineinzuinterpretieren. Ob die Ägypter wußten, was sie mit ihren Pyramiden taten oder nicht, macht ihm große Sorgen. Dieses umständliche Zögern ist nur partiell durch die zeitgenössische Debatte um Creutzers Mythendeutung zu erklären; immerhin handelt es sich um das einzige Kapitel der *Ästhetik*, in dem sich Hegel so etwas wie Zweifel an der eigenen Praxis leistet, die einen Anachronismus höherer Art begeht, indem aus dem Jenseits der Kunst ihre Anfänge interpretiert werden.

Seine Zweifel an diesem Verfahren finden hier einen legitimen Diskussionsort, denn das Symbolische steht insgesamt im Zeichen des Zweifels und der Zweifelhaftigkeit. Alles kommt darauf an, die subjektive mit der objektiven Zweifelhaftigkeit engzuführen. Gelungen scheint das mit dem Leitmotiv der Aufgabe. »Wir fühlen, daß wir unter lauter Aufgaben wandeln.« Unser subjektives Verhältnis zur rätselhaften ägyptischen Kunst ist objektiv gerechtfertigt, denn »Ägypten ist das Land des Symbols, das sich die geistige Aufgabe der Selbstentzifferung des Geistes stellt, ohne zu der Entzifferung wirklich hinzugelangen« (13, 456-7). Daraus ergibt sich Hegels eigene, d.h. »unsere Aufgabe«, nämlich »die Rätsel der ägyptischen Kunst und ihrer symbolischen Werke als diese von den Ägyptern selbst unentzifferte Aufgabe aufzufassen« (13, 457). Am Ende des mit Zweifelhaftigkeiten beschäftigten Kapitels über die symbolische Kunst gibt es keinen Zweifel mehr: »Die *Forderung* ist einfach diese, (...) daß die äußere Erscheinung und ihre Bedeutung, die Sache und ihre geistige Erklärung (...) ebensowenig eine symbolische oder erhabene und vergleichende Verknüpfung bleiben darf. Die echte Darstellung wird deshalb nur da zu suchen sein, wo (...) das Geistige sich vollständig in seiner Realität entfaltet und das Körperliche und Äußere somit nichts als die gemäße Explikation des Geistigen und Inneren ist.« (13, 546)

Der notwendige Anachronismus droht das Kunstideal zu zersetzen und dessen einmalige Endgültigkeit zu zerstreuen. Hegel verweist ihn deshalb in die Vorkunst der symbolischen Phase, deren tilgende Überwindung die klassische Kunst vollbringt. Daß aber das Ende der symbolischen Vorkunst keine endgültige Aufhebung ist, sondern ein dubioses, mehrdeutiges Ende bleibt, eröffnet der Interpretation der klassischen Kunst rückwirkend unvorhergesehene Freiräume der Umdeutung.

4.

»Das Symbol in der Bedeutung, *in welcher wir das Wort hier gebrauchen*, macht (...) den Anfang der Kunst« (13, 393, Hervorh. E.G.). Das Symbol ist ein in den Dienst einer bestimmten Bedeutung genommenes Zeichen, das immer irgendwie »verwendet werden« muß (13, 395), um als Symbol zu gelten. Symbolisieren ist eine Operation, wie sie der zitierte erste Satz des Kapitels vornimmt, indem er von einem Zeichen, in diesem Fall dem Sprachzeichen »Symbol«, einen spezifischen Gebrauch macht und ihm eine Aufgabe zuweist. (Vor)kunstfähig ist das Symbol, weil es Bedeutungszwecken dient, die ihm nicht von Haus aus zukommen, und es kann nur funktionalisiert werden, sofern es auch eine quasi natürliche Bedeutung hat. Die Zweideutigkeit des Symbols besteht deshalb erst sekundär in der Frage, wie es denn zu verstehen sei. Dieser Zweifel kann erst dadurch entstehen, daß das Symbol zugleich eine wesentliche Affinität von Gestalt und Bedeutung voraussetzt. Aus diesem Grund bleibt »das Symbol seinem Begriff nach wesentlich *zweideutig*« (13, 397). Im Symbol herrscht also uneingeschränkt die Ambivalenz von Finden und Erfinden, deren Seiten erst auseinandertreten müssen, bevor die klassische Kunst dazu übergehen kann, sie neu zu vereinigen. Daß die Auseinandersetzung der Seiten noch nicht stattgefunden hat, verleiht dem Symbol in der Vorkunst-Phase seine charakteristische Zweideutigkeit. Die »Aufgabe« lautet, diese Gleichberechtigung oder, wie Hegel formuliert, diese »Gleichgültigkeit« der beiden Seiten des Symbols so zu beseitigen, daß sich die Ambivalenz von interner Bedeutung und externer Bedeutungsfunktion auflöst. Am Schluß der symbolischen Phase fallen die beiden Seiten so auseinander, daß nur noch die Willkür des Setzens von Bedeutung übrigbleibt. Es zeigt sich, daß die Ähnlichkeiten, die man vorgefunden zu haben glaubte, Bedeutungen sind, die man erfindet und herstellt. In der Entdeckung dieses Umstands besteht das Ende der symbolischen Kunstphase, sofern nun erst der Kampf um Angemessenheit von Gestalt und Bedeutung ins Kunstbewußtsein gedrungen ist. Die klassische Kunst darf jetzt (wieder)vereinigen, was am Ende der symbolischen auseinanderfiel.

Dieses Auseinanderfallen gehört der Stufe des sogenannten »bewußten Symbolisierens« an, das die ersten Stufen, die originäre Symbolik und das Erhabene, auflöst und überschreitet. Aber es handelt sich nicht um eine Aufhebung im klassischen Sinne, sondern um ein profanes Ende der Kunst, genauer, um das Ende der Kunst im Profanen des Alltäglichen: »so ist dennoch diese Vereinigung nicht etwa eine höhere Kunstform, sondern vielmehr eine zwar klare, aber verflachte Auffassung, welche, in ihrem Inhalt begrenzt und in ihrer Form mehr oder weniger prosaisch, sich ebensosehr aus der geheimnisvollen gärenden Tiefe des eigentlichen Symbols als von dem Gipfel der Erhabenheit herab in das gewöhnliche Bewußtsein hinein verläuft« (13, 488-9). So kommt es anachronistisch, vor dem Beginn von Kunst im eigentlichen Sinne ihrer höchsten Bestimmung, zu einem Ende der Kunst, das keine Aufhebung ist, sondern ein Verlaufen.

In dem einleitenden Abschnitt über das Symbol hatte Hegel notiert, wie das Ende der Symbolik vorzustellen sei und seine wesentliche Zweifelhaftigkeit beseitigt werden könne. Einerseits avisiert er dort genau das, was mit der vergleichenden Kunstform, dem bewußten Symbolisieren, auch eintritt. Ein Ende hat es mit den Zweifeln, wenn die beiden Seiten des Symbols strikt voneinander getrennt werden und ihre Relation explizit formuliert wird (13, 397). Daneben erwähnt er aber auch noch, wenngleich nur en passant, eine andere Art und Weise, das Symbolische zu begrenzen. Dessen Zweifelhaftigkeit löse sich auch unausdrücklich und sozusagen praktisch auf vermöge der Konvention, die über den Zusammenhang und seine Bedeutung vorab entscheidet, ohne daß dies ausdrücklich würde: »Zwar wird auch dem eigentlichen Symbol seine Zweideutigkeit dadurch genommen, daß sich um dieser Ungewißheit selbst willen die Verbindung des sinnlichen Bildes und der Bedeutung zu einer *Gewohnheit* macht und etwas« mehr oder weniger *Konventionelles* wird (...)« (13, 399, Hervorh. E. G.). Hegel zögert mit Recht, dieser praktischen Auflösung des Zweifelcharakters viel Gewicht beizumessen, denn wenn das Klassische nicht das selbstbewußte Auseinandertreten der Seiten des Symbols ist, sondern schlicht und ohne viel Aufhebens Effekt eines Konventionalisierungsschubes, dann ist es um die heroische Vollendung dieser Kunst schlecht bestellt.

Von diesem Ende führt jedenfalls kein Weg zu den einsamen Höhen der klassischen Kunst. Mit dem Verlaufen der Kunst im alltäglichen Bewußtsein steht ein gleichsam schlechtes, weil undialektisches und schwammiges Ende einerseits der aufhebenden Verwandlung der krausen Symbolik durch die klassische Kunst andererseits gegenüber. Damit wird das Ende der symbolischen Kunst selbst zweideutig. Das Ende der symbolischen Kunst ist selbst noch Symbol. Als symbolisches deutet dieses doppeldeutige Ende auf eine wesentliche Affinität zwischen profanem Verenden und heroischer Aufhebung. Sie besteht in nichts anderem als der *Konvention,* denn Konventionen bestimmen die Prosa des Alltags, aber sie sind auch in der klassischen Kunst »als« Nebenzug und Hintergrund präsent. Die klassische Kunst verwandelt die Symbole der Vorkunst ins Konventionelle. Indem sie zum Beispiel Tierdarstellungen nur noch als Nebenzug und konventionelles Accessoire zuläßt (14,73), macht sie aus dem Vorgefundenen: Tradition. Die klassische Kunst *erfindet* den alltäglichen Profanisierungsschub, das profane Verenden, *als* Tradition und Konvention. Was in der Klassik erfunden, was dort gegründet und gestiftet wird, ist ein unerschöpflicher Fundus von Möglichkeiten, zu finden und zu sammeln. Ihr Ausweis als schöpferische Individualität ist nur *eine* dieser Möglichkeiten. Konventionen kann man denunzieren, verdrängen, verwandeln und degradieren, man kann sie einklagen und hochschätzen. Es gibt aber nur einen Ort, an dem sie überhaupt erst als Konvention gestiftet werden, ein imaginäres Heim der Anachronizität, in dem Konventionen und Traditionen erfunden werden, um sie zu verwerfen, verwandeln oder aufzuheben: das Museum.

Die klassische Kunst, schreibt Hegel, ist der »Aufbewahrung« der alten Götter der Vorkunstzeiten gewidmet. Klassischer Aufbewahrungsort alter Götter und ihrer Accessoires ist das Museum. Dem Bau des ersten offiziellen Museums in Berlin konnte Hegel zur Zeit der Abfassungen der *Vorlesungen* über die Ästhetik aus seinem Fenster zuschauen. Die klassische Kunst, wie sie in den Vorlesungen konzipiert ist, stellt ein Museum dar. In ihm ist die Spannung zwischen Finden und Erfinden endgültig getilgt, denn im Museum stiftet die Logik der Sammlung die Differenz von Finden und Erfinden. Daß das Kernstück von Hegels Ästhetik, die klassische Kunst, ein Museum (für die Vorgeschichte der Kunst) ist, heißt gerade nicht, daß hier die Kunst zu Grabe getragen wird. Im Gegenteil, Hegel ist der erste Theoretiker einer Moderne, die ohne das Museum nicht denkbar ist, ob sie sich nun in ihm häuslich einrichtet, ob sie es bloß neu bestückt oder gegen es revoltiert. All dies hat sie im Namen des Endes der Kunst getan. Als museales Archiv und »Museum ohne Wände« (André Malraux) gedacht, ist Hegels klassische Kunst nicht die philosophische Einsargung idealistischer Vorurteile, sondern die Ausstellung der Moderne, die – anachronistisch – in die Antike zurückverlagerte Entdeckung moderner Möglichkeiten der Traditionsstiftung. Aber seine Ästhetik zeigt auch, daß einzig, wo solche Konventionalisierungsmechanismen erhalten bleiben, also solange es Museen gibt, nicht nur reale, sondern auch Textarchive, wie es Hegels *Ästhetik* und in ihr der imaginäre Ort der klassischen Kunst sind, die Möglichkeit fortbesteht, anderes zu sammeln, anders zu ordnen, anders zu selektieren, gegebenenfalls auch auszubrechen. Als Museum ist die klassische Kunst nicht der Tod lebendiger Kunst, sondern die (Wieder)geburt der Moderne.

Boris Groys, der die Logik moderner, innovativer Kunst auf ihre musealen Bedingungen zurückgeführt hat, schreibt: »Das moderne Kunstmuseum ist also nicht ein Friedhof, sondern, wenn man will, eine Kirche für Dinge. Dort erleben sie ihre Umkehr, ihre Neugeburt, ihre Parusie. (…) Nur solche neugeborenen Dinge nennt man in der Moderne Kunstwerke.«[30] Was Groys über das Paradox moderner künstlerischer Subjektivität schreibt, ist, seiner entschlossenen Hegel-Aversion zum Trotz, Hegels Ästhetik geschuldet, deren Autor wußte, daß der »Blitz der Individualität« nicht das Gegenteil von, sondern ein Modus der Konventionalisierung, ein spezifischer Effekt von Musealisierung ist: »die freie Subjektivität kann sich also nur als frei zeigen, weil sie durch das Museum von der Arbeit der Kunstproduk-

---

30 Boris Groys, *Logik der Sammlung. Am Ende des musealen Zeitalters*, München, Wien: Hanser 1997, S. 9.

tion entlastet wird, indem das Museum diese Arbeit übernimmt.«[31]

Boris Groys hat seine Essays zur *Logik der Sammlung* unter dem Eindruck der gegenwärtigen Krise des Museums verfaßt. Sie besteht nicht nur in der wachsenden Konkurrenz der musealen, d.h. modernen, Kunst mit den Medien, die das Museum überflüssig zu machen drohen, sondern zugleich auch in der rapide ins Unendliche wachsenden Vervielfältigung von Museen. Damit droht ein Ende der Kunst ganz anderer Art, denn es entsteht die Gefahr, »den musealen Blick zu totalisieren und die ganze Welt als Museum zu begreifen.«[32] Damit wird das Museum, behauptet Groys, zur Ideologie, und deshalb sind seine Essays dem Verhältnis gewidmet »zwischen der Logik der musealen Sammlung und unterschiedlichen modernen Ideologien der gesammelten Welt«.[33]

Hegels »totalisierende« Philosophie, der nicht nur Groys gerne vorwirft, alles und jedes vom Ende der Geschichte her archivieren und abschließen zu wollen, erweist sich aber als gegen die Ideologie der Welt als totales Museum immun. Denn die Einhegung der musealen Logik in jenem Museum, das die klassische Kunst darstellt, bezieht sich allein und ausschließlich auf diese Kunst. Das ist keine endgültige Grenze, sondern eine virtuelle, denn nur wo Grenzen gezogen und Museen eingerichtet werden, bleiben Austausch und Veränderung möglich. (Daß eine Grenze benennen auch schon sie überschreiten heißt, wußte Hegel gegen Kant geltend zu machen. Daß eine Grenze nur zu überschreiten ist, wo neue Grenzen gezogen werden, indem anders sortiert oder gesammelt wird, beweist bis heute seine Ästhetik).

Dies ändert sich mit Nietzsche. Bei ihm, dem Antipoden des immer wieder als totalitär gescholtenen Hegel, droht mit einer Entgrenzung der Kunst auch die Gefahr der Totalisierung, die Hegels Ende der Kunst nicht ausgeschlossen, aber gebannt hatte. Man kennt dies gewöhnlich als Nietzsches Ästhetizismus, aber damit ist das Problem, das Nietzsche entdeckt hat, nur ungenügend benannt. Das folgende Kapitel will zeigen, wie Nietzsche das Ende der Kunst im Vergleich mit Hegel tatsächlich entgrenzt – und daher mit Fug und Recht der Ahnherr aller Radikalisierungsversuche heißen darf –, daß er aber doch gleichzeitig der Versuchung widersteht, das Ende der Kunst und damit zugleich die Kunst zu hypostasieren und zu totalisieren.

31 Boris Groys, a.a.O., S. 10.
32 Boris Groys, a.a.O., S. 13. Vgl. Henri Pierre Jeudy, *Die Welt als Museum*, Berlin: Merve 1987.
33 Boris Groys, a.a.O., S. 14.

3. Kapitel
Nietzsches rückläufige Bewegung

> *Das Lebende ist nur eine Art des Todten,*
> *und eine sehr seltene Art.* (Nietzsche)

I.

Von der *Geburt der Tragödie* bis zur ewigen Wiederkehr ist Nietzsche Proklamationen eines Endes systematisch ausgewichen und befolgt damit das Gesetz seiner Philosophie. Unter dem Diktat des Werdens und der Optik des Lebens braucht es kein Ende mehr zu geben, vor allem aber keines der Kunst, deren Emanzipation von ihren metaphysischen Voraussetzungen Nietzsche nur dort gelungen nennt, wo sie jedes Bedürfnis nach einem »Jenseits«, einschließlich der Sehnsucht, sich selbst zu beenden, überwunden hat. Suspekt ist jede »Philosophie, (…) welche ein Finale kennt, einen Endzustand irgend welcher Art, jedes vorwiegend aesthetische oder religiöse Verlangen nach einem Abseits, Jenseits, Ausserhalb, Oberhalb«.[1]

Aber eben dieser entschlossene Verzicht auf ein Ende der Kunst bei dem ersten Theoretiker der Dekadenz, die einer ihrer Definitionen zufolge nichts anderes ist als »der Wille zum Ende« (6, 12), prädestiniert sein Werk zum ausgezeichneten Sonderfall des Endes der Kunst. Weil sein Denken das Ende kritisch ausspart, kann auf Nietzsche das Ende *der* Kunst datieren, die mit und seit Hegel im Banne des Endes der Kunst und also im Verdacht stand, gar keine Kunst zu sein. Nietzsche erscheint in dieser Hinsicht wie ein Vexierbild Hegels. Während man dort die zersetzende Pluralisierung des Endes zu ignorieren neigt, verlockt Nietzsche dazu, die bei ihm vakante Stelle des Endes der Kunst mit einem Ende der Kunst zu besetzen. In beiden Fällen setzt sich der Diskurs des Endes über das hinweg, was ihn ermöglicht. *Weil* seine Philosophie kein Ende der Kunst kennt, *muß* Nietzsche das Finale sein. Dieses Paradox betrifft nicht nur das Ende der Kunst. Der Nietzsche, der vom Ende nichts wissen wollte, ist Anlaß einer Reihe von Endphantasmagorien und Überwindungsszenarios. Man assozi-

---

[1] Friedrich Nietzsche, *Die fröhliche Wissenschaft*, in: *Kritische Studienausgabe in 15 Bänden*, hrsg. Giorgio Colli u. Mazzino Montinari, München: Deutscher Taschenbuch Verlag; Berlin und New York: de Gruyter 1988. Alle folgenden Zitate beziehen sich auf diese Ausgabe und werden mit Band- und Seitenzahl im Text notiert. Hier: 3, 348.

iert mit ihm das Ende der Geschichte, Gottes, der Metaphysik und der Herrschaft des Subjekts. Damit markiert »Nietzsche« eine Schaltstelle des modernen Selbstverständnisses. Jürgen Habermas, der Nietzsche von einer bestimmten Position innerhalb dieses Selbstverständnisses kritisiert, fand dafür die Formulierung von Nietzsche als »Drehscheibe«.[2]

Wie Hegel, als dessen Überwinder und Beender er gilt,[3] hat auch Nietzsche die Paradigmen seiner Interpretation vorgezeichnet. »Ich bin, um es in Räthselform auszudrücken, als mein Vater bereits gestorben, als meine Mutter lebe ich noch und werde alt. Diese doppelte Herkunft, gleichsam aus der obersten und untersten Sprosse an der Leiter des Lebens, décadent zugleich und *Anfang*« (6, 264) zeichnet ihn aus. Deshalb habe er, fährt Nietzsche in *Ecce Homo* fort, »für die Zeichen von Aufgang und Niedergang eine feinere Witterung als je ein Mensch gehabt, ich bin der Lehrer par excellence hierfür, – ich kenne Beides, ich bin Beides.« (6, 264) Diese Selbstautorisierung als erster und letzter setzt ihn in den Stand, sich als kritischer Genealoge aller Anfänge und aller Enden unter Beweis zu stellen,[4] *und* zwingt die Nachwelt, ihn als Erneuerer, Zerstörer oder Überwinder zu feiern oder zu kritisieren.[5] Alle Späterkommenden stehen vor der Frage, wie man mit dem *Begründer* der Genealogie umgehen soll, die keine Gründungen und keine Abschlüsse, sondern nur Übergänge kennt. Es gibt keinen schärferen Kritiker aller Bedürfnisse nach Ende oder Anfang als den Nietzsche, der sich selbst als Anfang und Ende betrachtete. Das ist der »*Doppelblick*«, von dem Nietzsche sagt, daß er alle großen Erkenntnisse auszeichnet (6, 328), und zugleich die Schwierigkeit jeder Nietzschelektüre.

Schon in den frühen *Unzeitgemäßen Betrachtungen* verfolgt Nietzsche eine Doppelstrategie, das Ende als Funktion aller Periodisierungstechniken kritisch zu hinterfragen *und* zugleich seine Unhintergehbarkeit aufzuzeigen. Davon zeugen die Kategorien monumentalische, antiquarische und kritische Historie. Im Gegensatz zum

---

2 Jürgen Habermas, »Eintritt in die Postmoderne: Nietzsche als Drehscheibe«, in: *Der Philosophische Diskurs der Moderne. Zwölf Vorlesungen*, Frankfurt a. M.: Suhrkamp 1988, S. 104-129.
3 Karl Löwith, *Von Hegel zu Nietzsche*, Stuttgart: Kohlhammer 1941. Zu Nietzsches Überwindung der Dialektik: Gilles Deleuze, *Nietzsche et la philosophie*, Paris 1962.
4 Michel Foucault, »Nietzsche, die Genealogie, die Historie«, in: *Von der Subversion des Wissens*, hrsg. Walter Seitter, Frankfurt a. M., Berlin: Ullstein 1982, S. 83-109.
5 Vgl. Werner Hamacher, »Echolos«, in: *Nietzsche aus Frankreich*, hrsg. Werner Hamacher, Berlin: Ullstein 1985, S. 5-14.

modernen Historismus, unter dem das Leben verkümmert, stellen letztere für Nietzsche einen lebensförderlichen Umgang mit Geschichte dar, da sie um des Lebens willen eigentlich ahistorisch verfahren. Diese drei Modi sind weder Eigenschaften der Geschichte noch solche der Geschichtsschreibung, sondern beschreiben deren Relation unter wechselnden Konstellationen von vergangenem und gegenwärtigem Leben. Monumentalische und antiquarische Historie setzen dabei auf Kontinuität, und ihre Praxis verbürgt auch wieder Kontinuität. Der monumentalisierende Historiker, der vor der Resignation bei der Geschichte Schutz sucht, wird Teil der »Continuität des Grossen aller Zeiten« (1, 260) und hat Anspruch auf »einen Ehrenplatz im Tempel der Historie, wo er selbst wieder den Späterkommenden Lehrer, Tröster und Warner sein kann.« (1, 259) Der antiquarische Historiker stellt dagegen neue Betätigungsfelder für seinesgleichen bereit. »Indem er das von Alters her Bestehende mit behutsamer Hand pflegt, will er die Bedingungen, unter denen er entstanden ist, für solche bewahren, welche nach ihm entstehen sollen« (1, 265). Antiquarische und monumentalische Geschichte stiften zwar beide Kontinuitäten, aber sie unterscheiden sich in der Art, wie Vergangenheit und Gegenwart aufeinander bezogen sind. Der antiquarische Historiker schließt von der Gegenwart auf Vergangenheit und Zukunft. »Hier liess es sich leben, sagt er sich, denn es lässt sich leben, hier wird es sich leben lassen« (1, 265). Der monumentalische Historiker glaubt umgekehrt, von der Vergangenheit eine Rechtfertigung seiner Pläne für die Gegenwart erwarten zu dürfen. Der Historiker dieses Typs folgert, »dass das Grosse, das einmal da war, jedenfalls einmal *möglich* war und deshalb auch wohl wieder einmal möglich sein wird« (1, 260). Beide neigen dazu, Diskontinuitäten auszublenden und zu ignorieren, daß etwas an sein Ende gekommen sein könnte. Der monumentalischen gelingt dies, indem sie die sperrige Vergangenheit für ihre Zwecke zur Übereinstimmung homogenisiert: »wie gewaltsam muss die Individualität des Vergangenen in eine allgemeine Form hineingezwängt und an allen scharfen Ecken und Linien zu Gunsten der Uebereinstimmung zerbrochen werden!« (1, 261) Der antiquarische Historiker übersieht die kontingenten Wechselfälle, indem er ihnen das Substrat eines identischen »Wir« unterlegt. »So blickt er, mit diesem ›Wir‹, über das vergängliche wunderliche Einzelleben hinweg und fühlt sich selbst als den Haus-, Geschlechts- und Stadtgeist.« (1, 265).

Während antiquarische und monumentalische Historie die sperrige Heterogenität der Übergänge einem Kontinuum unterstellen, zielt die kritische Historie ausschließlich auf Diskontinuität. Vergangenheit wird aufgelöst und abgeurteilt, um die Gegenwart aus dem Bann des Vergangenen zu lösen. Daraus entsteht der kritischen Historie und dem Leben, dem sie dient, aber die Gefahr, Kontinuitäten überhaupt zu leugnen und gleichsam den Ast abzusägen, auf dem sie sitzt. »Denn da wir nun einmal die Resultate früherer Geschlechter sind, sind wir auch die Resultate ihrer Verirrungen, Leidenschaften und Irrthümer, ja Verbrechen; es ist nicht möglich sich ganz von dieser Kette zu lösen« (1, 270).

Aber nicht allein die kritische Historie muß ein Ende behaupten, auch die kontinuitätsstiftenden Strategien, die leugnen, daß etwas zu Ende sein kann, müssen mit einem Ende spekulieren. Indem sie einzelne Fakta isolieren und auf ihre unterschiedlichen Weisen zu verewigen suchen, setzen auch sie auf ein Ende. Ob Geschichte nun überhaupt als beendenswert und abbruchreif angesehen wird, wie in der kritischen Historie, oder ob Fakta als abgeschlossen betrachtet werden, Innovation bleibt unmöglich; es findet keine neue oder andere Geschichte mehr statt. Freilich findet überhaupt keine Geschichte und also auch keine neue mehr statt, wenn nichts mehr beendet wird. Auf dieser doppelten Einsicht in die Notwendigkeit und Problematik eines jeden Endes beruht Nietzsches eigene Strategie. Der »Ursprung der historischen Bildung – und ihres innerlich ganz und gar radicalen Widerspruches gegen den Geist einer ›neuen Zeit‹, eines ›modernen Bewusstseins‹ – dieser Ursprung *muss* selbst wieder historisch erkannt werden, die Historie *muss* das Problem der Historie selbst auflösen, das Wissen *muss* seinen Stachel gegen sich selbst kehren – dieses dreifache *Muss* ist der Imperativ des Geistes der ›neuen Zeit‹ falls in ihr wirklich etwas Neues, Mächtiges, Lebensverheissendes und Ursprüngliches ist.« (1, 306) Da Nietzsches eigene Überlegungen diesem Imperativ unterstehen, ist von ihm ein Ende des Endes nicht zu erwarten, denn auch eine Historie der Historie kann nicht vollständig auf das Ende als Periodisierungsfaktor verzichten. Es gibt bei Nietzsche kein Ende der Geschichte des Endes, sondern nur deren endlose und endlos variablen Geschichten.

Unter der Überschrift »Von den ersten und letzten Dingen« hat Nietzsche formuliert, was die Aufgabe des Erkennenden am Ende der Metaphysik, also am Ende des Mythos vom Ende ist. »*Dann* aber ist eine *rückläufige Bewegung* nöthig: er muss die historische Berechtigung, ebenso die psychologische in solchen Vorstellungen begreifen, er muss erkennen, wie die grösste Förderung der Menschheit von dorther gekommen sei und wie man sich, ohne eine solche rückläufige Bewegung, der besten Ergebnisse der bisherigen Menschheit berauben würde. – In Betreff der philosophischen Metaphysik sehe ich jetzt immer Mehrere, welche an das negative Ziel (dass jede positive Metaphysik Irrthum ist) gelangt sind, aber noch Wenige, welche einige Sprossen rückwärts steigen; man soll nämlich über die letzte Sprosse der Leiter wohl hinausschauen, aber nicht auf ihr stehen wollen. Die Aufgeklärtesten bringen es nur so weit, sich von der Metaphysik zu befreien und mit Ueberlegenheit auf sie zurückzusehen: während es doch auch hier, wie im Hippodrom, noth thut, um das Ende der Bahn herumzubiegen.« (2, 41-42)

Aber die *Unzeitgemäßen Betrachtungen* vollbringen nicht bloß das Kunststück, ein Ende einzusetzen und es auszusetzen, sondern sie zwingen auch, (zumindest dem frühen) Nietzsche doch ein Ende der Kunst zuzuschreiben. Was bei Nietzsche zunächst »kritische Historie« und später Genealogie heißt, ist nämlich nichts anderes als die im Dienst des Lebens stehende Kunst. »Und nur wenn die Historie es erträgt, zum Kunstwerk umgebildet, also reines Kunstgebilde zu werden, kann sie vielleicht Instincte erhalten oder sogar wecken« (1, 296). Einzig wenn Geschichts(um)bildung sich als ästhetischer Akt weiß, gelingt es dem Wissen, historisch zu sein und doch dem Leben zu dienen, gelingt die Doppelbewegung, zu erkennen und zu sein. Dies zu leisten, ist das Prärogativ der Kunst. Daß die Stelle des Endes der Kunst bei Nietzsche vakant blieb, hat seinen Grund also in der Omnipräsenz der Kunst. Gemeinsam mit dem eng verwandten Begriff des »Lebens« nennt das Stichwort Kunst schon in den frühen *Unzeitgemäßen Betrachtungen* eine höchste Instanz. Die Forschung beschäftigt bis heute die Frage, ob die »Lebensphilosophie« des frühen und mittleren Nietzsche in letzter Instanz eine »Artisten-Metaphysik« ist oder der Ästhetizismus in letzter Instanz Lebensphilosophie.[6] Warum die Frage in dieser Form nicht zu beantworten ist, zeigt ein Aphoris-

---

6 Volker Gerhardt, »Artistenmetaphysik. Zu Nietzsches frühem Programm einer ästhetischen Rechtfertigung der Welt«, in: *Pathos und Distanz. Studien zur Philosophie Nietzsches*, Stuttgart: Reclam 1988, S. 46-72, sowie die Beiträge von Friedrich Kaulbach und Diana Behler in *Kunst und Wissenschaft bei Nietzsche*, hrsg. Mihailo Djuriac u. Josef Simon, Würzburg: Königshausen u. Neumann 1986; Helmut Pfotenhauer, *Die Kunst als Physiologie: Nietzsches ästhetische Theorie und literarische Produktion*, Stuttgart: Metzler 1985; Alexander Nehamas, *Nietzsche: Life as Literature*, Cambridge: Harvard University Press 1985; Eric Blondel, »Nietzsche: Life as Metaphor«, in: *The New Nietzsche; Contemporary Styles of Interpretation*, hrsg. David B. Allison, New York: Dell 1977, S. 150-175.

mus aus *Menschliches, Allzumenschliches*, in dem vom Ende der Kunst in einer sehr eigenwilligen Weise die Rede ist. »Die Kunst soll vor Allem und zuerst das Leben *verschönern* (...). Sodann soll die Kunst alles Hässliche *verbergen* oder *umdeuten*, jenes Peinliche, Schreckliche, Ekelhafte (...): sie soll (...) im unvermeidlich oder unüberwindlich Hässlichen das *Bedeutende* durchschimmern lassen. Nach dieser grossen, ja übergrossen Aufgabe der Kunst ist die sogenannte eigentliche Kunst, *die der Kunstwerke*, nur ein *Anhängsel*: ein Mensch, der einen Ueberschuss von solchen verschönernden, verbergenden und umdeutenden Kräften in sich fühlt, wird sich zuletzt noch in Kunstwerken dieses Ueberschusses zu entladen suchen; ebenso, unter besondern Umständen, ein ganzes Volk. – Aber gewöhnlich fängt man jetzt die Kunst am Ende an, hängt sich an ihren Schweif und meint, die Kunst der Kunstwerke sei das Eigentliche, von ihr aus solle das Leben verbessert und umgewandelt werden – wir Thoren!« (2, 453-454) Während zunächst behauptet wird, daß die Kunst dem Leben diene, es verschöne, erträglich mache und mit der Bedeutung versehe, derer man zum Überleben und Ertragen des Lebens bedarf, erweist sich die Vorstellung, mit Hilfe der Kunst Einfluß auf das Leben nehmen zu wollen, zuletzt selbst als Illusion. Die Kunst steht nicht im Dienst des Lebens, der Erkenntnis oder der Moral, sondern all diese stehen immer schon im Dienst der Kunst, einer neu gefaßten, entgrenzten Kunst allerdings, gegen die der vormalige Gegenstandsbereich »Kunst« Derivat und bloßes »Anhängsel« darstellt. »Am Ende« der Kunst und »zuletzt« erscheinen die Kunstwerke im traditionellen Sinne, von denen in einem Fehlschluß auf die Kunst, ihren Begriff, ihren Anfang und ihre Zwecke für das Leben rückgeschlossen wird.

Diese Verkehrung der Zusammenhänge ebenso wie deren korrigierende Restitution vollzieht sich in der rhetorischen Figur des Hysteron proteron, die Nietzsches Aphorismus nicht bloß denunziert, sondern zugleich auch für seine eigenen Zwecke einspannt. Man erfährt erst am Ende der Lektüre, daß der Anfang nicht jener Kanon vulgärhegelischer Ästhetikmotive ist, der sich von seinem Original allein dadurch unterschiede, daß die Kunst nun, statt wie bei Hegel der Wahrheit und dem Geist erscheinend zu dienen, dem ebenso abstrakten Begriff des Lebens untersteht. Mit seiner späten Pointe versichert der Text aber nicht nur, daß noch der illusionäre Trugschluß über den wahren Zusammenhang von Kunst, Kunstwerk und Leben ein Kunstgriff ist, Rhetorik und Umdeutung, sondern deutlich wird auch, daß die zweite Inversion, welche die Dinge (wieder) richtigstellt, ebenso Kunstgriff ist. Weil es sich dabei auch nur um eine bloße Umstellung und Umdeutung handelt, hat sie kein Recht darauf, als Wiederherstellung der wahren Verhältnisse zu gelten.

Da Nietzsche die Kunst nicht bloß begrifflich entgrenzt, sondern als Prozeß des Umdeutens versteht, kann weder die Kunst im alten, engeren noch im neuen, entgrenzten Sinne Priorität beanspruchen.[7] Die sich im Prozeß des Umdeutens vollziehende Entgrenzung des Kunstbegriffs hat zur Konsequenz, daß Kunst nichts anderes mehr bedeutet als die Möglichkeit endloser Umdeutungen. Kunst ist folglich kein separater Gegenstandsbereich, weder eine bestimmte Weise, die Dinge zu betrachten, noch auch eine spezifische Form der Produktion, sondern Kunst ist Interpretation, Umdeutung des Lebens durch das Leben, Selbstinterpretation des Lebens als Selbstkonstitution des Lebens. Die Kunst steht nicht im Dienst des Lebens, aber das Leben steht auch nicht im Dienst der Kunst. Diese Alternative zerfällt zugunsten unendlicher Interpretationsmöglichkeiten. Erst mit dieser Verwandlung von Kunst und Leben in Interpretation wird die Welt unendlich in ihren Auslegungsmöglichkeiten, hat die Kunst keinen Platz mehr, weil alles Kunst ist und alle Kunst immer Kunst der Interpretation.[8]

Sind weder Kunst noch Leben als Metainstanz zu installieren, so entlastet dies aber noch nicht vom Problem ihrer schillernden Übergängigkeit. Martin Heideggers kritische Nietzschedeutung wirft ein Schlaglicht darauf. Sein Argument, daß Nietzsches Interpretation des Willens zur Macht an der Kunst im traditionellen Sinne orientiert ist und darin selbst metaphysisch bleibt, läßt sich auf den hier interessierenden Zusammenhang übertragen. Ein Ende der Kunst ist hier insofern erreicht, als das, was einmal auf Kunst beschränkt war, nicht in und als Kunst sein Ende findet, sondern sich auflösend auf andere Bereiche übergreift, man deute sich diese Entgrenzung der Kunst nun als

---

7 Daß diese Entgrenzung und Destruktion der Ästhetik wesentlich eine Rehabilitation der Rhetorik ist, hat de Man gezeigt in den Essays »Rhetoric of Tropes (Nietzsche)« und »Rhetoric of Persuasion (Nietzsche)«, in: *Allegories of Reading. Figural Language in Rousseau, Nietzsche, Rilke and Proust*, New Haven u. London: Yale University Press 1979, S. 103-134. Im Anschluß Anselm Haverkamp, *Figura Cryptica*, 1. Kapitel. Ich danke dem Autor für die Einsicht in das Manuskript, das demnächst bei Suhrkamp erscheinen wird.

8 Werner Hamacher, »Das Versprechen der Auslegung. Überlegungen zum hermeneutischen Imperativ bei Kant und Nietzsche«, in: *Entferntes Verstehen*, a.a.O., S. 49-112.

problematische Ästhetisierung anderer Lebensbereiche oder als längst fällige Modifikation eines veralteten Kunstbegriffs.

Obwohl der These, Nietzsche markiere ein neues, ein bisher unbekanntes und vor allem ein antihegelsches Ende der Kunst, mit Skepsis zu begegnen ist[9] – »da wir nun einmal die Resultate früherer Geschlechter sind« (1, 270) –, kann man nicht darüber hinwegsehen, daß mit und nach Nietzsche das Ende der Kunst endgültig aus der Sphäre der Ästhetik entlassen und verfügbar geworden ist als Interpretationsmodell für anderes, vor allem für die sich um 1900 etablierende Kulturphilosophie. Nietzsche – und hier liegt eine Differenz zu Hegel, in dessen Ästhetik die Kunst und ihr Ende endlos endet, ohne anderes zu sein oder zu werden – eröffnet die Kunst anderen Kontexten. Der um 1900 einsetzende und dann vor dem Hintergrund der Kriegserfahrung sich radikalisierende Krisendiskurs, an dem Valéry, Husserl und Simmel ebenso teilhaben wie Jünger, Spengler oder Pannwitz, setzt hier an. Die Kunst kommt nicht ans Ende, sondern explodiert, expandiert und wird freigesetzt in die diversen Verwendungsmöglichkeiten. Die lagen seit Hegel bereit, aber Hegel selbst hatte mit seinem Ende der Kunst als Kunst die von ihm generierten Verwendungsmöglichkeiten zugleich blockiert. Nietzsche aktiviert dieses Arsenal, indem er die Beschränkung, der die heterogenen Deutungspotentiale des Endes der Kunst eben durch das Ende der Kunst unterlagen, aufhebt.

Nietzsches Vaterschaft in diesen Zusammenhängen ist kaum positivistisch herzuleiten, aber es scheint doch ein zentraler Begriff aus der ästhetischen Sphäre zu sein, der in immer neuen Schattierungen den vielfältigen Krisendiskursen eine gewisse Einheit verleiht. Immer wieder erscheint der »Stilpluralismus« – eine radikale Variante der Hegelschen Anachronismen – als Siegel des Einheitsverlustes und Symptom der Krise. Charakteristisch kommt das in Paul Valérys Aufsatz über die »Krise des Geistes« zum Ausdruck. »Ein Schauer ohnegleichen hat Europa bis ins Mark durchbebt. (...) Aber in diesem Augenblick ist wie zu einer verzweifelten Verteidigung seines innersten Seins und Besitzes die Gesamtheit seiner Erinnerungen vor ihm noch einmal dunkel emporgestiegen. Seine großen Männer und seine großen Bücher tauchten wirr durcheinander vor ihm auf. (...) Und in dieser geistigen Verwirrung, unter dem Druck dieser Angst durchlebte das gebildete

9 Siegfried Blasche, »Hegelianismen im Umfeld von Nietzsches ›Geburt der Tragödie‹«, in: *Nietzsche-Studien. Internationales Jahrbuch für die Nietzscheforschung* (1986), 15, 59-71.

Europa fieberhaft seine zahllosen Gedanken noch einmal.«[10] Die Krise ist das museale Durcheinander verschiedener Stile. Es gibt vielleicht keinen Krisendiskurs des frühen 20. Jahrhunderts, den das Gespenst des Stilpluralismus nicht verfolgt.[11]

Diesen emphatischen Stilbegriff hat in der Tat Nietzsche für die Moderne (wieder)entdeckt. Im Zeichen des Stils verwachsen Kunst und Leben zur Einheit der Kultur, denn »Kultur ist vor allem Einheit des künstlerischen Stiles in allen Lebensäusserungen eines Volkes« (1, 163), heißt es in den *Unzeitgemäßen Betrachtungen*. Der Gegensatz ist »Stillosigkeit« und »chaotische(s) Durcheinander aller Stile« (1, 163). Als Inbegriff der Einheit von Kunst und Leben ist Stil weder auf das eine noch das andere reduzibel. Methodologisch bedeutet dies, daß eine Interpretation des Endes der Kunst bei Nietzsche zunächst eine Rekonstruktion seiner Stiltheorie zu leisten hätte. In Anlehnung, aber auch im Gegenzug zu Heideggers Interpretation des »großen Stils« hat jedoch vor allem die französische Nietzscherezeption längst gezeigt, wie gebrochen und irreduzibel heterogen der nur scheinbar homogene Stilbegriff eigentlich ist.[12] Dort ist auch deutlich geworden, daß jede ernsthafte Auseinandersetzung mit dem Begriff des Stils bei Nietzsche unweigerlich auf den ebenso zentralen Begriff der Distanz führt.[13] In *Ecce Homo* schreibt Nietzsche: »Distanz; die Kunst zu trennen, ohne zu verfeinden; Nichts vermischen, Nichts ›versöhnen‹; eine ungeheure Vielheit, die trotzdem das Gegenstück des Chaos ist – dies war die Vorbedingung, die lange geheime Arbeit und Künstlerschaft meines Instinkts.« (6, 294) Zum ersten Mal voll entfaltet, allerdings in anderer Terminologie, wird das problematische Verhältnis von Distanz und Stil in der *Geburt der Tragödie*, deren tragische Inszenierung eines Endes der Kunst in Gestalt des Todes der Tragödie Modellcha-

---

10 Paul Valéry, »Die Krise des Geistes«, in *Gesammelte Schriften*, Frankfurt a. M.: Insel 1971, Bd. 7, S. 98.
11 Um noch ein Beispiel anzuführen: »Von jetzt an gibt es keine kunstimmanente Entwicklung mehr! Mit einer irgendwie sinnlogischen Kunstgeschichte ist es vorbei, selbst mit der Konsequenz der Absurditäten vorbei, die Entwicklung ist abgewickelt und was nun kommt, ist bereits vorhanden, der Synkretismus des Durcheinanders aller Stile und Möglichkeiten, das Post-Histoire.« Arnold Gehlen, *Zeit-Bilder zur Soziologie und Ästhetik der modernen Malerei*, Frankfurt a. M., Bonn: Athenäum ²1965, S. 206.
12 Jacques Derrida, »Sporen. Die Stile Nietzsches«, in: *Nietzsche aus Frankreich*, hrsg. Werner Hamacher, a.a.O., S. 130-168.
13 Erich Menthen, »Pathos der Distanz. Zur Struktur der ironischen Rede bei Nietzsche«, in: *Nietzsche oder »Die Sprache ist Rhetorik«*, hrsg. Josef Kopperschmidt, Helmut Schanze, München 1994, S. 23-46.

rakter für viele der modernen Krisendiskurse hat. Die Rahmenbedingungen einer Lektüre dieses »Dramas« im Zeichen des Endes der Kunst ergeben sich aus einer Analyse jener vier Aphorismen aus *Menschliches, Allzumenschliches I*, die explizit von einem Ende der Kunst im engeren Sinne des Endes der Literatur handeln.

2.

Über den Abschnitt 221 des 4. Hauptstücks von *Menschliches, Allzumenschliches* (»Aus der Seele der Künstler und Schriftsteller«), dessen vernichtendes Urteil über die gesamte Autonomieästhetik einschließlich der Ikone Goethe schon zeitgenössische Literarhistoriker skandalös anmutete, hat sich die Zunft bis heute nicht beruhigt.[14] Knapp und mit ebenso groben wie bestechenden Zügen unterstellt Nietzsche in dem Abschnitt »Die Revolution in der Poesie« der deutschen Literatur ab Lessing und der französischen seit Voltaire, daß sie bloß haltloses »Experimentiren« (2, 181) sind. Ihre erste und letzte Innovation bestand in dem einmaligen und unwiderruflichen »Abbruch der Tradition« (2, 182), in dessen Folge »die Kunst ihrer Auflösung« zustrebt (2, 183). Die Geschichte der modernen Literatur kennt kein Ende, weil sie nichts anderes als ein langsames Verenden, also Verfallsgeschichte ist, ein unaufhaltsames »Zu-Grunde-gehen« (2, 183). Was ihr aber neben den exotischen Curiosa, die schon Hegel mit der romantischen Kunst assoziierte – »alles an verborgenen Stellen Aufgewachsene, Urwüchsige, Wildblühende, Wunderlich-Schöne und Riesenhaft-Unregelmässige« (2, 182) –, aus dem Selbstzerfall zufällt, besaß die Kunst vorher überhaupt nicht: Die Geschichte ihrer Entwicklung. Denn die in ihrer Auflösung begriffene Kunst »streift dabei – was freilich höchst belehrend ist – alle Phasen ihrer Anfänge, ihrer Kindheit, ihrer Unvollkommenheit, ihrer einstmaligen Wagnisse und Ausschreitungen: sie interpretirt, im Zu-Grunde-gehen, ihre Entstehung, ihr Werden« (2, 183). Was bei Hegel erst mühselig herausgearbeitet werden mußte, die Archivierung der Genese der Kunst aus der Vorkunst in der klassischen Kunst, wird bei Nietzsche explizit und programmatisch. Mit der Selbstauslegung ihrer Vergangenheit stiftet die Kunst ihre Entwicklung, stellt sie ihr Geworden-Sein allererst her.

14 Vgl. *Vom Nutzen und Nachteil der Historie für das Leben. Nietzsche und die Erinnerung in der Moderne*, hrsg. Dieter Borchmeyer, Frankfurt a. M.: Suhrkamp 1996.

Erst da sie sich auflöst, wird sie historisch, entdeckt die Kunst, daß sie eine Geschichte hat. Seit Mitte des 18. Jahrhunderts ist die Kunst Erinnerung, Gedächtnis, historisches Eingedenken dessen, daß es Kunst einmal gab. Gemeinsam mit Byron verkörpert Goethe, allerdings nur der Goethe »der zweiten Hälfte seines Lebens« (2, 183), der Goethe des Gedichtes »Wiederfinden« im *West-östlichen Divan* und des Epos *Hermann und Dorothea*, die Einsicht sowohl in den Abbruch der Tradition als auch in dieses Geschichtlich-Werden der absterbenden Kunst: »So lebte er in der Kunst als in der Erinnerung an die wahre Kunst: sein Dichten war zum Hülfsmittel der Erinnerung, des Verständnisses alter, längst entrückter Kunstzeiten geworden« (2, 184). Mit einem Wort, Goethe *»verstand«* jene Kunst, welche Griechen und Franzosen noch *»übten«* (2, 184). Arthur C. Danto, der sich bei seinen Thesen zum Ende der Kunst in ihrer philosophischen Selbstdurchdringung auf Hegel beruft, hätte an Nietzsche einen geeigneteren Zeugen, der allerdings generöser rechnet. Schon um 1750 ist das Ende der Kunst anzusetzen – und der Beginn ihrer Geschichte. Fortan ist Kunst bestenfalls, wie beim späten Goethe, (Kunst-)Geschichte, Erinnerung an längst Vergangenes, schlechtestenfalls bleibt sie, wie der frühe Goethe, auf der Bahn der Revolution gebannt und sitzt dem Wahn der Innovation auf, während sie doch nur ziellos herumexperimentiert. Nach dem »Abbruch der Tradition« lebt Kunst historisch und parasitär vom Ende der (großen, längst entrückten) Kunst.

Das Paradoxe an dieser Verfallstheorie ist aber, daß die Kunst erst als verfallende eine Geschichte hat und Gegenstand einer Entwicklung werden kann. Erst ab diesem Punkt kann aber so etwas wie das Ende (einer Entwicklung oder einer Geschichte) allererst in den Blick kommen! Was keine Geschichte hat und keine Entwicklung kennt, kann auch kein Ende haben. Daraus folgt zweierlei. Erstens: Was immer mit der Kunst zum Zeitpunkt des Traditionsabbruchs geschah, als sich revolutionäre Gesinnung und innovatives Experimentieren durchzusetzen begannen, kann unter keinen Umständen ihr Ende gewesen sein, denn es gab für die Kunst vorher noch keine Geschichte und keine Entwicklung und also auch kein Ende. Zweitens: Ein Ende der Kunst wird erst möglich mit der Kunst, die keine (große) mehr ist. Und weil sie keine mehr ist, kann auch diese Kunst ebensowenig ein Ende haben wie die große, vergangene Kunst. Die auf den Abbruch folgende Nicht- oder Quasi-Kunst der Selbstzersetzung und Auflösung ist nicht eine End-Kunst, eine Kunst des Endes, ein Verfallssymptom, sondern, genau umgekehrt, ein Wiederanschließen an die abgebrochene Tradition qua Erinnerung, eine Wiedergeburt der Kunst aus dem Geiste ihrer Geschichte und *als* ihre Geschichte. Nietzsche ist nicht nur die Entgrenzung des Kunstbegriffs zu danken oder geschuldet, sondern er ist der erste, der unter den Bedingungen des Diskurses vom Ende der Kunst die Kunst vom Ende radikal abkoppelt, denn weder diesseits noch jenseits des Traditionsabbruches gibt es noch ein Ende der Kunst. Der Abbruch selbst bleibt unbestimmt, unmotiviert und enigmatisch, eine Leerstelle – durchaus dem elliptischen Hiatus zwischen Geburt und Wiedergeburt der Kunst im Eingang von Hegels *Ästhetik* vergleichbar. Diese Leerstelle zentriert und organisiert historische Verläufe, macht Veränderungen lokalisierbar, ohne jedoch selbst an ihnen beteiligt oder in sie integrierbar zu sein.

Um schlüssig argumentieren zu können, daß weder die Kunst *vor* noch die *nach* dem Traditionsabbruch ein Ende hat oder ist, bedarf es aber noch des Nachweises, daß jene große Kunst, die mit dem Traditionsabbruch von der »Revolution in der Poesie« abgelöst wird, tatsächlich keine Entwicklung gewesen ist und gekannt hat. Dazu muß etwas weiter ausgeholt werden, denn auf den ersten Blick scheint Nietzsche gerade und nur der alten Kunst eine stringente Entwicklung zuschreiben zu wollen, während die moderne Kunst sprunghaft und ohne eigenes Entwicklungsgesetz auf der »Bahn der Revolution« umherirrt.

Nietzsche geht hier wie andernorts (und wie Hegel) davon aus, daß die Kunst erst wahrhaft Kunst wird und das vorkünstlerische »Naturalisiren« (2, 181) hinter sich hat, wenn sie gelernt hat, »sich zuerst auf das allerstärkste (vielleicht allerwillkürlichste) zu beschränken« (2, 181). Die Übung, in Fesseln zu gehen, resultiert dann im Höchsten, was Kunst leisten kann; für Nietzsche wird es in der Entwicklung der modernen Musik sinnfällig: »Hier sieht man, wie Schritt vor Schritt die Fesseln lockerer werden, bis sie endlich ganz abgeworfen scheinen können« (2, 181). Diesen Schein von Freiheit, die Grazie einer in »selbstgelegten Fesseln« (2, 181) gebundenen Kunst, nennt Nietzsche das »höchste Ergebniss einer nothwendigen Entwickelung in der Kunst« (2, 181). Das Adjektiv »nothwendig« befremdet angesichts der Tatsache, daß es in der Poesie »keine so glückliche, allmähliche Herauswickelung« gegeben hat (2, 181). Wenn eine Entwicklung glücklich oder weniger glücklich verlaufen kann und also kontingent ist, dürfte von einer »nothwendigen Entwickelung« eigentlich nicht die Rede sein. Hinzu tritt, daß diese notwendige »Herauswickelung« ja gar keine, auch keine allmähliche oder »stetige« ist, sondern bloß der Schein einer Entwicklung, als seien die Fesseln abgeworfen. Diese Kunst entwickelt sich folglich gar nicht, sondern in Fesseln gebunden evoziert sie, wenn es glücklich abgeht, den Schein einer Entfesselung, einer Herauswicklung oder Ent-wickelung. Die Kunst der Kunst besteht also darin, sich nicht zu entwickeln, in Fesseln gebunden zu bleiben, um so den Schein von Freiheit und Entwicklung zu evozieren. Diese Kunst kann kein Ende haben, weil sie keine Entwicklung kennt.

Dem Schein einer allmählichen Entwicklung aus den selbst gelegten Fesseln steht gegenüber der Schein jener modernen Kunst, die sich nicht entwickelt, sondern »ihrer Auflösung« entgegengeht, weil sie an nichts mehr gebunden ist. Wenn Nietzsche schreibt, »aber auch der Begabteste bringt es nur zu einem fortwährenden Experimentiren, wenn der Faden der Entwickelung einmal abgerissen ist« (2, 181), so ist das wörtlich zu verstehen. Der Faden, die Fesseln, die Bindungen sind zerrissen. Weil sie bindungslos ist, hat die moderne Kunst keine Entwicklung vor sich. Ohne Bindung zerfällt sie; statt sich scheinhaft aus Fesseln zu lösen, löst sie sich auf. Aber erst damit stiftet sich die Kunst, was sie nicht hatte: einen Anfang, ein Werden, das dann freilich hinter ihr liegt.

Dieser Aphorismus Nr. 221 gehört mit zwei weiteren zusammen, in denen das Schicksal der Kunst nicht immanent und historisch betrachtet, sondern im Blick auf die metaphysischen Voraussetzungen der Kunst skizziert wird. Auch aus dieser weiter gefaßten Perspektive auf die Funktion der Kunst gibt es kein Ende, sondern und deutlicher noch als in »Die Revolution in der Poesie« bloß einen Übergang. Unter dem Stichwort »Das Jenseits in der Kunst« schreibt Nietzsche im Aphorismus Nr. 220, die Künstler seien stets »die Verherrlicher der religiösen und philosophischen Irrthümer der Menschheit, und sie hätten diess nicht sein können ohne den Glauben an die absolute Wahrheit derselben. Nimmt nun der Glaube an eine solche Wahrheit überhaupt ab, verblassen die Regenbogenfarben um die äussersten Enden des menschlichen Erkennens und Wähnens: so kann jene Gattung von Kunst nie wieder aufblühen, welche, wie die divina commedia, die Bilder Rafael's, die Fresken Michelangelo's, die gothischen Münster, nicht nur eine kosmische, sondern auch eine metaphysische Bedeutung der Kunstobjecte voraussetzt.« (2, 180) Daß es sich dabei nicht um ein Ende, sondern um die verklärende Transformation der Kunst in ihre Geschichte handelt, ja ihre Erfindung *als Geschichte*, macht der abschließende Satz klar: »Es wird eine rührende Sage daraus werden, dass es eine solche Kunst, einen solchen Künstlerglauben gegeben habe.« (2, 180) Die Kunst endet nicht, geht nicht unter, sondern geht über in die Welt des Sagenhaften, Chimärischen, die der Konjunktiv der indirekten Rede beschwört. Kunst und Künstlerglauben soll es einmal so gegeben haben, wie der Sage nach Drachen und Ungeheuer existiert haben sollen.

Auch der auf »Revolution in der Poesie« folgende Abschnitt Nr. 222 setzt ein Ende der Kunst aus, übergeht es, indem er direkt zu dem übergeht, was »von der Kunst übrig bleibt« (2, 185). Nicht zur Sage verklärt, sondern in Erkenntnisdrang transformiert, tritt die von der Kunst erlernte Lehre, »Lust am Dasein zu haben«, wieder ans Licht (2, 185). »Man könnte die Kunst aufgeben, würde damit aber nicht die von ihr gelernte Fähigkeit einbüssen (...) so würde nach einem Verschwinden der Kunst die von ihr gepflanzte Intensität und Vielartigkeit der Lebensfreude immer noch Befriedigung fordern.« (2, 185-6) Und Nietzsche schließt daraus, daß der wissenschaftliche Mensch »die Weiterentwickelung des künstlerischen« sei (2, 186).

Die retrospektiv verklärende Umgestaltung der Kunst in ihre sagenhafte Geschichte im Aphorismus Nr. 220 und die Aussicht auf den wissenschaftlichen als Fortsetzung des künstlerischen Menschen in Nr. 222 hängen trotz ihrer unterschiedlichen Akzentuierung sachlich zusammen. Ihren gemeinsamen Grund bildet nicht die Kunst, sondern *ästhetisches Verhalten*, das der Sage von der entrückten, großen Kunst ebenso zugrunde liegt wie der Vorstellung eines zum Wissenschaftler mutierten Künstlers. Daß es tatsächlich einen gemeinsamen Nenner der beiden Modelle gibt, geht aus dem letzten Aphorismus Nr. 223 hervor, eine Art prophetischer Rückblick, in den die Motive der drei vorherigen in Bild und Sage gebannt eingegangen sind. »Wie man sich im Alter der Jugend erinnert und Gedächtnissfeste feiert, so steht bald die Menschheit zur Kunst im Verhältniss einer rührenden Erinnerung an die Freuden der Jugend.« (2, 186) Diese Verlängerung der Gegenwart in eine Zukunft, die Vergangenheit geworden sein wird, überspringt oder übergeht gleichsam das Ende, indem sie sich als Rekonstruktion einer Vorgeschichte präsentiert. Dieser letzte Aphorismus der Reihe nimmt aber nicht nur das Erinnerungsmotiv auf, das schon in der Sage vom »rührenden Künstlerglauben« anklang und das in dem Abschnitt »Die Revolution in der Poesie« Goethe exemplifizieren durfte, sondern hier wird noch einmal sehr deutlich, daß erst mit dieser Erinnerungskunst das wahrhafte Verstehen und Empfinden der Kunst einsetzt. Der Gegensatz von »üben« und »verstehen« löst sich in einem »erfassen« auf, das weder reine Praxis noch begriffliche Vollendung ist: »Vielleicht dass niemals früher die Kunst so tief und seelenvoll erfasst wurde, wie jetzt, wo die Magie des Todes dieselbe zu umspielen scheint.« (2, 186)[15] Und als erzählte er eine Sage fügt Nietzsche die Geschichte der griechischen Stadt in Unteritalien an, deren Bevölkerung »an Einem Tage des Jahres noch ihre griechischen Feste feierte, unter Wehmuth und Thränen darüber, dass immer mehr die ausländische Barbarei über ihre mitgebrachten Sitten triumphire; niemals hat man wohl das Hellenische so genossen, nirgendswo diesen goldenen Nektar mit solcher Wollust geschlürft, als unter diesen absterbenden Hellenen.« (1, 186) Die Kunst ist erneut gebunden, aber nicht mehr in »selbst gelegten Fesseln« liegt sie, statt dessen in den Banden der Fremdherrschaft; verpflanzt und anderen Bindungen verpflichtet, ist Kunst jetzt, was allein als Relikt überlebt. Aber in Analogie zu der Kunst, der mit ihrer Auflösung ihre Geschichtlichkeit, ihre Entwicklung als Kunst allererst zufällt, wird auch hier die Kunst erst jetzt voll und ganz Kunst: »nirgendwo hat man so mit Wollust den Nektar geschlürft wie unter diesen absterbenden Hellenen.« Das Höchstmaß an Genuß und empfindender Intensität bedeutet auch ein Höchstmaß an Autonomie unter den Bedingungen der Heteronomie. Exiliert, als exotisches Relikt ihrer selbst, wird Kunst autonom. Und obwohl, genauer: weil der Künstlerglaube abgestorben ist, wird aus dem Relikt ein Gegenstand der rituellen Verehrung, eine Reliquie: »Den Künstler wird man bald als ein herrliches Ueberbleibsel ansehen und ihm, wie einem wunderbaren Fremden, an dessen Kraft und Schönheit das Glück früherer Zeiten hieng, Ehren erweisen, wie wir sie nicht leicht Unseresgleichen gönnen.« (1, 186) Nicht an der Kunst, sondern an deren Reliquien entzündet sich, entsteht überhaupt erst: ästhetisches Verhalten. Erinnerung, rituelle Verehrung, mit Benjamin zu reden, der Kultwert der Kunst gründet sich – nicht auf Kunst, noch auf deren Ende, sondern auf ihre Geschich-

---

15 Dieses Melancholie-Motiv, das auf die trauernden Götter in Hegels *Ästhetik* zurückgehen mag, taucht sehr viel später in Benjamins Kunstwerkaufsatz noch einmal auf: »Im Kult der Erinnerung an die fernen oder die abgestorbenen Lieben hat der Kultwert des Bildes die letzte Zuflucht. Im flüchtigen Ausdruck eines Menschengesichts winkt aus den frühen Photographien die Aura zum letzten Mal.« Walter Benjamin, »Das Kunstwerk im Zeitalter seiner technischen Reproduzierbarkeit«, in: *Gesammelte Schriften*, hrsg. Rolf Tiedemann et al., Bd. I, 2, S. 471-508, hier: 485. Benjamins Aufsatz, darauf wird zurückzukommen sein, weist auch in anderer Hinsicht, vor allem als Konstruktion aus einer noch unerschlossenen und bei Benjamin dezidiert unentschiedenen Zukunft heraus, überraschende Parallelen zu Nietzsche auf. Vgl. auch Karl Heinz Bohrer, *Der Abschied. Theorie der Trauer*, a.a.O., S. 417-488.

te. Ästhetisches Verhalten, die verehrende, interesselose Hingabe, die »Gedächtnisfeste« wurden erst möglich, da es keine Kunst mehr gibt. Ästhetische Wahrnehmung und ästhetische Erfahrung entstehen erst dort, wo der Gegenstand, dem sie zu gelten scheinen, nicht mehr wahrnehmbar ist: »die Sonne ist schon hinuntergegangen, aber der Himmel unseres Lebens glüht und leuchtet noch von ihr her, ob wir sie schon nicht mehr sehen.« (2, 186) Am farbigen Abglanz haben wir die Kunst. Ästhetisches Verhalten ist post-artistisches Verhalten, es entsteht erst aus den Ruinen und Relikten von etwas, das erst dann Kunst heißen darf, wenn es nicht mehr existiert. Was es vorher gewesen sein mag, dahin führt kein Weg mehr zurück: »Das Beste an uns ist vielleicht aus Empfindungen früherer Zeiten vererbt, zu denen wir jetzt auf unmittelbarem Wege kaum mehr kommen können« (2, 186). Ästhetisches Verhalten, ästhetische Wahrnehmung ist ein Umweg, dem kein Ende vorausging und dem kein Ende bevorsteht, keines jedenfalls, das irgendwie noch zugänglich wäre jenseits des Umwegs, der immer von der Kunst fortführt und Kunst fortführt.[16] Ob als Wissenschaft oder als Sage vom Künstlerglauben, ästhetisches Verhalten ist nachträglich ohne Ende. Vom ästhetischen Verhalten kann nicht auf so etwas wie einen Gegenstandsbereich Kunst und dessen Ende rückgeschlossen werden. Ästhetisches Verhalten ist sensu strictu gegenstandslos, nicht einmal, wie doch der Erinnerungsbegriff und die Sage vom Künstlerglauben anzudeuten scheinen, das Ende der Kunst kann sein Gegenstand sein. Nietzsches Genealogie des ästhetischen Verhaltens besagt dann aber auch, daß der künstlerische Blick, der in der Historie wie in der Wissenschaft gleichermaßen waltet, nicht mehr kurzgeschlossen werden kann mit Kunst im traditionellen oder entgrenzten Sinne. Sofern der ästhetische Trieb ein nachträglicher Effekt und auf Umwegen entstanden ist, kann er, weder im Namen des Lebens noch im Namen der Kunst, als Letztinstanz fungieren. Die Kunst ist nicht die Apotheose des Lebens, und das Leben ist nicht die Apotheose der Kunst.

Es gibt also kein Privileg der Kunst, obwohl sie omnipräsent ist, aber eben nicht als gleichbleibender Trieb, sondern als permanenter Umweg und ewige Nachträglichkeit. Noch das Ende der Kunst, von dem alle vier Aphorismen sprechen, ist ein Umweg und Effekt einer

---

16 Zur Rolle der Rhetorik bei diesen Umwegen: Philippe Lacoue-Labarthe, »Le Détour«, in: *Le Sujet de la Philosophie*, Paris: Editions du Seuil 1979. Die ursprüngliche Vortragsfassung in einer Übersetzung von Thomas Schestag unter dem Titel »Umweg«, in: *Nietzsche aus Frankreich*, hrsg. Werner Hamacher, a.a.O., S. 77-110.

Umdeutung. Das einzige, was vom Ende wirklich übrig bleibt, ist, in der Mitte der Aphorismensequenz, jener enigmatische »Traditionsabbruch«, der die Funktion hat, eine Veränderung zu markieren, ein Ende zu sein, aber rätselhafterweise völlig unterbestimmt und offen bleibt.

In der *Geburt der Tragödie*, die dem Miniaturbild dieser Aphorismensequenz in überdimensionierten Zügen zu entsprechen scheint, hat Nietzsche diesen »Traditionsabbruch« noch weiter in die Geschichte zurückverlagert. Schon in der Antike, deren Künstler doch den Aphorismen zufolge noch »übten«, was die Modernen bestenfalls »verstehen«, stirbt mit der Tragödie auch die Poesie überhaupt: »die Tragödie ist todt! Die Poesie selbst ist mit ihr verloren gegangen! (...)« (1, 75).

3.

»Die griechische Tragödie ist anders zu Grunde gegangen als sämmtliche ältere schwesterliche Kunstgattungen: sie starb durch Selbstmord, in Folge eines unlösbaren Conflictes, also tragisch (...)« (1, 75). Wo das Ende der Kunst selbst tragische Züge annimmt, wo die Tragödie nicht mehr nur, wie bei Hegel, den Höhe- und Endpunkt des der Kunst Erreichbaren bildet, sondern umgekehrt das Ende der Kunst *als* Tragödie begriffen, dargestellt, richtiger: inszeniert wird, ist es möglich geworden, die charakteristische Spannung des Endes der Kunst zwischen Vollendung und Endlichkeit auszustellen und zugleich zu neutralisieren. Die Tragödie ist nun einmal der Ort, an dem sinnvoll und sinnlos zugleich, eben tragisch gestorben wird. Die vorgängige Ambivalenz des Endes der Kunst zwischen Erlösung und Zerfall wird in der tragischen Inszenierung des Endes eingeholt und semantisch verfügbar. Der Untergang des Helden verbürgt und ermöglicht Erlösung; nicht anders, also klassisch im Sinne von Schellings Tragödientheorie, interpretiert Nietzsche die tragische Figur des Ödipus: »durch sein Handeln mag jedes Gesetz, jede natürliche Ordnung, ja die sittliche Welt zu Grunde gehen, eben durch dieses Handeln wird ein höherer magischer Kreis von Wirkungen gezogen, die eine neue Welt auf den Ruinen der umgestürzten alten gründen« (1, 65).

In der *Geburt der Tragödie* entdeckt bzw. stiftet Nietzsche diese nur scheinbar urwüchsige Affinität zwischen dem Ende der Kunst und der Tragödie, denn auf den Ruinen der tragisch verstorbenen Tragödie wird die neue Ordnung »tragischer Erkenntnis« gegründet. Die tragische Inszenierung des Endes der Kunst als Tragödientod ist der Schritt, mit dem das Ende der Kunst die Kunst verläßt, um im kulturkritischen Diskurs aufzugehen. Die »Tragifizierung« des Endes, die Nietzsche in der *Geburt der Tragödie* beispielhaft einleitet, hat sich im kulturkritischen Diskurs als sehr fruchtbar erwiesen. Als Tragödie beweist das Ende der Kunst (noch einmal) seine begründende, stiftende Macht. Aber im Gegensatz zu Nietzsche, der, wie zu zeigen sein wird, seine Inszenierung des Endes in Gestalt einer Tragödie auch *als* Inszenierung, Strategie und Darstellungsverfahren markiert, überlebte in vielen kulturkritischen Diskursen der neue Nexus von Ende der Kunst und Tragik ungebrochen.

Vielleicht gibt es keine Tragödientheorie, auf die nicht der Schatten Hegels fiele. An dem hegelschen Erbe seines Buchs läßt Nietzsche keinen Zweifel, es »riecht anstössig Hegelisch, (...) ist nur in einigen Formeln mit dem Leichenbitter-parfum Schopenhauer's behaftet« (6, 310).[17] In der Tat beschränken sich die Hegel-Reminiszenzen nicht nur auf die Dialektik des Gegensatzpaares apollinisch und dionysisch oder den Stellenwert der Tragödie als Gattung höchster Kunst, in der »der Gegensatz zur Einheit aufgehoben« scheint (6, 310), sondern sie betreffen auch kunsttheoretische Vorentscheidungen. So teilt Nietzsche zum Beispiel seine Aversion gegen das »Naturalisiren« (1, 151) mit Hegel, der die Natur ebenfalls von der Kunstschönheit ausschloß. Und noch wo die Kluft ihres Gegensatzes klafft, etwa zwischen Hegels Emphase entfalteter Individualität und Nietzsches Aufgeben eben dieser Individualität im Dionysischen, gibt es den gemeinsamen Grund einer narrativen Grundstruktur, die im Folgenden freizulegen ist.[18]

Insbesondere aber herrscht, trotz umgekehrter Vorzeichen, überraschende Übereinstimmung bei allem, was die Topik des Endes der Kunst betrifft. Auch bei Nietzsche kann man lesen, daß die Prosa mit Sklaven beginnt (1, 78), und wenn es in einer Spielart des Endes bei

17 Vgl. Siegfried Blasche, »Hegelianismen im Umfeld von Nietzsches ›Geburt der Tragödie‹«, a.a.O.
18 In seiner an Lacoue-Labarthe anschließenden Lektüre der *Geburt der Tragödie*, die man mit einigem Recht als exemplum dessen ansehen darf, was de Man unter Dekonstruktion versteht, hat de Man diesen gemeinsamen Grund als »genetic pattern« ausgewiesen, dessen Dilemma darin besteht: »leading to insights that destroy the claims on which the genetic continuity was founded, but that could not have been formulated if the fallacy had not been allowed to unfold.« In: *Allegories of Reading*, a.a.O., S. 79-102, hier: 101-2. Zu Hegel vor allem S. 79-80.

Hegel der Philosophie zufällt, die schöne Kunst zu überflügeln, so stirbt auch bei Nietzsche die Kunst unter dem Einfluß der intellektuellen Kräfte des Sokratismus: »Hier überwächst der *philosophische Gedanke* die Kunst und zwingt sie zu einem engen Sich-Anklammern an den Stamm der Dialektik« (1, 94). Ineins mit dieser Selbstverpflichtung auf Hegel und die Tradition stellt Nietzsche aber auch Lektürehinweise bereit, die derlei Anleihen begründen und zugleich ihre Bedeutsamkeit relativieren, indem sie als einem Darstellungsverfahren, einer narrativen Technik geschuldet ausgewiesen werden.

»(G)leichsam in einer fremden Zunge« gestammelt (1, 15) sei sein Buch, schreibt Nietzsche in der später verfaßten Vorrede, dem »Versuch einer Selbstkritik«. Daß es sich hier keineswegs bloß um die selbstkritische Einschätzung von Formulierungsschwächen handelt, zeigt der weitere Kontext, in dem das Motiv der Übersetzung eine wichtige Rolle spielt, denn als Übersetzungs- und Übertragungsleistung will Nietzsche sein Buch insgesamt gewürdigt wissen. So sei mit Wagner gar nicht Wagner gemeint, sondern er war als Figur nötig für etwas anderes, das es galt, »in den neuen Geist (zu) übersetzen und transfiguriren« (6, 313-314). Den Exil-Griechen Unteritaliens nicht unähnlich, die auf fremdem Boden heimische Feste feiern, stellen Übertragung und Übersetzung das Grundmuster des Buchs: das Problem der Wissenschaft »hingestellt auf den Boden der *Kunst* – denn das Problem der Wissenschaft kann nicht auf dem Boden der Wissenschaft erkannt werden« (1, 13). Unter dieser Voraussetzung steht dann nichts in diesem Buch mehr für sich selbst, sondern ist immer schon Effekt einer Übertragung und Übersetzung.[19]

Wenn Nietzsche in *Ecce Homo* im Rückblick auf sein Buch schreibt, »(i)ch hatte zu meiner innersten Erfahrung das einzige Gleichniss und Seitenstück, das die Geschichte hat, *entdeckt*« (6, 311), dann ist damit über den Status der Tragödien-Genealogie genau dasselbe gesagt wie im Buch selbst, daß nämlich das ganze Theater um die Tragödie nicht Selbstzweck ist, sondern allein die Funktion hat, »hellenische Analogien« für ganz andere Themen bereitzustellen, die in die Sprache der Tragödie und in die Geschichte der Tragödie übersetzt werden müssen. Das steht freilich schon im Text selbst: »Denn diesen unausmessbaren Werth behält für uns, die wir an der Grenzscheide zweier verschiedener Daseinsformen stehen, das hellenische Vorbild,

---

19 Zur Übertragung auch Philippe Lacoue-Labarthe, »Der Umweg«, in: *Nietzsche aus Frankreich*, a.a.O., S. 100.

dass in ihm auch alle jene Uebergänge und Kämpfe zu einer classisch-belehrenden Form ausgeprägt sind: nur dass wir gleichsam in *umgekehrter* Ordnung die grossen Hauptepochen des hellenischen Wesens analogisch durchleben (...)« (1, 128). Die *Geburt der Tragödie* ist folglich ein Stück »kritischer Historie«, Umschrift einer Vergangenheit für die Zwecke der Gegenwart, Resultat einer »rückläufigen Bewegung«. Daß der uneinholbare Vorbildcharakter nicht im ewigen Wesen der Tragödie ruht, sondern vielmehr in ihrer Sterblichkeit und dem exemplarischen Charakter ihrer Entwicklung, deutet immerhin an, daß es hier nicht unmittelbar um die Geburt der Tragödie, noch auch um ihre erhoffte »*Wiedergeburt*« (1, 129) geht, sondern eigentlich um die Tragödie der Tragödie, ihre Entwicklung, ihre Verwicklungen, ihr dramatisches dénouement und vor allem um den tragischen Tod der Tragödie.

Legitimiert ist die Tragödie als Lehrstück und Seitenstück, als Analogon und Übersetzungsmedium aber nicht nur aufgrund ihrer Entwicklung, sondern auch intern, denn in ihr kommt zur Darstellung und auf die Bühne das Prinzip der Umdeutung und Übersetzung. Nietzsche wählt Rafaels Gemälde »Transfiguration«, um das für die Tragödie charakteristische »Depotenziren des Scheins zum Schein« (1, 39) zu veranschaulichen. In der Tragödie wird der Schein als Schein sichtbar, und wie deren privilegierte Stellung Resultat einer Übersetzung, so ist Übersetzung auch ihr inneres Prinzip: »Dionysus redet die Sprache des Apollo, Apollo aber schliesslich die Sprache des Dionysus: womit das höchste Ziel der Tragödie und der Kunst überhaupt erreicht ist.« (1, 140)

Um den Schein als Schein zu zeigen, bedarf es einer Rhetorik, die diesen Effekt hervorzubringen imstande ist. Analogie und Transfiguration, vor allem aber Übersetzung, sind das Medium, in dem Schein sich als Schein zeigt, ohne daß diese Repräsentation sich vom Schein auszuschließen braucht. Die *Geburt der Tragödie* ist folglich eine Art Spiegelkabinett, wo Eines immer ein Anderes zum Vorschein bringt. Schon die Kategorien dionysisch und apollinisch werden nur gleichnisweise eingeführt, um in der Folge wieder nur Gleichnisse und Visionen zu illustrieren. Das Dionysische als Aufgehen im Ureinen manifestiert sich nicht selbst, sondern offenbart sich erst mit Hilfe der Visionen des Apollinischen. Auch die schein- und bildlose Musik ist nur »Abbild dieses Ur-Einen (...), wenn anders diese mit Recht eine Wiederholung der Welt und ein zweiter Abguss derselben genannt worden ist« (1, 44). Auch die Musik ist schon Urwiederklang, Widerschein, Wiederholung und Wiedergeburt, noch nicht vollends transfiguriert, aber doch auch nicht mehr nur sie selbst. [20]

Diese Schein-Welt der *Geburt der Tragödie*, ihr Kosmos der Spiegelungen und Reflexe, kommt nun in Nietzsches Ausführungen zur Darstellung *als Übersetzung und Transfiguration*. Im Aspekt des Übersetzens und Analogisierens besteht folglich der Nexus zwischen den dargestellten Prinzipien im Innern der Tragödienkunst und dem Prinzip ihrer Darstellung in der *Geburt der Tragödie*. Diese Vernetzung der Entwicklung der Tragödie mit ihrer Darstellung ist die Lösung des epistemologischen Problems, vor dem Nietzsche steht: Wie ist Wissen um den Schein unter den Voraussetzungen des Scheins möglich? In die Sprache der Tragödie übersetzt heißt das: Wie ist ein Wissen um die Tragödie möglich, das tragisch und Wissen zugleich ist? Wie ist »tragische Erkenntnis« möglich?

Das 5. Kapitel, in dem Nietzsche den Punkt erreicht, an dem seine Kunsttheorie mit der Tradition bis zu und einschließlich Schopenhauer bricht, ist auch der Ort, an dem diese Theorie an ihre eigenen Grenzen gerät und Nietzsches Versuch, sich von der Tradition loszusagen, das Gespenst des Ästhetizismus auf den Plan ruft. Vordergründig geht es um die Erklärung des lyrischen Phänomens; Dionysus und Apollo treten als Homer und Archilochus auf, die Repräsentanten des Epos und der Lyrik. Den konventionellen Subjekt-Objekt-Gegensatz, wie er noch Schopenhauers ausführlich zitierte Lyrikdeutung bestimmt, verwerfend, entwickelt Nietzsche hier sein radikal antisubjektivistisches Lyrikverständnis, das im berühmten Bekenntnis zur Artisten-Metaphysik gipfelt: »Denn dies muss uns vor allem, zu unserer Erniedrigung *und* Erhöhung, deutlich sein, dass die ganze Kunstkomödie durchaus nicht für uns, etwa unsrer Besserung und Bildung wegen, aufgeführt wird, ja dass wir ebensowenig die eigentlichen Schöpfer jener Kunstwelt sind: wohl aber dürfen wir von uns selbst annehmen, dass wir für den wahren Schöpfer derselben schon Bilder und künstlerische Projectionen sind und in der Bedeutung von Kunstwerken unsre höchste Würde haben – denn nur als *ästhetisches Phänomen* ist das Dasein und die Welt ewig *gerechtfertigt*« (1, 47). Diese ästhetische Theodizee ist aber im Anspruch derart radikal, daß fortan alle ästhetischen Bestrebungen, einschließlich der von Nietz-

---

[20] Zur Dekonstruktion des Primats des Dionysischen vgl. Paul de Man, der konzediert, daß diese Einsicht gar nicht erst einer dekonstruktiven Operation bedarf, denn »the deconstruction of the Dionysian authority finds its arguments within the text itself.« Paul de Man, »Genesis and Genealogy«, in: *Allegories of Reading*, a.a.O., S. 98.

sche eingeführten Neuerungen in die Ästhetikdiskussion hoffnungslos einer indifferenten Scheinwelt ausgeliefert sind. Wenn und sofern wir »schon Bilder und künstlerische Projectionen« des Ur-Einen sind, ist unser Bewußtsein von und Wissen um diese unsere Würde als Kunstwerke null und nichtig, weil »unser Bewusstsein über diese unsre Bedeutung kaum ein andres ist als es die auf Leinwand gemalten Krieger von der auf ihr dargestellten Schlacht haben« (1, 47), also gar keins; und somit »ist unser ganzes Kunstwissen im Grunde ein völlig illusorisches, weil wir als Wissende mit jenem Wesen nicht eins und identisch sind, das sich, als einziger Schöpfer und Zuschauer jener Kunstkomödie, einen ewigen Genuss bereitet« (1, 47). Wer um jenes Wesen weiß, kann nicht mit ihm verschmelzen, und wer verschmilzt, kann nicht zugleich davon wissen. Nur der »Genius«, behauptet Nietzsche in bester philosophischer Tradition, *weiß* etwas über das Wesen der Kunst, sofern er »im Actus der künstlerischen Zeugung mit jenem Urkünstler der Welt verschmilzt« (1, 47-8). Aber wie problematisch und paradox dieser Zustand ist, zeigt das nachfolgende Bild ebenso wie die Tatsache, daß solche Erkenntnis nur im Bild auszusprechen ist: »denn in jenem Zustande ist er, wunderbarer Weise, dem unheimlichen Bild des Mährchens gleich, das die Augen drehn und sich selber anschaun kann« (1, 48).[21] Dieses Paradoxon des sich selbst betrachtenden Bildes ist aber nicht nur das Besondere künstlerischer Erzeugung, sondern es darf zugleich als Allegorie des erkenntnistheoretischen Paradoxes des Buchs selbst verstanden werden, das wissende Distanz und leibhafte Teilnahme an seinem Gegenstand zugleich fordert.[22] So sagt Nietzsche in der Vorrede, er wünsche sich als Leser »Künstler mit dem Nebenhange analytischer und retrospektiver Fähigkeiten« (1, 13), solche also, die als Künstler zugleich erkenntnistheoretische Distanz zur Kunst aufbringen.

Genau genommen geht es aber nicht nur um jenen unmöglichen Ort, an dem Distanz und Teilnahme zugleich möglich wären, sondern um ein Drittes, nämlich um das Wissen von diesem Zugleich. Im Bild des Bildes zu bleiben, geht es um einen Ort, von dem aus das sich selbst betrachtende Bild seinerseits angeschaut werden kann. Darf die Tragödie, sofern bei ihr Teilnehmer und Zuschauer gleichermaßen

---

21 Auch dieses Bild taucht noch einmal bei Benjamin auf; am Schluß seines Sürrealismus-Essays ist die Rede von der »Nähe, die sich selbst aus den Augen schaut.« Walter Benjamin, *Gesammelte Schriften*, a.a.O., II, 1, S. 309.
22 Christoph Menke, »Distanz und Experiment. Zu zwei Aspekten ästhetischer Freiheit bei Nietzsche«, in: *Deutsche Zeitschrift für Philosophie*, 41 (1993), 1, S. 61-77.

»sich selbst unter einander als verwandelt« erblicken (1, 61), als Realisierung des Märchenbildes gelten, so will die *Geburt der Tragödie* den Anblick des sich selbst betrachtenden Bildes gewähren. Wie Euripides als frevelnder Held und Begründer einer neuen Ordnung auf- und abtritt, so tritt Nietzsche mit und in seinem Buch auf. Die griechische Tragödie ist nicht nur der Beweis dessen, daß es ein Bedürfnis ist, »zugleich schauen zu müssen und zugleich über das Schauen hinaus sich zu sehnen« (1, 150), sondern sie erfüllt dieses Bedürfnis, denn »(e)s ist der Zauber dieser Kämpfe, dass, wer sie schaut, sie auch kämpfen muss« (1, 102). Dieser letzte Satz bezieht sich aber schon nicht mehr auf die Tragödie, sondern auf ihre tragische Entwicklung im Laufe der Geschichte. Es bedarf also nicht allein der Tragödie, sondern es bedarf einer Tragödie der Tragödie, es bedarf der dramatischen Inszenierung ihrer Geschichte, um der erkenntnistheoretischen Forderung, zu wissen und zu partizipieren, Folge zu leisten.[23] Die Tragödie ist (noch) nicht die Einheit der Zwiefalt von Distanz und Partizipation, sondern die ist erst gegeben im Wissen um diese Wahrheit. Dieses Wissen erst ist tragische Erkenntnis; sie ist modern, ganz un- ja, antigriechisch: »Die Griechen sind, wie die ägyptischen Priester sagen, die ewigen Kinder, und auch in der tragischen Kunst nur die Kinder, welche nicht wissen, welches erhabene Spielzeug unter ihren Händen entstanden ist und – zertrümmert wird« (1, 110). Die Tragödie und ihr Wesen bleiben Spiel, Vorspiel der tragischen Erkenntnis, deren Aktualität aufgewiesen wird anhand einer rekonstruierten Vorgeschichte. Die Tragödie, für sich genommen, als Kunstwerk, verbürgt noch keine tragische Erkenntnis, das Kunstwerk ist weder Modell noch Urbild ästhetischer Erkenntnis, es ist nicht Interpretament, sondern selbst schon Interpretation, und deshalb kommt Vorbildfunktion nicht der Tragödie, sondern deren historischer Entwicklung zu. Der Vergangenheitscharakter der Tragödie und die Tatsache, daß ihre Erfinder nicht wußten, was sie taten – wie die Künstler in Hegels symbolischer Phase –, sind Zeichen dessen, daß Kunst immer von einer Position aus konturiert wird, die jenseits der Kunst liegen muß. Die Tragödie allein reicht nicht, sondern es muß eine Tragödie der Tragödie geben, die Tragödie muß Subjekt und Objekt des Buchs zugleich sein.

Unter dieser Voraussetzung übernimmt der Vorfall des historischen

---

23 Deshalb ist die Vorstellung von den Schrecken der tragischen Erkenntnis, »die, um nur ertragen zu werden, als Schutz und Heilmittel die Kunst braucht« (1, 101), nachträglicher Effekt und nicht Axiom der *Geburt der Tragödie*.

Ablebens der Tragödie eine zentrale Funktion. Damit aus dem Buch über die Tragödie ein Produkt tragischer Erkenntnis wird, damit die Tragödie der Tragödie anschaulich wird, bedarf es unbedingt des tragischen Todes der Tragödie, denn dies ist der Punkt, an dem sich die »hellenische Analogie« legitimiert. Im Tod der Tragödie hätten das Wesen der Tragödie und ihre tragische Darstellung zusammenzutreten. Aber genau dieser Punkt ist der rätselhafteste des ganzen Textes, an dem sich nicht die Einheit von Tragödie und Tragödie der Tragödie einstellt, sondern ihre Differenz aufbricht.

Gerade dort, wo Nietzsche den Nexus zwischen Ende der Kunst und Tragik mit dem Tod der Tragödie begründet, erweist sich, daß *nicht* der Opfertod, der tragische Tod der Tragödie die neuen Ordnungen tragischer Erkenntnis verbürgt, sondern daß dieser Ruhm ihren ruchlosen Henkern zufällt. Euripides, der Frevler im Sinne der Prometheusinterpretation, und Sokrates, der Stifter der neuen Kunst des platonischen Dialogs, sind die wahren Helden der Tragödie der Tragödie. Über Sokrates schreibt Nietzsche zu Beginn des 15. Kapitels: Es »muss nun ausgesprochen werden, wie der Einfluss des Sokrates, bis auf diesen Moment hin, ja in alle Zukunft hinaus, sich, gleich einem in der Abendsonne immer grösser werdenden Schatten, über die Nachwelt hin ausgebreitet hat, wie derselbe zur Neuschaffung der *Kunst* – und zwar der Kunst im bereits metaphysischen, weitesten und tiefsten Sinne – immer wieder nöthigt und, bei seiner eignen Unendlichkeit, auch deren Unendlichkeit verbürgt« (1, 97). Sokrates entspricht also dem Ödipus als Idealtypus des tragischen Menschen, »der aber am Ende durch sein ungeheures Leiden eine magische segensreiche Kraft um sich ausübt, die noch über sein Verscheiden hinaus wirksam ist« (1, 65). Der andere tragische Held ist der »frevelnd(e) Euripides« (1, 74), unter dessen gewaltsamen Händen die Tragödie starb, der aber wie Prometheus eine tragische Figur ist, da er dem Frevel »*Würde* (…) ertheilt« (1, 69). Sofern aber Sokrates und der nach-tragische Dichter Euripides die eigentlichen Heroen des Stücks sind, ergibt sich in Nietzsches genialer Synchronisierung von Tragödie und Tragödie der Tragödie ein Hiatus, denn erst *nach* ihrem Tod, mit Euripides und Sokrates setzt die Tragödie der Tragödie ein.

Tragisch geht es genaugenommen aber nicht erst nach dem Tod der Tragödie zu, sondern tragisch erscheint auch schon ihr Vorspiel, dessen tragischer Held wieder nicht die Tragödie selbst, sondern der »tragische Mythus ist«. Bevor die Tragödie beginnen konnte, mußte wie das Titanengeschlecht in der Mythologie zuvor der tragische Mythus besiegt werden. Der Held der Tragödie der Tragödie *vor* dem tragischen Tod dieser Gattung ist der Mythus: »Diesen absterbenden Mythus ergriff jetzt der neugeborne Genius der dionysischen Musik: und in seiner Hand blühte er noch einmal (...); noch einmal erhebt er sich, wie ein verwundeter Held, und der ganze Ueberschuss von Kraft, sammt der weisheitsvollen Ruhe des Sterbenden, brennt in seinem Auge mit letztem, mächtigem Leuchten« (1, 74). Tragisch gestorben wird schon, bevor es die Tragödie gibt, und tragisch gestorben und erkannt wird noch und erst so recht, nachdem sie schon hinüber ist.

Welcher Art ist aber dann und welchen Status hat dann der tragische Tod der Tragödie, wenn Tragödie und Tragödie der Tragödie in ihm nicht zusammentreten, sondern auseinanderfallen? Statt des einen tragischen Todes bietet die *Geburt der Tragödie* gleich drei Todesszenen auf, als sei die Tragödie nicht totzukriegen, weil sie immer neu und anders sterben muß. Die Tragödie, hatte Nietzsche in dem Eingangssatz des 11. Kapitels formuliert, »starb durch Selbstmord, in Folge eines unlösbaren Conflictes, also tragisch« (1, 75). Die Tragödie starb nicht einfach, sondern kompliziert und mehrfach. Wenn Nietzsche behauptet, in den Selbstmord habe die Tragödie ein unlösbarer Konflikt getrieben, dann ist darunter nicht allein derjenige zwischen apollinisch und dionysisch zu verstehen, der für »jenen früher geschilderten Eindruck des Zwiespältigen und Incommensurabeln im Wesen der aeschyleischen Tragödie« (1, 80) verantwortlich ist. Nein, die Tragödie starb an sich selbst, an ihrer eigenen Inkommensurabilität, daran, daß der Konflikt, dessen Lösung sie darstellt, nämlich Teilhabe und Distanz, daß sie diesen, den Darstellungskonflikt, den Nietzsche zu lösen versuchte, indem er die Entwicklung der Tragödie tragisch darstellte, nicht lösen kann; oder, indem die Tragödie ihn darstellte, starb sie auch daran. Ihr Tod soll die Lösung sein, das dramatische dénouement dieser ganzen Inszenierung, aber dieser Tod findet nicht statt – weil er zu oft stattfindet. So stirbt die Tragödie einerseits durch Selbstmord, andererseits aber stirbt sie, ebenfalls tragisch, unter den Händen des Euripides: »Und wie dir der Mythus starb, so starb dir auch der Genius der Musik: mochtest du auch mit gierigem Zugreifen alle Gärten der Musik plündern, auch so brachtest du es nur zu einer nachgemachten maskirten Musik. Und weil du Dionysus verlassen, so verliess dich auch Apollo« (1, 75). Drittens aber stirbt die Tragödie unendlich weiter, denn versteinert »zum Denkmale ihres überaus mühseligen und gewaltsamen Hinscheidens« (1, 76) lebt sie fort in der neueren attischen Komödie: »Als aber nun doch noch eine neue Kunstgattung aufblühte, die in der Tragödie ihre Vorgängerin und Meisterin verehrte, da war mit Schrecken wahrzunehmen, dass sie allerdings die Züge ihrer Mutter trage, aber dieselben, die jene in ihrem langen Todeskampfe gezeigt hatte« (1, 76). Der innere Konflikt, an dem die Tragödie zugrunde ging, ist in letzter Instanz der, daß sie stirbt und sterben muß, aber dennoch nicht ein für allemal totzukriegen ist. Ihr Ende ist so überdeterminiert und mehrdeutig wie das der symbolischen Kunst bei Hegel.

Innerhalb der Tragödie der Tragödie, die Nietzsche um der tragischen Erkenntnis willen inszeniert, ist der Tod der Tragödie genau wie der »Traditionsabbruch« in den Aphorismen aus *Menschliches, Allzumenschliches* eine dramatische Leerstelle, die nicht mehr oder noch nicht in den dramatischen Prozeß gehört, den sie begründet. Aber während Nietzsche in den Aphorismen zur Abendröte der Kunst mit dem »Traditionsabbruch« ein Ende der Kunst konzipiert, das keines ist, weil es gänzlich un- und unterbestimmt bleibt, handelt es sich bei dem Ende der Kunst im Tragödienbuch um ein überbestimmtes Ende, da die Tragödie Opfer eines Mordes wird, Selbstmord begeht und unendlich sterbend nichts anderes ist als permanente Agonie. So extrem ist diese Überbestimmtheit, daß man nicht nur behaupten kann, der Tod der Tragödie sei die Leerstelle und damit das nicht länger tragische Moment in der Tragödie der Tragödie, sondern auch das Gegenteil: Dieser rätselhafte, überdeterminierte und vielfältige Tod der Tragödie ist das *einzig* tragische Moment in diesem Drama. Gesetzt der Tod der Tragödie wäre das einzig tragische Moment in dieser Tragödie, so würde aus der *Geburt der Tragödie* an diesem Punkt die Tragödie der Tragödie der Tragödie.

Weil der tragische Tod der Kunst bei Nietzsche, sowohl in der Unterbestimmtheit des Traditionsabbruchs in den Aphorismen als auch in der Überbestimmtheit des Tragödientodes, eine Leerstelle bleibt, konnte sie gefüllt, gedeutet, interpretiert werden, notfalls auch mit dem Ende der Kunst selbst besetzt werden, das die Leerstelle aussetzt. »Mit dem Tod der Tragödie entstand eine ungeheure Leere« heißt auch, der Tod der Tragödie ist diese ungeheure Leere. Dieses Ende der Kunst bleibt ein leerer Ort, ein blinder Fleck, der das Ende aussetzt. Nur und allein als freier Ort, der sich nicht besetzen läßt, weil er übersetzt ist, verweist der Tod der Tragödie ostentativ auf den fiktionalen Charakter der Inszenierung, für die er unabdingbar ist, an der er aber selbst nicht mehr teilhat. Diese Dimension der *Geburt der Tragödie*, ihr ironisches Spiel mit sich selbst, ist aber unter keinen Umständen mehr tragisch, gehört nicht zur Tragödie, sei es als Tragödie der Tragödie oder Tragödie der Tragödie der Tragödie, sondern hier rückt das Buch auf ironische Distanz zu aller Tragik, auch zur tragischen Erkenntnis und wird: Komödie. Unter dem Stichwort »Die Muse als Penthesilea« schreibt Nietzsche: »›Lieber verwesen als ein Weib sein, das nicht *reizt*.‹ Wenn die Muse erst einmal so denkt, ist das Ende ihrer Kunst wieder in der Nähe. Aber es kann ein Tragödien- und auch ein Komödien-Ausgang sein.« (2, 420) Auch dieses Ende mit offenem Ausgang ist Erbteil Nietzsches und bleibt Erbteil Hegels.

Wenn nicht verschwiegen, so doch zumindest in seinem Buch über das barocke Trauerspiel zeitweilig und in seinem Kunstwerkaufsatz dem Scheine nach vereinseitigt hat Walter Benjamin dieses Doppelspiel Nietzsches, mit dessen *Geburt der Tragödie* Benjamins eigener Entwurf über das barocke Trauerspiel seinerseits merkwürdiges Spiel treibt.

4. Kapitel
Widerspiel: Benjamin

... keine Verfallszeiten!
(W. Benjamin)

I.

Benjamins berühmter Aufsatz über »Das Kunstwerk im Zeitalter seiner technischen Reproduzierbarkeit« (1935) verabschiedet die (anti-)idealistischen Hoffnungen der euphorischen Moderne auf eine Entgrenzung der Kunst zu einem Zeitpunkt, da deren politisch desaströse Implikationen Benjamin mit dem Faschismus deutlich vor Augen standen.[1] Mit der programmatischen Schlußformulierung des Aufsatzes: »*So steht es um die Ästhetisierung der Politik, welche der Faschismus betreibt. Der Kommunismus antwortet ihm mit der Politisierung der Kunst.*«[2]

Wie bei Hegel hat sich auch im Falle Benjamins die Rede von dessen »Thesen« eingebürgert – immerhin nennt Benjamin selbst seine Überlegungen so (I,2, 473) – und dafür gesorgt, daß der Streit um Recht und Gültigkeit des Endes der auratischen Kunst nicht abreißt. Aber der bedeutende Einfluß dieses Textes – mit dem auch Benjamins vermeintliche Wende von der Metaphysik zum historischen Materialismus auf dem Spiel steht – beruht auch darauf, daß der Kunstwerkaufsatz im Gesamtzusammenhang von Benjamins Werk tatsächlich ein Unikum darstellt. Nicht gegen diesen Sonderstatus, sondern um seiner Spezifika willen muß die Rekonstruktion des Endes der Kunst in der modernen Technik den Umweg über andere Texte Benjamins nehmen und darf vor allem einen Durchgang durch den *Ursprung des deutschen Trauerspiels* (1927) nicht scheuen. Im Licht der frappierenden Nähe zu Nietzsche zeigt sich dort, daß auch Benjamins Kunstwerkaufsatz weder ein Ende der Kunst noch ein Ende des Endes ist, bzw. das eine oder andere nur bedeuten kann, wenn man den Zusammenhang leugnet, den das Barockbuch freigelegt hat. Über das

---

1 Deshalb behauptet etwa Gianni Vattimo, mit Benjamins Text sei der »Übergang von der utopisch-revolutionären zur technologischen Bedeutung des Endes« der Kunst vollzogen. Gianni Vattimo, »Tod oder Untergang der Kunst«, in: *Das Ende der Moderne*, übersetzt und hrsg. Rafael Capurro, Stuttgart: Reclam 1990, S. 55-70, hier: 59.
2 Walter Benjamin, »Das Kunstwerk im Zeitalter seiner technischen Reproduzierbarkeit«, in: *Gesammelte Schriften*, a.a.O. Alle folgenden Zitate beziehen sich auf diese Ausgabe und werden mit Band- und Seitenangabe im Text notiert. Hier: I,2, 508.

Ende der Kunst stößt Benjamin nämlich zur Theorie einer allegorisch verfaßten Moderne vor. Ihr Anliegen ist nicht Verabschiedung, Überwindung oder Obsoleszenz der auratischen Kunst, sondern die Wiederentdeckung von Hegels Klassik-Museum als allegorischer Struktur der Moderne.

Ob »das Beste« in Benjamins Buch aus Nietzsches *Geburt der Tragödie* ererbt ist, sei dahingestellt. Die Konzeption seiner Trauerspielarbeit verdankt sich jedenfalls auch einer gleichsam unterirdischen Nietzscherezeption,[3] von der freilich nur kritische Spitzen zu sehen sind. Benjamin war weder der erste noch der letzte, in Nietzsches *Geburt der Tragödie* den »Abgrund des Ästhetizismus (…), an den diese geniale Intuition zuletzt alle Begriffe verlor« (I,1, 281), zu erblicken. Seine auffällig knappen und polemischen Bemerkungen über Nietzsche im Trauerspielbuch muten an, als sollten sie von der Möglichkeit ablenken, daß es sich bei Benjamins idiosynkratischer Archäologie des deutschen Trauerspiels um einen mit Nietzsches *Geburt der Tragödie* konkurrierenden Parallel- und Gegenentwurf handelt, der aller unübersehbaren Differenzen ungeachtet – insbesondere natürlich die programmatische Umstellung von Tragödie auf Trauerspiel – ähnliche Ziele verfolgt, ähnlichen Darstellungsprogrammen untersteht und daher auch ähnliche Fragen aufwirft.

Schon Benjamins Erläuterungen seines formelhaft-stereotypen Ästhetizismusvorwurfs, der mehr dem dominanten Strang der zeitgenössischen Nietzscherezeption, etwa Volkelt, gelten mag als Nietzsche selbst, weisen Parallelen gleichermaßen ab und auf: »Denn was verschlägt es, ob der Wille zum Leben oder zu seiner Vernichtung vorgeblich jedes Kunstwerk inspiriere, da es als Ausgeburt des absoluten Willens mit der Welt sich selber entwertet.« (I,1, 282)[4] Sind in Nietzsches Nacht des Ästhetizismus alle Kunstwerke grau, dann ergeht es Benjamins anti-ästhetischer Figur par excellence, der Allegorie näm-

---

[3] So auch Samuel Weber in »Genealogy of Modernity: History, Myth and Allegory in Benjamins ›Origin of the German Mourning Play‹«, in: *Modern Language Notes*, vol. 106, Nr. 3, April 1991, S. 465-500, besonders S. 476. Im Anschluß den vorzüglichen Essay von Peter Fenves, »Tragedy and Prophecy in Benjamin's ›Origin of the German Mourning Play‹«, in: *Arresting Language. From Leibniz to Benjamin*, Stanford: Stanford University Press 2000, S. 227-248.

[4] Hinzuzufügen ist dieser doppelten Kritik an Schopenhauer und Nietzsche allerdings, daß es in Benjamins Buch Stellen gibt, die genauso operieren. Bis in die Diktion verrät zum Beispiel folgender Passus über den Protestantismus Nietzsches Präsenz: »Dagegen schlug das Leben selbst aus. Tief empfindet es, daß es dazu nicht da ist, um durch den Glauben bloß entwertet zu werden« (I,1, 318).

lich, nicht viel besser, denn unter der Midashand des Allegorikers entsteht gleichfalls »eine Welt, in der es aufs Detail so streng nicht ankommt« (I,1, 350); auch die wider-ästhetische Gegen-Logik der Allegorie führt zuletzt an einen Abgrund, wo sich das Wissen ins Bodenlose verliert: »Es ist aber auch der Abgrund des bodenlosen Tiefsinns« (I,1, 404). Und was verschlägt es denn, so möchte man fragen, ob man sich am Abgrund des Ästhetizismus oder des bodenlosen Tiefsinns wiederfindet?

Tiefer jedenfalls als zielstrebige Vereinseitigungen, wie sie vor allem Benjamins Auseinandersetzung mit Nietzsches Tragödientheorie bestimmen,[5] führen ihre gemeinsamen Gegner in die rivalisierende Verstrickung der beiden Bücher. Das systematische Verkennen einer Gattung, attische Tragödie im einen, barockes Trauerspiel im anderen Fall, geht jeweils zu Lasten eines Historismus, dessen Kritik, von Nietzsche begründet, Benjamin zeitlebens fortgeführt hat. Das Interesse am historischen Gegenstand wird deshalb bei Benjamin und Nietzsche von einem Gegenwartsbezug her konturiert: Den »hellenischen Analogien«, die Nietzsche zu Wagners Oper aufsuchte, korrespondiert Benjamins Aktualisierung des barocken Trauerspiels im Licht der zeitgenössischen Moderne, insbesondere des Expressionismus. War es Benjamin zufolge dem Barock gegeben, »die Macht der Gegenwart« im Medium der Antike zu schauen (I,1, 278), so sucht Benjamin im Medium des Barock die eigene Gegenwart auf.

Der Gegenwartsbezug erschöpft sich allerdings bei Benjamin ebensowenig in den künstlerischen Produkten der Gegenwart, wie von Nietzsche behauptet werden dürfte, sein Hauptanliegen sei es gewesen, Wagners Musikdrama historische Legitimität zu verschaffen. Die Aktualisierung bewährt sich vielmehr an dem Experiment, im Zuge der genealogischen Rekonstruktion einer einzelnen Gattung eine ganze Tradition des Kunstdenkens zu revolutionieren. So wendet sich Benjamin dem Trauerspiel vor allem deshalb zu, weil es sich den normativen Maßstäben der idealistischen Ästhetik widersetzt und gleichsam an- oder widerästhetisch in einer Weise ist, deren »Autorität, Geltung und Dauer« noch die Korrekturen und Interventionen der Romantik übertreffen. Benjamin begnügt sich nicht mit der historischen Rehabilitation einer obskuren Gattung, sondern akkreditiert das

---

[5] Bekanntlich spielt Christian Florens Rang hier eine wichtige Rolle, die u.a. Uwe Steiner rekonstruiert hat in *Die Geburt der Kritik aus dem Geist der Kunst. Untersuchungen zum Begriff der Kunstkritik in den frühen Schriften Walter Benjamins*, Würzburg: Königshausen & Neumann 1989.

deutsche Barock mit der Einsicht in die »gründliche Ahnung von der Problematik der Kunst« und profiliert das barocke Trauerspiel als »ein Korrektiv (...) der Kunst« (I,1, 352). Nietzsche bediente sich bei der Tragödie, um die Schemata der Ästhetik zugunsten einer Genealogie tragischen Wissens zu unterlaufen. Nietzsches Postulat tragischen Wissens korrespondiert bei Benjamin die Idee, denn erst vermöge seiner Zurüstung als Idee wird das Trauerspiel, was es ist.

Zur akuten Rivalität verschärfen sich die latenten Affinitäten zwischen Benjamin und Nietzsche im Blick auf die politischen, und das heißt vor allem die nationalpolitischen Implikationen des aktuellen Gegenwartsbezuges. Daß Nietzsche unumwunden auf dem nationalen Impetus seiner Überlegungen insistiert, wonach Deutschland zum Schauplatz der wiedererweckten Tragödie erwählt ist (das zumindest ist die freilich schnell revidierte und im Vollzug des Textes eigentlich schon verabschiedete Hoffnung), scheint ihn zunächst von Benjamin zu trennen, der emphatisch gegen diese seit Nietzsche virulenten Versuche deutscher Selbstbesinnung anschreibt und sich gerade deshalb dem thematisch und formal ›undeutschen‹ Trauerspiel zuwendet.[6] Gleichwohl geht es in Benjamins Buch unmißverständlich um die Spezifika des *deutschen* Trauerspiels. Nur dieses, nicht das spanische und nicht Shakespeare, hat nach Benjamin Anspruch darauf, als Idee gedeutet zu werden. In dieser Verengung auf die deutsche Variante ist nicht allein Benjamins Konzession an den Fachbereich der Germanistik zu sehen, in dem er sich mit der Trauerspielarbeit zu habilitieren gedachte; systematisch stellt Benjamin das Trauerspiel als spezifisch deutsches Phänomen heraus, dessen historischer Rang gerade in seinem ästhetischen Versagen beschlossen liegt. Dem deutschen Trauerspiel blieb der Weg zur Transzendenz versperrt, den das Drama Calderóns, Shakespeare und in Grenzen auch die Romantik je anders, auf Um- und, so legt Benjamin nahe, letztlich fragwürdigen Schleichwegen fanden. Benjamins Hinweis auf die historischen Umstände dieses Versagens im protestantischen Deutschland des 17. Jahrhunderts entlastet das Trauerspiel nicht, im Gegenteil: seine ästhetische Negativität allein macht die Qualität des Trauerspiels aus. Es ist nicht mehr nach ästhetischen Maßstäben zu berechnen, und weil es quer zur Ästhetik liegt, hat das deutsche Barockdrama Anspruch darauf, als Korrektiv der Kunst überhaupt zu gelten. Dieses Verfahren ei-

---

6 Vgl. Peter Fenves, »Tragedy and Prophecy in Benjamins ›Origin of the German Mourning-Play‹«, a.a.O.

ner Umwertung ästhetischer Werte ist dem Barock selbst entliehen, und exemplarisch vorgeführt wird es im Eingang von Benjamins Text. Wie im barocken Mißverstehen der aristotelischen Autorität die emanzipatorische Befreiung von der Herrschaft der Antike beschlossen lag, so befreit auch Benjamin ein Stück deutscher Literatur von den irreführenden Bedingungen, unter denen sie gebunden lag. Und es ist nicht unerheblich, daß ausgerechnet dem undeutschen Trauerspiel die spezifisch deutsche Überwindung der Antike gelang, die fortan auf »dem Triumphwagen des barocken Trauerspiels« als »gefesselte Sklavin« mitgeführt wird (I,1, 278). In solchem »Versagen« liegen Rang und Größe des Trauerspiels beschlossen, dem der »Silberblick der Selbstbesinnung« versagt, oder anders, das von den Verführungen der ästhetischen Selbstreflexion verschont blieb.

Hier drängt sich von Nietzsches *Geburt der Tragödie* her natürlich die Frage auf, ob dieses »deutsche« Versagen und seine Dialektik in Benjamins Buch an den Maßstäben der Theorie der Tragödie gemessen werden darf oder ob dieses triumphale Versagen in letzter Instanz doch ein endloses Trauerspiel ist. Ist das Versagen des deutschen Trauerspiels wie das Versagen des trotzig schweigenden Helden der Tragödie zu verstehen, der damit eine neue Gemeinschaft oder Gemeinde begründet, oder handelt es sich um ein endloses und folgenloses Versagen? Oder ist es zuletzt die in dieser Fragestellung beschlossene Alternative, die Benjamins Buch in Frage stellt?[7]

Diese Frage wird relevant, weil Benjamins Trauerspielbuch mit Nietzsches Tragödienbuch in seiner Darstellungstheorie und Darstellungspraxis konvergiert. Trotz ihrer abweisenden Gelehrsamkeit zeigt die der philosophischen Entfaltung der Idee gewidmete erkenntniskritische Vorrede des Trauerspielbuchs, daß der in ihr emphatisch eingeführte Darstellungsbegriff – »Darstellung als Umweg« (I,1, 208) – an Nietzsche geschult ist. Darstellung bestimmt das Zusammenspiel der drei Elemente Idee, Begriff und Phänomen. Der Zusammenhang zwischen Ideen und Begriffen wird von dem Konzept einer »objektive(n) Interpretation« der Phänomene gewährleistet.[8] Daß dieser Be-

---

7 Wenn es sich beim Versagen des barocken Trauerspiels um ein tragisches Geschick, die Begründung einer neuen Gemeinschaft handelt, dann erscheint Benjamins Rivalität mit Nietzsche auch als Agon um den ersten Platz in einer bestimmten Tradition deutscher Philosophie, ein Ringen um das Recht, die deutsche (Kunst)Geschichte zu schreiben, und letztlich auch ein Ringen darum, wem es zufällt, das Ende der Kunst oder das Ende dieses Endes zu formulieren.

8 »Während die Phänomene durch ihr Dasein, ihre Gemeinsamkeit, ihre Differenzen Umfang und Inhalt der sie umfassenden Begriffe bestimmen, ist zu den Ideen inso-

griff Nietzsches Darstellungspraxis in der *Geburt der Tragödie* nicht inkompatibel ist, liegt auf der Hand. Schon in der zweiten *Unzeitgemäßen Betrachtung* hatte Nietzsche geschrieben: »Es wäre eine Geschichtsschreibung zu denken, die keinen Tropfen der gemeinen empirischen Wahrheit in sich hat und doch im höchsten Grade auf das Prädicat Objectivität Anspruch machen dürfte.«[9] In Benjamins Trauerspielbuch steht zu lesen: »Und so könnte denn wohl die reale Welt in dem Sinne Aufgabe sein, daß es gelte, derart tief in alles Wirkliche zu dringen, daß eine objektive Interpretation der Welt sich drin erschlösse« (I,1, 228).[10]

Die Vernetzung von Tragödie und tragischer Darstellung, wie Nietzsche sie vornimmt, ist in Benjamins Fall längst als dessen Strategie bekannt, sein Buch vom Trauerspiel auch als Trauerspiel zu dramatisieren und diesen Darstellungsmodus im Begriff des Traktats für die philosophische Darstellung geltend zu machen. Aber im Unterschied zu Nietzsche insistiert Benjamin viel entschiedener, ausdrücklicher und von vornherein auf dem Unterschied zwischen dem Gegenstand und seiner Darstellung, welcher er es zutraut (und zumutet), den Versuchungen des Abgrunds zu widerstehen: »Nur eine von weither kommende, ja sich dem Anblick der Totalität zunächst versagende Betrachtung kann in einer gewissermaßen asketischen Schule den Geist zu der Festigung führen, die ihm erlaubt, im Anblick jenes Panoramas seiner selbst mächtig zu bleiben« (I,1, 237). Es gilt also gerade dort standhaft zu bleiben, wo Nietzsche offenbar versagt hat, als er eingestand, es sei der Zauber solcher Kämpfe, daß, wer sie schaut, auch kämpfen muß. (Daß Nietzsche allerdings nicht dieselben Kämpfe kämpfte, denen er zuschaute, sondern nur deren Möglichkeiten ausrichtete, hatte das vorige Kapitel zeigen wollen.) Ist Benjamins Trauerspielbuch auch eine Reflexion auf das Ende der Kunst, dann stellt sich die Frage, ob sein Text, der vorab die Differenz zwischen dem Gegenstand und seiner Darstellung anerkennt, nicht doch letztlich der »Festigung« entbehrt, die er beschwört, und dem Abgrund

---

fern ihr Verhältnis das umgekehrte, als die Idee als objektive Interpretation der Phänomene – vielmehr ihrer Elemente – erst deren Zusammengehörigkeit zueinander bestimmt« (I,1, 214-5).

9 Friedrich Nietzsche, *Unzeitgemäße Betrachtungen II*, a.a. O., I, 290.

10 In diesem Zusammenhang beruft sich auch Benjamin auf die Nähe zwischen Kunst und Wissenschaft: »Der Philosoph gewinnt die erhabne Mitte zwischen dem Künstler und dem Forscher. Ihn verbindet dem Philosophen das Interesse am Verlöschen bloßer Empirie, dem Künstler die Aufgabe der Darstellung« (I,1, 212).

verfällt, über den er sich in der »Ponderación misteriosa« am Schluß seines Buchs hinwegzuschwingen scheint.

Im Gegensatz zu Nietzsche, der zumindest zwischenzeitlich auf die Wiedergeburt der Tragödie gesetzt hatte, steht Benjamins Theorie der Tragödie unzweideutig im Zeichen ihrer griechischen Einmaligkeit und Unwiederholbarkeit. »Tragödien müßten heut noch zu verfassen sein,« dieses »Axiom der kulturellen Hoffart zu erschüttern« (I,1, 280), tritt Benjamins Tragödientheorie an. Alle bisherigen Untersuchungen, vor allem die im Gefolge Nietzsches, kranken nach Benjamin daran, sich nicht einmal gefragt zu haben, ob die Tragödie überhaupt noch eine zu füllende Form und nicht vielmehr eine geschichtlich gebundene sei. Und obwohl man sich mit Recht fragen darf, ob die Tragödie bei Benjamin (und übrigens auch bei Nietzsche) eigentlich überhaupt der Kunst zugerechnet werden darf, kann kein Zweifel daran bestehen, daß es mit ihr unwiderruflich zu Ende ist. Ihr Ende gefunden hat mit der Tragödie aber auch die dialektische Verfassung des Endes, wie sie im Tod des tragischen Helden am Schluß von Tragödien sinnfällig wird: »Der tragische Tod hat die Doppelbedeutung, das alte Recht der Olympischen zu entkräften und als den Erstling einer neuen Menschheitsernte dem unbekannten Gott den Helden hinzugeben. (…) Tod wird dabei zur Rettung: Todeskrisis« (I,1, 285-6). Zwischen dem historischen Ende der Tragödie und dem Ende *in* der Tragödie herrscht Asymmetrie. Sowenig wie bei Nietzsche ist das Ende der Tragödie bei Benjamin eindeutig ein tragisches Ereignis.

Dem unwiderruflichen und folgenlosen Ende der Tragödie steht das Trauerspiel diametral gegenüber. Intern bestimmt als endlose Wiederholung ohne Fortschritt, ein »»Spiel ohne richtiges Ende«« (I,1, 314), ist das deutsche Trauerspiel eine Form, die ihrer Vollendung widersteht: »Nirgend anders als bei Calderón wäre denn auch die vollendete Kunstform des barocken Trauerspiels zu studieren.« Hier findet es einen »Ausgang«, der »dem deutschen versagt blieb« (I,1, 260). Deshalb geht es beim Trauerspiel im Gegensatz zur geschichtlich gebundenen Tragödie um eine »noch offene Zukunft dieser Form« (I,1, 292). Dem Ende des dialektischen Endes, wie es den Beschluß von Tragödien bildet, diesem Ende mit Mehrwert, steht mit dem endlosen Trauerspiel eine noch offene, zukünftig und weiterhin mögliche Form gegenüber, die auch intern kein Ende kennt, denn das Trauerspiel ist »»ohne richtiges Ende, der Strom fließt weiter«« (I,1, 314). Die fortlaufende Resonanz der Form bezeugt aber ausgerechnet Hölderlins Übersetzung der Sophokleischen Tragödie *Antigone*. Daß die deutsche Übersetzung einer, und seit Hegel *der* griechischen Tragödie die offene Zukunft des Trauerspiels erweist, deutet an, daß das antitragische Trauerspiel bei aller Distanz nicht ohne Bezug auf die Tragödie ist und sogar als deren Widerspiel gelten darf. Tatsächlich wird der starre Antagonismus von Tragödie und Trauerspiel, einmalig tragischem Ende und endlosem Spiel, gebundener und noch offener Form, an einigen bedeutenden Stellen aufgeweicht.[11] Eine dieser Stellen betrifft Benjamins Interpretation des platonischen Dialogs. Die entscheidende Rolle, die er schon in Nietzsches Tragödienbuch hatte, unterschlägt er freilich.

Benjamin bezieht sich auf den platonischen Dialog, nachdem er Schopenhauers »geschichtsferne« Einschätzung von Trauerspiel und Tragödie mit einem längeren Zitat Rosenzweigs konfrontiert hatte, um anschließend auf die »noch offene Zukunft« der Form des Trauerspiels zu verweisen: »Hier handelt es sich um ihre (d.i. die Form des Trauerspiels, E.G.) Vergangenheit. Diese führt weit zurück zu einem Wendepunkt in der Geschichte des griechischen Geistes selbst: zum Tode des Sokrates. Im sterbenden Sokrates ist das Märtyrerdrama als Parodie der Tragödie entsprungen. Und hier wie so oft zeigt die Parodie einer Form deren Ende an.« (I,1, 292) Diese Deutung geht bis in Details der Formulierung auf Nietzsche zurück. Rettet sich bei diesem die schiffbrüchige Poesie in den Kahn des platonischen Dialogs,[12] so ist hier das Ende der Tragödie zugleich der Ursprung des Trauerspiels. Was Benjamin »Wendepunkt« nennt, heißt bei Nietzsche ein »Strudel der Weltgeschichte«. Am Tod des Sokrates scheidet sich also die eine Fassung des Endes, die Neubegründung einer zukünftigen Gemeinschaft in der Tragödie, von dem aussichtslosen Märtyrertod im endlosen Trauerspiel.

Aber im gleichen Zusammenhang und gleichsam von diesem Wendepunkt aus lockert sich plötzlich die strenge Unterscheidung, denn das produktive, einmalige, dialektische Ende in der Tragödie erscheint nun plötzlich problematisch und undurchsichtig: »Die Lösung ist zwar jeweils auch Erlösung; doch nur jeweilige, problematische, eingeschränkte.« (I,1, 296) Statt des dialektisch auflösenden, transparenten Endes »behauptet sich der Schauer des undurchdringlichen En-

11 Vgl. Samuel Weber, *Genealogy of Modernity,* a.a.O.
12 »Der platonische Dialog war gleichsam der Kahn, auf dem sich die schiffbrüchige ältere Poesie sammt allen ihren Kindern rettete: auf einen engen Raum zusammengedrängt und dem einen Steuermann Sokrates ängstlich unterthänig fuhren sie jetzt in eine neue Welt hinein.« Friedrich Nietzsche, *Geburt der Tragödie,* a.a.O., Bd. 1, S. 93-4.

des« (I,1, 296). Und umgekehrt, umgewendet am Wendepunkt, eignet jetzt plötzlich der neuen Fassung des Endes im Trauerspiel doch eine quasi-tragische Dimension in Form des platonischen Dialogs. »Den Kampf aber, den dessen (d.i. Sokrates, E.G.) Rationalismus der tragischen Kunst angesagt hatte, entscheidet Platons Werk mit einer Überlegenheit, die zunächst den Herausforderer entscheidender traf als die Geforderte, gegen die Tragödie. Denn dies geschieht nicht in dem rationalen Geist des Sokrates, vielmehr im Geist des Dialoges selbst. (…) Im Dialog tritt die reine dramatische Sprache diesseits von Tragik und von Komik, ihrer Dialektik, auf. Das Reindramatische stellt das Mysterium, welches in den Formen des griechischen Dramas sich allmählich verweltlicht hatte, wieder her: seine Sprache ist als die des neuen Dramas zumal die des Trauerspiels.« (I,1, 297) Mit dieser überraschenden Wendung der Interpretation am Wendepunkt des platonischen Dialogs, von dem es doch geheißen hatte, er bilde den »unwiderruflichen Epilog der Tragödie« (I,1, 296), löst sich der Antagonismus der beiden Formen auf. Das Trauerspiel restituiert und restauriert, was im Säkularisierungsprozeß zerfallen sein sollte: das genuine Mysterium des Reindramatischen.

Diese Annäherung von Tragödie und Trauerspiel ist angemessen wohl nur im Rekurs auf Benjamins enigmatische Ausführungen zum Ursprung als Wirbel und Wendepunkt zu erklären: »Der Ursprung steht im Fluß des Werdens als Strudel und reißt in seine Rhythmik das Entstehungsmaterial hinein. Im nackten offenkundigen Bestand des Faktischen gibt das Ursprüngliche sich niemals zu erkennen, und einzig einer Doppeleinsicht steht seine Rhythmik offen. Sie will als Restauration, als Wiederherstellung einerseits, als eben darin Unvollendetes, Unabgeschlossenes andererseits erkannt sein.« (I,1, 226)[13] Unter dieser Perspektive, die Wiederherstellung nicht als einholenden Abschluß, sondern als Funktion der Öffnung und Offenheit und also als »rückläufige Bewegung« versteht, steht das Ende der Kunst als Diskurs bei und seit Hegel. Es hätte deshalb Anspruch, als ein Ursprungsphänomen in Benjamins Sinne zu gelten.

Für das Ende der Kunst in Benjamins Trauerspielbuch bedeutet diese überraschende Wendung, daß sich mit der symmetrischen Opposition von Trauerspiel und Tragödie auch der Gegensatz zwischen Ende des tragischen Endes und endlosem Spiel zersetzt. Diese beiden

---

13 Diesen paradoxen Passus hat Samuel Weber in seinem Aufsatz zum Gegenstand seiner behutsamen Interpretation gemacht. Samuel Weber, *Genealogy of Modernity*, a.a.O.

Modalitäten des Endes können nun nicht mehr so streng voneinander getrennt werden, wie es zunächst den Anschein hatte. Aber dieses schwebende Ende, die Ambivalenz des Endes des Endes hat nicht das letzte Wort in Benjamins Buch, das sich seine letzte Wendung bis zuletzt aufspart.

Dem in sich gespaltenen und doppeldeutigen Ende steht schließlich ein drittes Ende gegenüber, das diese Verwirrungen weniger auflöst als durchschneidet. Es fällt jedoch weder in den Kompetenzbereich des Trauerspiels noch in den der Tragödie; dieses Ende fällt überhaupt nicht mehr in die Kunst: »Der gewaltige Entwurf dieser Form (d.i. des Trauerspiels, E.G.) ist zu Ende zu denken; von der Idee des deutschen Trauerspiels kann einzig unter dieser Bedingung gehandelt werden.« (I,1, 409) Ohne Umschweife nimmt Benjamin im letzten Teil seines Buchs das Projekt in Angriff, eine noch offene Form mit offenem Ende zu Ende zu bringen. Weder ästhetisch noch tragisch, sondern allein theologisch kann das Trauerspiel zu Ende gedacht werden. Und da Benjamins Buch über das Trauerspiel wie ein Trauerspiel und das heißt allegorisch konzipiert ist, ist dieses Ende des Buchs, das Erscheinen des deus ex machina, die Ponderación misteriosa, der Punkt, an dem mit der Abscheidung von Theologie und Kunst auch der Gegenstand und seine Darstellung ausdrücklich auseinandertreten. Hier tut sich das Panorama des Abgrunds auf: »Als Wissen führt der Trieb in den leeren Abgrund des Bösen hinab, um dort der Unendlichkeit sich zu versichern. Es ist aber auch der Abgrund des bodenlosen Tiefsinns. Dessen Daten sind unvermögend, in philosophische Konstellationen zu treten.« (I,1, 404) Beschlossen werden können Trauerspiel und das Buch über das Trauerspiel allein theologisch. Ihr Ende liegt nicht mehr im Einzugsgebiet der Kunst, sie kann ihr Ende nicht selbst bestimmen. Die endgültige Interpretation im letzten Satz von Benjamins Buch, daß das deutsche Trauerspiel »das Bild des Schönen an dem letzten« Tage des Gerichts festhält (I,1, 409), ist keine Einsicht des Trauerspiels mehr. Es ist »als Bruchstück konzipiert von Anfang an.« (I,1, 409) Nur die Interpretation, die theologische und die philosophische als Idee rundet es ab, ohne daß man dem Trauerspiel vorwerfen könne, seine Gattungs- und Kunstgrenzen zu überschreiten bei dem Versuch sich selbst ästhetisch zu Ende zu bringen. (Das eben war schon in seiner Dissertation Benjamins Kritik an der Romantik.)[14]

14 »Der Glaube an die Unzerstörbarkeit des Werkes (...) war eine mystische Grundüberzeugung der Frühromantik. (...) Die formale Ironie (...) stellt den paradoxen

Fraglich ist aber, ob sich an diesem Punkt und mit dieser Interpretation Benjamins auch das tragische und das endlose Ende, deren Konkurrenz, Spannung und Affinität beschließen läßt. Zwar heißt es: »All das zerstiebt mit jenem *einen* Umschwung, in dem die allegorische Versenkung die letzte Phantasmagorie des Objektiven räumen muß und, gänzlich auf sich selbst gestellt, nicht mehr spielerisch in erdhafter Dingwelt, sondern ernsthaft unterm Himmel sich wiederfindet.« (I,1, 406) Aber eben nur *als* Allegorie. Wer die Differenz von Ende und Endlosigkeit, Tragödie und Trauerspiel bestimmen könnte, müßte ein Gott sein. Benjamin erlöst von der Frage nach ihrem Verhältnis und damit dem Verhältnis verschiedener Modi des Endens nicht, aber er löst ihre Antwort in unendlich ambivalenten Allegorien auf. Denn ob Benjamin in dem triumphalen Beschluß des Buchs ein Hamlet ist, der die Allegorie zur Selbstbesinnung führt, oder ob auch dies nur Allegorie ist, bleibt offen.[15] Ebenso offen bleibt, ob das erlösende Ende wirklich eins ist oder ob es letztlich doch und bloß ein endloses Trauerspiel ist. Mit einer Formulierung Samuel Webers: »Benjamin's end is itself ostentation and held fast by an allegory that comes to no end but only endings, significant but without sense.«[16]

Mit der Amalgamierung von Ende und Endlosigkeit ist bei Benjamin eine seit Hegel latente Dimension des Endes der Kunst manifest geworden. Die Differenz zwischen einem (dialektischen) Ende und dem endlosen Enden ist unter den Bedingungen der Allegorie keiner Artikulation mehr zugänglich. Die Konsequenzen dieses Umstands schlagen in Benjamins Baudelaire-Studien zu Buche. Nach den Kapriolen des Trauerspielbuchs findet sich der Benjaminleser dort ernsthaft unterm Himmel der Moderne wieder. Die Baudelaire-Studien stehen insgesamt im Zeichen des in der Auseinandersetzung mit dem Barock gewonnenen Allegoriebegriffs. Das Problem von Antike und Moderne, das Benjamins Auseinandersetzung mit Tragödie und Trauerspiel an den exzentrischen Ort des 17. Jahrhunderts verpflanzt hatte – das Problem von Antike und Moderne, hingestellt auf den Boden des Barock –, entpuppt sich als allegorisch. Hegel entdeckte und er-

---

Versuch dar, am Gebilde noch durch Abbruch zu bauen: im Werke selbst seine Beziehung auf die Idee zu demonstrieren« (I,1, 87).

15 Zur Möglichkeit einer Interpretation Hamlets als Ende des Trauerspiels vgl. Peter Fenves, »Marx, Mourning, Messianicity«, in: *Violence, Identity and Self-Determination*, hrsg. Hent de Vries u. Samuel Weber, Stanford: Stanford University Press, 1997, S. 253-270, insbesondere S. 264-270.
16 Samuel Weber, *Genealogy of Modernity*, a.a.O., S. 500.

fand mit der Antike die Moderne, Nietzsche sah sich nach der Zukunft der Moderne in der Vergangenheit der Antike um. Benjamin folgt ihnen nach und erfaßt den Zusammenhang von Antike und Moderne explizit und programmatisch als allegorischen: »Das Widerspiel zwischen Antike und Moderne ist aus dem pragmatischen Zusammenhange, in dem es bei Baudelaire auftritt, in den allegorischen zu überführen.« (I,2, 661) Der pragmatische Zusammenhang bei Baudelaire ist dessen Anspruch, daß »»alle Moderne es wirklich wert sei, dereinst Antike zu werden«« (I,2, 584). Der allegorische, in den Benjamin ihn zu überführen trachtet,[17] liegt in beider Vergänglichkeit und Hinfälligkeit im Sinne zunehmender Entwertung: »Worin zuletzt und am innigsten die Moderne der Antike sich anverlobt, das ist diese Hinfälligkeit.« (I,2, 586) Hinfällig wird alles, was im Zeichen des wahrhaft Neuen und das heißt zugleich im Zeichen eines Endes des Alten gestanden hatte: »Zwar steht Paris noch; und die großen Tendenzen der gesellschaftlichen Entwicklung sind noch die gleichen. Aber je beständiger sie geblieben sind, desto hinfälliger wurde an der Erfahrung von ihnen alles, was im Zeichen des ›wahrhaft Neuen‹ gestanden hatte. Die Moderne ist sich am wenigsten gleich geblieben; und die Antike, die in ihr stecken sollte, stellt in Wahrheit das Bild des Veralteten.« (I,2, 593) Die Moderne ist sich nicht gleich geblieben, eben weil ihre Hoffnung auf das Neue und auf ein Ende, also auf Revolution, unerfüllt blieb. Damit entscheidet sich Benjamin für eine Theorie der Moderne, die keine originäre Tragik kennt, sondern nur endloses Trauerspiel. Zwar ist der Dichter der »Platzhalter des antiken Helden« (I,2, 584), aber das Drama der Moderne ist, wie bei Hegel, gespielte Tragödie, Tragödie *als* (Trauer-)Spiel. »Denn der moderne Heros ist nicht Held – er ist Heldendarsteller. Die heroische Moderne erweist sich als ein Trauerspiel, in dem die Heldenrolle verfügbar ist.« (I,2, 600) Mit anderen Worten: das Trauerspiel ist die Allegorie der Tragödie. Für die Theorie der Moderne bedeutet dies: »Und die Moderne wurde schließlich eine Rolle, die vielleicht überhaupt nur noch mit Baudelaire selbst zu besetzen war. Eine tragische, in welcher der Dilettant, der sie mangels anderer Kräfte zu übernehmen hatte, oft eine komische Figur machte (...). Aber er hatte etwas vom Mimen an sich, der die Rolle des ›Dichters‹ vor einem Parkett und vor einer Gesellschaft zu spielen hat, die den echten schon nicht mehr braucht, und ihm seinen Spielraum nur noch als Mimen gibt« (I,2, 662). Über den

---

17 Zum Allegoriebegriff bei Benjamin insgesamt vgl. Bettine Menke, *Sprachfiguren: Name, Allegorie, Bild nach Benjamin*, München: Fink 1991.

Umweg des barocken Trauerspiels überführt Benjamin das Ende der Kunst in eine Theorie der Moderne, die stets nur spielen kann, was zu sein sie vorgibt. Das Paradoxe daran ist nicht allein, daß mit dieser Einsicht die Versicherung, es habe einmal einen »echten Dichter« gegeben, dessen Zeit vorüber sei, eigentlich sinnlos geworden ist, sondern paradox ist vor allem, daß die Entdeckungen, die mit dem Ende der Kunst als Diskurs möglich werden, nur dort möglich bleiben, wo ein Ende der Kunst mitgedacht, mitgesetzt und durchgespielt wird.

Was bei Benjamin mit dem Begriff des Mimen an Modernetheorie erreicht ist – und das heißt auch, was hier an Affinität zu Hegel erreicht ist –, scheint aber im Kunstwerkaufsatz zu fehlen, denn gerade weil Benjamin dort emphatisch auf *dem* Ende der Kunst insistiert, scheint er noch einmal heldenhaft eine heroische Moderne mit Zukunftschancen zu inszenieren, deren Genese in den Baudelaire-Studien schon als allegorisch verfaßt gedacht worden war. Und weil es so zu sein scheint, weil der Kunstwerkaufsatz noch einmal eine Zukunft jenseits des Endes zu versprechen scheint, ist dieser Text bis heute ein Dauerbrenner geblieben.[18]

2.

In fünfzehn Abschnitten diagnostiziert Benjamin in seinem Kunstwerkaufsatz den Verfall der Aura als Symptom der Moderne. Dem auratischen Kunstwerk korrespondiert die kontemplative Rezeption. Beide gründen im Begriff des *Kultwerts*, dem der *Ausstellungswert* des nicht nur reproduzierbaren, sondern vorab auf Reproduktion angelegten Kunstwerks gegenübersteht. Auf Rezeptionsseite verlangt und fördert der Film die Haltung zerstreuter Aufmerksamkeit, deren Strukturmerkmale Benjamin am Idealtypus der taktilen Rezeption von Gebäuden entwickelt. Das andere zentrale Thema sind die modernen Massen, deren Aufkommen Benjamin in zeitlichen und kausalen Zusammenhang mit den neuen Reproduktionstechniken bringt. Der Faschismus und die politische Reaktion haben ein Interesse daran, den revolutionären Charakter der neuen Medien zu unterdrücken, in denen die Masse sich zum ersten Mal ins Gesicht sieht.

18 Ein Rückblick auf die Geschichte dieses kanonischen Textes demnächst in einem von Hans-Ulrich Gumbrecht edierten und bei Stanford University Press erscheinenden Sammelband.

Der Starkult zeugt von dem politisch motivierten, aber anachronistischen Versuch, die ehemalige Aura neu zu beleben. Das sind Benjamins Thesen. Man hat über sie gestritten und tut es noch.

Wenn der Kunstwerkaufsatz im Vergleich zu den diffizilen Baudelaire-Studien oder dem exzentrischen Trauerspielbuch ein eher handfester, bodenständiger und gleichsam griffiger Text zu sein scheint, so heißt das nicht, daß er eindeutig wäre. Im Gegenteil, gerade seine pointiert ambivalente Einstellung gegenüber dem Ende der auratischen Kunst prädestiniert ihn zum kanonischen Gebilde.[19] Einerseits gewährt der Text die Aussicht auf ein Ende der Kunst, mit dem alles gut werden könnte, wenn man sich nur endlich von den ästhetischen Kriterien und idealistischen Vorurteilen befreien würde, die der Faschismus als Ästhetisierung der Politik perpetuiert. Andererseits kennzeichnen diesen Text aber auch Spuren zarter Melancholie. Im traurigen Anblick der Gesichter von Verstorbenen auf den frühen Portraitphotographien blitzt nicht nur die verfallende Aura ein letztes Mal auf, sondern hier mischt sich ins Pathos möglichen Aufbruchs auch die Wehmut des Abschieds. Nicht zuletzt diese Gleichberechtigung einander widersprechender Wertungen des Endes der (auratischen) Kunst, breit diskutiert als Benjamins insgeheim (glücklicherweise) doch (oder leider) gehegte Ambivalenz gegenüber dem Auraverfall, hat diesem Text seine Aktualität bewahrt und für immer wieder neue Deutungen, Auseinandersetzungen und Stellungnahmen gesorgt.[20]

Mit Recht ist aber von Benjamins Text gesagt worden, er sei »Schauplatz einer Krise.«[21] Wie sehr sich Benjamin dessen bewußt war, so sehr nämlich, daß zu behaupten steht, der Text beschreibe keine Kunstkrise, sondern inszeniere sie, soll im Folgenden aufgezeigt werden, um den Nachweis zu erbringen, daß auch in diesen Text die Einsicht in das Rollenspiel der Moderne eingegangen ist. Benjamin spielt zwar ein Ende der Kunst durch, aber die Weise, wie er dies tut,

---

19 Erhellend in diesem Zusammenhang ist insbesondere der Eröffnungsbeitrag von Dirk Baecker in dem Band von Gumbrecht, a.a.O.
20 Die klassischen Positionen in der Debatte vertreten Habermas und Buck-Morss: Susan Buck-Morss, »Benjamin's Passagenwerk: Redeeming Mass Culture«, in: *New German Critique*, 29, 1983, S. 211-240 und Jürgen Habermas, »Bewußtmachende oder rettende Kritik – Die Aktualität Walter Benjamins«, in: *Kultur und Kritik. Verstreute Aufsätze*, Frankfurt a. M.: Suhrkamp 1977, S. 302-344.
21 Burkhardt Lindner, »Technische Reproduzierbarkeit und Kulturindustrie. Benjamins ›positives Barbarentum‹ im Kontext«, in: *Walter Benjamin im Kontext*, hrsg. Burkhardt Lindner, Königstein/Ts.: Athenäum ²1985, S. 180-223, hier: 189.

markiert, daß es sich um eine Inszenierung handelt. Insofern schreibt er den Diskurs des Endes der Kunst fort und entwickelt ineins damit eine Reflexion auf die Bedingungen der Aktualisierbarkeit des Topos. Möglich wird diese Doppeleinsicht auch hier unter den Bedingungen einer bestimmten Darstellungstechnik.

Um diese Darstellungstechnik Benjamins von seiner Darstellung der Technik abzuheben, ist es sinnvoll, den Kunstwerkaufsatz zunächst mit Adornos Augen, also kritisch zu betrachten. Adorno ist der Stilbruch zwischen diesem und früheren sowie späteren Texten Benjamins nicht entgangen: »Eine gewisse Vereinfachung der Mittel ist unverkennbar.«[22] Lange vor dem »abgestumpften Schluß« – *So steht es um die Ästhetisierung der Politik, welche der Faschismus betreibt. Der Kommunismus antwortet ihm mit der Politisierung der Kunst«* (I,2, 508) – geht es schon nicht sehr subtil zu.[23] Den Text strukturieren krasse Gegensätze und oft willkürlich anmutende Analogien. Ziemlich rücksichtslos werden geschichtliche Ereignisse und Prozesse auf den Film als ihr Telos bezogen. Der Dadaismus zum Beispiel habe schon auf Effekte hingearbeitet, die zwanglos zu erzielen erst den neuen Technologien möglich geworden sei. Überhaupt habe die Kunst immer schon die Aufgabe gehabt, Nachfragen zu erzeugen, die erst später gedeckt werden können (I,2, 500). Ihre Legitimation dürfte diesen apodiktischen Sentenzen wohl kaum der lapidare Hinweis gewähren, daß sich Geschichtsschreibung für Benjamin eben immer an der Jetzt-Zeit orientiert; als stünde jeweils schon fest, was »jetzt« ist. Die Dringlichkeit der Gegenwart, mit Benjamins emphatischem Gebrauch dieses Wortes ihre »Aktualität«, muß erst einmal aufgewiesen werden. Nur so ist die briefliche Bemerkung zu verstehen, es käme im Kunstwerkaufsatz darauf an, »den genauen Ort in der Gegenwart anzugeben, auf den sich meine historische Konstruktion als ihren Fluchtpunkt beziehen wird« (I,3, 983). Der Ort der Jetzt-Zeit ist selbst nicht gegeben, sondern erst noch anzugeben. In diesem Sinne heißt es in einem Turgot exzerpierenden Fragment aus dem Zusammenhang des Passagenwerks: »›Bevor wir uns über den gegebenen Stand der Dinge haben informieren können‹, sagt Turgot, ›hat er sich schon mehrmals verändert. So erfahren wir immer zu spät von dem, was sich zugetragen hat. Und daher kann man von Politik sagen, sie sei gleichsam dar-

---

22 Theodor W. Adorno, »Einleitung zu Benjamins ›Schriften‹«, in: *Gesammelte Schriften*, a.a.O., Bd. 2, S. 567-582, hier: 579.
23 In den Notizen zum Passagenwerk hatte Benjamin betont, daß bei materialistischen Arbeiten ein »abgestumpfter Schluß« dem raffinierten vorzuziehen sei (V,1, 592).

auf angewiesen, *die Gegenwart vorherzusehen.*«" (I,3, 1237, Hervorh. E.G.) Benjamin fügt hinzu: »Genau dieser Begriff von Gegenwart ist es, der der Aktualität der echten Geschichtsschreibung zugrunde liegt« (I,3, 1237).

Mit dem Film hat Benjamin einen Gegenstand entdeckt und erfunden, der technisch leistet, was ein fundamentales Prinzip seiner Darstellung und deren Theorie seit dem Trauerspielbuch ist. Die Gegenstände sind nicht an sich oder vorab gegeben, sondern ergeben sich erst in ihrer Darstellung. Aber die Affinitäten, die zwischen dem Film und seiner theoretisch-historischen Darstellung in Benjamins Text bestehen, sind nicht einfach nur Analogien. Der Kunstwerkaufsatz ist nicht auf dieselbe Weise montiert wie ein Film. Nicht um die direkten Bezüge zwischen Film und Text geht es, sondern um die Gleichartigkeit der Relation, die im Text wie im Film zwischen Gegenstand und Methode herrscht. Daß diese Strukturhomologie auch eine zeitliche Dimension hat, geht aus den Nachträgen hervor, in denen Benjamin zur »Kennzeichnung der besondern Struktur der Arbeit« geschrieben hat: »sie trägt die Methode der materialistischen Dialektik nicht an *irgendein* geschichtlich gegebenes Objekt heran, sondern entfaltet sie an demjenigen Objekt, das – im Gebiet der Künste – ihr *gleichzeitig* ist« (I,3, 1049). Da der Film ja keineswegs der »Entdeckung« der materialistischen Methode gleichzeitig ist, obliegt es der Darstellung, solche Gleichzeitigkeit erst herzustellen. Unter der Voraussetzung, daß Gleichzeitigkeit nur ein Effekt der Darstellung sein kann, gewinnt Benjamins Text eine performative Dimension. Sein Verfahren verlangt, daß die Gegenstände, die Materialien, Texte, Daten etc. qua Darstellung erst einmal in den Stand der Gleichzeitigkeit versetzt werden. Diese Gleichzeitigkeit, die im Text leitmotivisch als das Telos aller technischen Entwicklungen und Beschleunigungen auftritt, erscheint in der zitierten Notiz als Vorbedingung, aber sie ist zugleich auch das Resultat eines Verfahrens, das sich allein in der Darstellung ausbildet und auch nur dort aufzusuchen ist.

Das steht schon im ersten Satz der Schrift: »Als Marx die Analyse der kapitalistischen Produktionsweise unternahm, war diese Produktionsweise in den Anfängen. Marx *richtete seine Unternehmungen so ein*, daß sie prognostischen Wert bekamen. Er ging auf die Grundverhältnisse der kapitalistischen Produktion *zurück* und *stellte sie so dar*, daß sich aus ihnen ergab, was man künftighin dem Kapitalismus noch zutrauen könne« (I,2, 473, Hervorh. E.G.). Der einleitende Hinweis auf den methodologischen Horizont der Arbeit enthält zugleich ein

Darstellungsprogramm, genauer, in der Darstellung allein besteht das Verfahren, denn Marx »richtete seine Untersuchungen so ein« und »stellte sie so dar«. Ein spezifischer Darstellungsmodus also ermöglichte Marx seine Prognosen. Aber Benjamins Erläuterung dieses Verfahrens ist widersprüchlich. Da die kapitalistische Produktionsweise »in den Anfängen stand«, scheint rätselhaft, wie Marx auf etwas hat »zurückgehen« können, das sich in seinen »Grundverhältnissen« eben erst zu etablieren begann.[24] Der winzige Sprung in den ersten Sätzen soll offenbar auf den zeitlichen Abstand aufmerksam machen, der Marx von Benjamin trennt. So sagt Benjamin im darauffolgenden Abschnitt von der langsameren Umwälzung des Überbaus im Verlauf des 19. Jahrhunderts: »In welcher Gestalt das geschah, läßt sich *erst heute* angeben« (I,2, 473, Hervorh. E.G.). Sinn ergeben die widersinnigen Sätze folglich erst, wenn verstanden wird, daß diese Charakteristik des Marxschen Verfahrens sich so *erst heute* einstellt. Von dem Vorgang, den der Satz beschreibt und den er vollzieht, gilt, was Benjamin vom Film sagt. Er »stellt einen Vorgang dar, dem kein einziger Standpunkt mehr zuzuordnen ist, von dem aus die zu dem Spielvorgang als solchen nicht zugehörige Aufnahmeapparatur (...) nicht in das Blickfeld des Beschauers fiele« (I,2, 495). Die raum-zeitliche Diskontinuität, die der Satz vermerkt, zeigt an, daß Vergangenheit für Benjamin immer konstruierte, dargestellte und somit entstellte Vergangenheit ist, daß Geschichte überhaupt erst als Repräsentation zur Geschichte wird. Die spezifische Gestalt der methodischen Anforderungen, derer Benjamin sich mit diesem Satz versichert, weist sie als schon vollzogene Praxis des Verfahrens aus.

Das im ersten Satz exemplarisch eingeführte Verfahren bestimmt die Gesamtstruktur des Essays. Er beschreibt überhaupt keine ›Tatsachen‹, sondern konstituiert sie in der Darstellung. Obwohl Benjamin, von einer Ausnahme abgesehen, das Futur systematisch vermeidet und statt dessen das deskriptive Präsens, soweit es sich um den Film, das historische Imperfekt, soweit es sich um seine Vorgeschichte handelt, verwendet, nennt er seine Thesen im Vorwort »Prognosen«:

---

24 Den Einwand, daß »Grundverhältnisse« unabhängig von zeitlich-quantitativen Veränderungen sind, Kapitalismus sich also als Struktur von Anfang an gleich geblieben wäre, widerlegt Benjamins eigener Text, denn die »Grundverhältnisse« der Reproduktionstechnik bleiben sich eben nicht gleich: »Die Quantität ist in Qualität umgeschlagen« (I,2, 503). Das gilt nicht nur für die Masse, auf die sich Benjamin hier bezieht, sondern auch für die Reproduktionstechnik, deren Entwicklung ohne die Massen so, wie Benjamin es darstellt, nicht denkbar wäre.

»Thesen über die Entwicklungstendenzen der Kunst unter den gegenwärtigen Produktionsbedingungen« (I,2, 473). Ebenso nachdrücklich betont er aber auch, daß der »Schwerpunkt der gegenwärtigen Untersuchung« nicht auf der konkreten, »revolutionäre(n) Kritik an den gesellschaftlichen Verhältnissen« durch den Film liege (I,2, 492), daß es also nicht um ein zu erfüllendes Programm geht. Das Spezifische dieser Zukunftsdimension kommt auch in einem Brief aus der Entstehungszeit des Aufsatzes zum Ausdruck: »Was mich betrifft, so bemühe ich mich, mein Teleskop durch den Blutnebel hindurch auf eine Luftspiegelung des neunzehnten Jahrhunderts zu richten, *welches ich nach den Zügen mich abzumalen bemühe, die es in einem künftigen, von Magie befreiten Weltzustand zeigen wird*« (I,3, 984, Hervorh. E.G.). Geschichte soll also aus der Perspektive einer Zukunft beschrieben werden, die noch nicht ist.

Daß der Text aus einer Zukunft geschrieben wurde, die noch nicht entschieden ist, geht aus entsprechenden Markierungen des Textes hervor. Im »Nachwort« z.B. treten im Zusammenhang mit Marinetti zwei ganz konträre Interpretationen des Verhältnisses von Mensch und Technik im selben Satz nebeneinander. Da tritt der Krieg den Beweis dafür an (Präsens im Text), »daß die Gesellschaft nicht reif genug *war*, sich die Technik zu ihrem Organ zu machen, daß die Technik nicht ausgebildet genug *war*, die gesellschaftlichen Elementarkräfte zu bewältigen« (I,2, 507, Hervorh. E.G.). Der Tempuswechsel weist auf den zeitlichen Ursprung des Textes. Nur aus der Zukunft kann Gegenwart als vergangene geschildert werden. Das konjunktive ›entweder-oder‹, das die Seiten der Alternative zu verbinden hätte, spart Benjamin aus. In der stummen Unentschiedenheit zwischen den zwei Möglichkeiten spricht eine Zukunft, die sich ihrem Entwurf entzieht, eine Zukunft, die so oder anders werden kann, die noch im Kommen ist.

Benjamins eigener Standort ist also kein fixer Punkt, keine kritische Position, sondern Markierung eines virtuellen Punktes. Der fixe Standort zergeht, indem er sich in die Bewegungen des Vor- und Rückgriffs auflöst. Seine Berechtigung, ja Notwendigkeit wächst diesem ›standpunktlosen‹ Denken mit dem Film selbst zu. Wie Benjamins Text zeigt auch der Film »einen Vorgang (…), dem kein einziger Standpunkt mehr zuzuordnen ist« (I,2, 495). Der Film kann und darf nicht länger in den Kategorien und mit den Verfahren traditioneller Kunstgeschichte abgehandelt werden. Der älteren Abhandlung war ihr Standort vorgegeben mit dem »Standort des Originals« (I,2, 476), von dem die Verfolgung einer Tradition ihren Ausgang zu nehmen hatte. Aber dieser Standort ist mit der Entdeckung der Photographie einem »Tatort« (I,2, 485) gewichen. So erscheinen Benjamin Atgets Aufnahmen leerer Straßenzüge. In dem kriminologisch-juristischen Terminus ist mitzulesen, daß auch theoretische Standorte fortan Tat-Orte sind, die sich durch tatkräftige Vor- und Rückgriffe ausweisen.[25]

Benjamins Vorgriff auf die Zukunft und seine Verschränkung mit dem uminterpretierenden Rückgriff auf die Vergangenheit wird durch das Darstellungsprinzip möglich und legitim: die Gleichzeitigkeit von Methode und Gegenstand. Recht betrachtet ist Gleichzeitigkeit folglich keine temporale Kategorie, sondern eine zeitkonstitutive Funktion. Was Geschichte als Verschränkung von Zukunft und Vergangenheit ermöglicht, ist selbst noch durch keine dieser zeitlichen Dimensionen bestimmt. Gewiß streben alle von Benjamin *dargestellten* Entwicklungen dem Telos der Gleichzeitigkeit zu, das die Identifikation von dargestelltem Gegenstand und Darstellungen im Film abgibt: Die Graphik »begann, Schritt mit dem Druck zu halten« (I,2, 474). Wenig später wurde »der Prozeß bildlicher Reproduktion so ungeheuer beschleunigt, daß er mit dem Sprechen Schritt halten konnte« (I,2, 475). Und mit dem Film verschwindet schließlich auch die entscheidende, zeitliche Diskrepanz in der Entwicklung von Überbau und Produktionsverhältnissen. Aber diese Phänomene verdanken ihre Gleichzeitigkeit allein der Gleichzeitigkeit, welche die *Darstellung* leitet.

Daß es bei der Gleichzeitigkeit von Methode und Gegenstand erst in zweiter Linie um Zeitlichkeit geht, zeigt sich vor allem an Details. Benjamin weist in seinem Essay immer wieder auf die allmähliche Erosion und endliche Einebnung herkömmlicher Unterscheidungen

25 Unter solchen Umständen greift Adornos kritisches Bedauern, daß ihm die Realitäten der Kulturindustrie weniger positiv als Benjamin erschienen, sicherlich zu kurz, denn Benjamin gibt ja nicht einmal vor, in erster Linie gegenwärtige Realitäten beschreiben zu wollen. Vollends an der Sache vorbei geht Adornos Wunsch nach einem »Mehr an Dialektik« (I,3, 1004). Eher schon könnte man Benjamin ein ›Zuviel‹ an Dialektik vorwerfen, denn er hat seinen Text nicht bloß zum Organon, sondern zum Schauplatz geschichtsphilosophischer Dialektik gemacht. Deshalb konnte Benjamin in seiner Antwort an Adorno auf dessen Wunsch nach mehr Dialektik so gelassen reagieren: »Ganz allgemein scheint mir, daß unsere Untersuchungen [der Kunstwerkaufsatz und Adornos Arbeit »Über Jazz«, E.G.] wie zwei Scheinwerfer, die von entgegengesetzten Seiten auf ein Objekt gerichtet werden, Umriß und Dimension der gegenwärtigen Kunst in durchaus neuer und sehr viel folgenreicherer Weise erkennbar machen, als das bisher geschah« (I,3, 1022).

hin, die der Film leistet, unter ihnen auch der Zerfall der Kriterien, nach denen man die Rezeption von der Produktion getrennt hat. Lange stand einer geringen Schar von Kunstproduzenten die breite Masse der Rezipienten gegenüber. Das begann sich mit der modernen Presse zu ändern, die es den Lesenden zunehmend ermöglicht, sich als Autoren zu betätigen. Mit dem Film schlägt diese quantitative Verschiebung in eine qualitative um. Auf derselben Logik beruht auch der Verlust der Unterschiede zwischen Theorie und Praxis, zwischen Kunstproduktion und kritischer Rezeption. Benjamin erhofft sich von der »größere(n) Analysierbarkeit« des Films die »Tendenz, die gegenseitige Durchdringung von Kunst und Wissenschaft zu befördern« (I,2, 499).[26] Diese Hoffnung wird legitimiert durch den interpretierenden Rückgriff auf Vergangenes. In Abschnitt XIII bezieht Benjamin sich auf Freud, um mit Hilfe einer Analogie zwischen Film und Psychoanalyse zu verdeutlichen, wie der Mensch »mit deren (d.i. der Aufnahmeapparatur, E.G.) Hilfe die Umwelt sich darstellt«: »Der *Film* hat unsere Merkwelt in der Tat mit *Methoden* bereichert, die an denen der Freudschen *Theorie illustriert* werden können« (I,2, 498, Hervorh. E.G.). Den Bildern des Films spricht Benjamin also den Status einer Methode zu, während Freuds psychoanalytische Methode zum Bild herabsinkt, indem es »illustriert«, was wahrhaft Methode erst im Film ist. Wahrhaft Methode ist es, weil das Filmbild Darstellung ist, in der Methode und Gegenstand den Stand der Gleichzeitigkeit erreicht haben. Freuds Methoden haben die Merkwelt analysiert, aber der Merkwelt selbst methodische Struktur abzugewinnen, gelang erst dem Film. In einer anderen Formulierung: Der Film hat dafür gesorgt, daß »völlig neue Strukturbildungen der Materie zum Vorschein kommen« (I,2, 500). Mit der Reproduktion als Repräsentationstechnik ist Materie nun endlich geworden, was sie in Benjamins Philosophie immer schon sein sollte: Darstellung.

Benjamins Philosophie ist wiederholt eine »Dialektik im Still-

---

26 Dies ist die einzige Stelle, an der Benjamin das Futur verwendet. Das mag bedeuten, daß er auf diese Entwicklung am meisten hofft und an sie am wenigsten glaubt. Vielleicht markiert das Futur auch Benjamins eigene Ungewißheit, ob seine Untersuchung schon Wissenschaft oder noch Kunst sei. Den Zusammenhang zwischen Kunst und Wissenschaft im Aspekt der Darstellungsproblematik hat Benjamin jedenfalls schon im Trauerspiel-Buch thematisiert. Der Philosoph gewinnt »die erhobne Mitte zwischen dem Forscher und dem Künstler«. Den Forscher »verbindet mit dem Philosophen Interesse am Verlöschen bloßer Empirie, den Künstler die Aufgabe der Darstellung« (I,1, 212).

stand«[27] genannt worden, wobei man an seine Vorliebe für das Bannen, Festhalten und Stillegen gedacht hat. Der Ausdruck hat sein Recht, aber vornehmlich wegen seiner Zweideutigkeit. Als Dialektik der Darstellung ist Benjamins Dialektik nämlich nicht nur stillgelegte Dialektik, Dialektik im Zustande ihres Stillstehens, sondern die dialektische Bewegung reicht noch *bis* ins scheinbar Feste, Stillstehende. Genauer, in ihrer äußersten Form, nämlich da, wo alles Äußere zur Form geworden und Form Gegenstand geworden ist, sind Bewegung und Stillstand dieser Dialektik *gleichzeitig*; so wie die beiden einander ausschließenden Lesarten der Präposition »*im* Stillstand« *gleichzeitig möglich* und, da sie einander ausschließen, *unmöglich zugleich* sind.

Wenn es die Reproduktionstechnik des Films ist, die Benjamin sein Verfahren diktiert, oder anders, wenn der Film *als* Darstellungsprinzip von Benjamin *zum* Darstellungsprinzip seines eigenen Textes erhoben wird, dann stellt sich natürlich die Frage, warum das nirgendwo im Text so steht, sondern sich nur aus seiner Lektüre ergeben kann. Antwort auf diese Frage kann wieder nur der Film geben. Im Film gibt es keinen Gegenstand mehr außerhalb seiner Darstellung: »was aber dergestalt ins Wanken gerät, das ist die Autorität der Sache« selbst (I,2, 477). Die Sache, der Gegenstand verlieren ihre Autorität an: ihre Darstellung. Die Dialektik dieses Vorgangs und die des Benjaminschen Textes besteht darin, daß es keine *Vermittlung* mehr gibt, weder eine von Methode und Gegenstand noch eine, die der Darstellung zufallen könnte, denn sie ist ja die Sache (und die Methode) selbst, und insofern ist der Film die *reine Unmittelbarkeit*.[28] In Fußnote Nr. 19 analysiert Benjamin die Rolle von Requisiten und Darstellern für den Film im Unterschied zur Bühne, und er zitiert »Pudwkins Feststellung, daß ›das *Spiel des Darstellers*, das *mit einem Gegenstand verbunden* und *auf ihn aufgebaut* ist, ... stets eine der stärksten *Methoden filmischer Gestaltung* ist‹« (I,2, 490, Hervorh. E.G.). Der Film ist in der Tat Haupt*darsteller* dieses Textes. Benjamin fährt fort: »So ist der Film das erste Kunstmittel, das in der Lage ist zu zeigen, *wie die Materie dem Menschen mitspielt*« (ebd. Hervorh. E.G.). Materie ist nicht mehr toter Stoff, sondern wird so selbständig, wie es bei Hegel die klassischen Kunstwerke sind, vor allem die, in denen die Kunst zu Ende

---

27 Vgl. Rolf Tiedemann, *Dialektik im Stillstand. Versuche zum Spätwerk Walter Benjamins*, Frankfurt a. M.: Suhrkamp 1983.
28 Zum Problem der reinen Unmittelbarkeit vgl. Werner Hamacher, »Afformativ, Streik«, in: *Was heißt »Darstellen«?*, hrsg. Christiaan L. Hart-Nibbrig, Frankfurt a. M.: Suhrkamp 1992, S. 340-371.

geht, Tragödie und Komödie. Das aber heißt nichts anderes, als daß der Film – nicht als technisches A priori, sondern so, wie er hier von Benjamin dargestellt wird – alle Kriterien des klassischen Kunstwerks im Sinne Hegels erfüllt. Darstellung wird im Film und als Film heimisch.

Wie schon bei Hegel begleitet auch Benjamins Ende der Kunst im Film ein anderer Modus des Endens in Form der praktischen Auflösung im Gebrauch. In Benjamins Darstellung des Films als Darstellung wird Materie sozusagen *handgreiflich*. Handgriff, Handhabe und handgreiflich bilden in diesem Text ihr eigenes Wortfeld aus: »die Liquidierung des Traditionswertes am Kulturerbe (…) ist an den großen historischen Filmen am handgreiflichsten« (I,2, 478). An anderer Stelle: »So wird handgreiflich, daß es eine andere Natur ist, die zu der Kamera, als die zum Auge spricht« (I,2, 500). Was unter Handgreiflichkeit zunächst zu verstehen ist, zeigt schön und bündig der Vergleich zwischen Magier und Chirurg (I,2, 495f.). Handgreiflich wird letzterer, indem er mit seiner Hand in den Organen herumfährt, ohne dem ganzen Menschen ins Auge zu sehen. Seine Nähe zu den Organen ist gleichzeitig mit seiner Distanz zur Totalität der Person. Der präzisen und entschiedenen, aber auch eigentümlich gewaltsamen Art und Weise, in der Benjamins Text mit seinem Material umgeht, entspringt ihre Berechtigung abermals am Material. Der Film kommt dem Bedürfnis der Massen entgegen, »des Gegenstands aus nächster Nähe (…) *habhaft* zu werden« (I,2, 479, Hervorh. E.G.). Entsprechend nennt Benjamin Photographie und Film die »brauchbarsten Handhaben« (I,2, 484) zur Erkenntnis gegenwärtiger Veränderungen. Aber solche Handhabung geschieht »unter der Hand« (I,2, 505) wie die taktile Rezeption von Gebäuden. Die Hand ist nicht Mittel, sondern unmittelbares Medium. Diese Art der praktischen Aneignung, der Zersetzung der autoritativen Kunsttradition im Prozeß des Gebrauchs, der zerstreuten, taktilen Rezeption, erinnert an Hegels Ausführungen zum Übergang der symbolischen Kunst in die klassische. Wie bei Hegel diese praktische Auflösung neben der emphatischen Aufhebung herläuft, so läuft auch bei Benjamin, dessen Darstellungstechnik die Technik des Films als Einheit von Form und Gegenstand inszeniert, eine praktische Zersetzung im Gebrauch gleichzeitig mit.[29]

29 Als Idealtypus dieses Rezeptionsmodus bildet die Architektur in diesem Text eine Ausnahme, die von der quasi-typologischen Verweisstruktur – quasi, weil von der Darstellung erst hergestellten – ausgeschlossen bleibt. Sie scheint immun gegen den historischen Funktionswandel, den alle andere Kunst erleidet: »Die Architektur bot

So unangenehm dies für alle sein mag, die sich dem Banner der technologischen Revolution und der endgültigen Destruktion ästhetischer Normen und dialektischer Darstellung im Namen Benjamins verschrieben haben: Was Hegel die klassische Kunst war, ist in Benjamins Darstellung der Film geworden. Benjamins Herausstellung des Ausstellungswertes gegenüber dem Kultwert liegt nicht jenseits von Hegels Klassikmuseum.

3.

> *Geschichte schreiben, heißt:*
> *Geschichte zitieren*
> (W. Benjamin)

Auch und gerade die für den gesamten Essay zentrale Theorie der Aura unterliegt den angeführten Darstellungsprinzipien. Von den bisherigen Beispielen unterscheidet sie jedoch, daß Aura im Unterschied zur technischen Faktizität des Films nicht einmal dem Anschein nach ein historisches Faktum ist. Aber wie an Benjamins Darstellung des Films bewährt sich auch und noch an der Aura die These vom Primat der Darstellung. Die oft vermerkte Ambivalenz, die Benjamin gegenüber dem Auraverlust hegt und die in der selber schwermütigen Beschreibung der melancholischen Schönheit früher Portraitphotographien gleichsam wider Willen zum Ausdruck kommt, ist jedenfalls keine Sache subjektiver Urteile, sondern gründet in der Sache, also der Darstellung selbst. Die Auratheorie zeichnet sich nämlich vor allem durch ihren Doppelcharakter aus. Sie ist ebensosehr Theorie der Geschichte wie historische Markierung des theoretischen Schnittpunkts, an dem Benjamins Überlegungen ihren Ausgang nehmen.

Angesichts der müßigen Diskussionen darüber, ob der Auraverfall nun zu begrüßen oder zu bedauern sei, bedarf es des nachdrücklichen Hinweises, daß auch Aura, ephemer und gar nicht handgreiflich, wie

von jeher den Prototyp eines Kunstwerks, dessen Rezeption in der Zerstreuung und durch das Kollektivum erfolgt. (...) Das Bedürfnis des Menschen nach Unterkunft aber ist beständig« (I,2, 504). Wie der Film in anderer Weise gehört auch die Architektur in Benjamins Denken zu jenen Motiven, an denen sich die Konvergenz von Darstellung, Methode und Gegenstand sinnfällig demonstrieren läßt. Erinnert sei an die eminente Bedeutung der Schwelle und natürlich an das Passagen-Werk. Eine Art Systematik der Schwelle bei Winfried Menninghaus, *Schwellenkunde. Walter Benjamins Passage des Mythos*, Frankfurt a. M.: Suhrkamp 1986.

sie ist, weniger Begriff als performativer Eingriff ist. Die in den Abschnitten II-IV entworfene Auratheorie steht unzweifelhaft im Zeichen und gleichsam unter der Überschrift des letztes Satzes des I. Abschnitts. Nichts sei aufschlußreicher für die Analyse der modernen Reproduktionstechnik, schreibt Benjamin dort, »als wie seine beiden verschiedenen Manifestationen – Reproduktion des Kunstwerks und Filmkunst – auf die Kunst in ihrer überkommenen Gestalt *zurückwirken*« (I,2, 475, Hervorh. E.G.). Genauer: Aura ist allein und nur rückblickend zu beschreiben, denn die Erkenntnis, daß das Wesen der Kunst bisher im Zeichen ihrer Aura bestand, kann sich erst zeigen, wenn und sofern sie diesen Charakter verloren hat. So geht die Aura als Aura erst aus ihrem Verlust hervor.[30] Die den näheren Ausführungen zum Begriff der Echtheit bzw. des Originals vorausgehenden Überlegungen machen das sehr deutlich: »›Echt‹ war ein mittelalterliches Madonnenbild ja zur Zeit seiner Anfertigung noch nicht; das wurde es im Laufe der nachfolgenden Jahrhunderte und am üppigsten vielleicht in dem vorigen« (I,2, 476). Echtheit ist ein nachträglicher Effekt, und am Anfang stand nicht das Original, sondern die Reproduktion, die den Begriff der Echtheit erst ermöglicht. Erst auf der Folie der Reproduzierbarkeit wird Echtheit ›echt‹. D.h. aber, daß die Echtheit von vornherein kompromittiert, von vornherein unecht war, denn sie hat ihren Ursprung nicht in sich selbst, wurzelt in nichts Echtem, sondern in ihrem Gegenteil, der Reproduzierbarkeit: »Mit der Erfindung des Holzschnitts, so darf man sagen, war die Echtheitsqualität an der Wurzel angegriffen, ehe sie noch ihre späte Blüte entfaltet hatte« (I,2, 476). Das setzt freilich auch die anderen Elemente der idealistischen Ästhetik wie Schöpfertum, Genialität etc. dem Verdacht aus, nachträgliche Effekte zu sein. Gab es Echtheit nie an sich, sondern nur als Effekt, dann gab es auch nie eine Ästhetik, die in Benjamins Text überwunden worden wäre.

Wie Echtheit bestimmt sich auch Aura wesentlich durch ihren Verlust. Ihr Verfall stößt der Aura nicht zu, sondern er bringt sie allererst

---

30 Man kann Benjamins Aufsatz über den Erzähler als Gegenbeispiel anführen. Die eindeutigere Klage über den Erfahrungsverlust, der sich in dem Verkümmern des Erzählens ausdrückt, scheint die These über den Verlust als Produktionsmodus von Aura zu widerlegen. Aber erstens ist Erzählen, wiewohl eine Kunst, mit der es »zu Ende geht« (II,2, 439), für Benjamin nicht dasselbe wie auratische, ästhetische Kunst, und zweitens gibt es auch im Erzähler-Aufsatz Stellen, die den konstitutiven Zusammenhang von Verlust und Erhaltung ausleuchten: »Einen Lesskow als Erzähler darstellen heißt nicht, ihn uns näher bringen, heißt vielmehr den Abstand zu ihm vergrößern« (II,2, 438).

hervor. Daß Aura nur als verschwindende erscheint, bestimmt Inhalt und Umrisse ihrer Definitionen. Der Abstand, den Benjamin von einer definitiven Erklärung einnimmt, schlägt sich auch in der Definition unmittelbar nieder: »einmalige Erscheinung einer Ferne, so nah sie sein mag« (I,2, 479). Offenbar kann man einer Definition der Aura ebensowenig habhaft werden wie der Aura selbst. Die Explikation der Aura nimmt nicht von einem vorgegebenen Standpunkt ihren Ausgang, sondern vollzieht sich in einer Reihe von Schritten und unter wechselndem Blickwinkel. Im Abschnitt II wird Aura im Zusammenhang mit der Kategorie Echtheit und anhand von Kunstwerken konzipiert. Im Abschnitt III dagegen führt Benjamin Aura als eine Dimension der historisch wandelbaren Sinneswahrnehmung ein und illustriert ihren Begriff anhand natürlicher Gegenstände. Einmal wird Aura als der empfindliche Zeitkern definiert (I,2, 477), der das Kunstwerk auszeichnet, ein anderes Mal spricht Benjamin davon, daß die Wahrnehmung der Aura wie ein rückläufiges Organ »verkümmert« (I,2, 477). Und zuletzt heißt es: »Die Entschälung des Gegenstands aus seiner Hülle, die Zertrümmerung der Aura (...)« (I,2, 479). Entschälung – ein Vorgang, der an die Befreiung des Chocefekts aus seiner moralischen Verpackung erinnert – ist offensichtlich nicht dasselbe wie die Zertrümmerung, bei der man geneigt ist, eher an einen Kern als eine Schale zu denken. Aber gerade das unvermittelte Nebeneinander beider Formulierungen, die doch durch die Affinität von Kern und Schale insgeheim miteinander verbunden sind, verweist auf die objektive Ambivalenz des fraglichen Vorgangs.[31] Zerstörerische Destruktion und behutsame Entschälung des Wesentlichen gehören so zusammen wie Ferne und Nähe.

Diese Ambivalenz nimmt der Aura nichts von ihrem kritisch-destruktiven Potential. Sofern Benjamin versucht, ›in ihrem Namen‹ Geschichte umzuschreiben, ist sie ebenso Resultat erschütterter Tradition wie der Akt, die Tat der Erschütterung. Deshalb ist Aura kein Begriff im klassischen, sondern eher im Hegelschen Sinne: Akt und Resultat ineins. Daß ein Begriff wie Aura nämlich überhaupt denkbar wurde, ist Zeichen davon, daß Kunst keine Aura mehr hat. Aber daß

---

31 Jürgen Habermas konstatiert: »Benjamin erklärt diese Entritualisierung der Kunst nicht«, und in Ermangelung eines Besseren behilft er sich mit Max Webers Begriff der Entzauberung, was aber falsch ist, denn das Problem der Reproduktion ist ja nicht der Verlust des Zaubers, sondern die Tatsache, daß er im »fauligen Zauber des Warencharakters« (I,2, 492) perenniert. Jürgen Habermas, »Bewußtmachende oder rettende Kritik – Die Aktualität Walter Benjamins«, a.a.O., S. 316.

und wie Benjamin die Geschichte der Kunst im Aspekt ihrer Aura beschreibt, verleiht dem Begriff performative Qualitäten. Die Auratheorie trägt selbst aktiv zur »Liquidierung des Traditionswertes am Kulturerbe« (I,2, 478) bei.

Daß diese Liquidierung keine Auferstehung oder Wiedergeburt, aber eine bestimmte Form der Retraditionalisierung einschließt, dafür steht eine Fußnote zu Hegel ein. Niemand anderem als Hegel billigt Benjamin es zu, die Polarität zwischen Ausstellungs- und Kultwert erkannt zu haben. Freilich konnte sie, so Benjamin, im idealistischen System keinen Platz finden, aber dennoch gilt, daß sie sich bei Hegel »so deutlich anmeldet, wie dies in den Schranken des Idealismus denkbar ist« (I,2, 482). Als Beleg dient ihm u.a. Hegels Bemerkung, daß »die schöne Kunst ... in der Kirche selbst entstanden, ... obgleich ... die Kunst schon aus dem Principe der Kirche herausgetreten ist« (I,2, 483). Das Analogon dazu in Benjamins Aufsatz: Echtheit erscheint an dem Punkt ihrer Entwicklung, an dem es das Echte nicht mehr gibt.

Das wahre Problem, welches Hegel aller nachhegelianischen Kunstreflexion hinterlassen hat, ist nicht das Ende der Kunstproduktion, sondern das Ende der Möglichkeit einer Reflexion auf Kunst oder Ästhetik, die *nicht* das Ende der Kunst involvierte. Benjamins Aurabegriff und seine Erläuterungen zur Echtheit stehen in dieser Tradition. Daß Auraverfall nicht dem Namen, aber der Sache nach ›traditionell‹ ist, beweist einmal mehr, daß die Liquidierung des Traditionswertes nicht außerhalb von, sondern nur im Rückgriff auf eine Tradition möglich ist.[32]

Benjamin wiederholt Hegel nicht, er entgrenzt ihn nicht, übertrifft ihn nicht, er zitiert ihn bloß, partiell und einschränkend. Und Benjamin hat keinen Zweifel daran gelassen, daß Zitation auch Destruktion heißt. Um eine solche zitierende Freisetzung geht es insgesamt. Wo bei Hegel der Blitz des Genius in die starre Ägypterkunst einschlug, heißt es bei Benjamin: »Da kam der Film und hat diese Kerkerwelt mit dem Dynamit der Zehntelsekunden gesprengt, so daß wir nun zwischen ihren weitverstreuten Trümmern gelassen abenteuerliche

---

[32] In einem ausgezeichneten Aufsatz hat Düttmann auf die Dialektik der Tradition aufmerksam gemacht, die Benjamins Kunstwerkaufsatz insgesamt austrägt. Düttmann ist ferner einer der wenigen, die erkannt haben, daß Auraverfall gar nicht das Ende der Kunst, sondern einer mit ihr verbundenen Form ihrer Geschichtlichkeit ist, daß das wirklich zentrale Thema des Aufsatzes nicht Kunst, sondern Tradition ist. Alexander García Düttmann, »Tradition and Destruction: Benjamin's Politics of Language«, in: *Modern Language Notes*, German Issue 106, Nr. 3, April 1991, S. 528-554.

Reisen unternehmen« (I,2, 499-500). Vergangenheit soll in der Darstellung nicht auf- oder eingeholt werden, sondern entbunden und gesprengt, d.h. mit einem Zentralbegriff der geschichtsphilosophischen Thesen und des Passagenwerks, sie soll *zitierbar* werden. Tradition im alten Sinne will ihre Gegenstände wahren, damit sie sich gleich bleiben, während Zitation sowohl wahrt als auch zerstört, denn kein Zitat bleibt sich je gleich. Das Zitat wahrt die Tradition, *indem* es sie je neu zerstört, da im Zitat das Alte und das Neue den Stand der Gleichzeitigkeit erreichen. In diesem Sinne kann Benjamin von seinem Passagenwerk fordern: »Diese Arbeit muß die Kunst ohne Anführungszeichen zu zitieren, zur höchsten Höhe entwickeln« (V,1, 572). Der Wegfall der Anführungszeichen besagt, daß die Differenz zwischen Material und Kommentar, Interpretation und ihrem Gegenstand und vor allem diejenige zwischen Original und zitierender Reproduktion verschwindet. In den Produktionsgesetzen des Films wird allegorisch versinnbildlicht, was Zitation ohne Original heißen soll.

Was dies für Benjamins Text bedeutet und weitergehend auch für dessen Verhältnis zur Tradition und inbesondere zu Hegel, den er wörtlich und darstellungstechnisch zitiert, zeichnet sich an einer Stelle des Textes ab, wohl seiner schwierigsten, gleichsam ein Pendant des Passus über den Ursprung im *Ursprung des deutschen Trauerspiels*. Dort geht es um das Verhältnis von Benjamins Verfahren zum Verfahren des Films: »*Die Reproduktionstechnik, so ließe sich allgemein formulieren, löst das Reproduzierte aus dem Bereich der Tradition ab. Indem sie die Reproduktion vervielfältigt, setzt sie an die Stelle seines einmaligen Vorkommens sein massenweises. Und indem sie der Reproduktion erlaubt, dem Aufnehmenden in seiner jeweiligen Situation entgegenzukommen, aktualisiert sie das Reproduzierte*« (I,2, 477). Das grammatische Subjekt des Satzes ist die Reproduktionstechnik, man muß also lesen: Die Reproduktionstechnik reproduziert die Reproduktion. Erst diese potenzierte Reproduktion schließt jenen Vorgang ein, auf den es Benjamin ankommt. Indem die Reproduktion es erlaubt, »*dem Aufnehmenden in seiner jeweiligen Situation entgegenzukommen, aktualisiert sie das Reproduzierte*«. Radikal gewordene Reproduktion, was Benjamin hier Reproduktion der Reproduktion nennt, ermöglicht die Aktualisierung. Im Verhältnis der verschiedenen Auradefinitionen zueinander, aber auch im Verhältnis von Film und Text spielt sich der Vorgang ab, von dem Benjamin als Konsequenz der Reproduktionstechnik redet.

Was genau Benjamin mit Reproduktion der Reproduktion meint, ist schwierig zu bestimmen. Aber für den Text und sein Verfahren liegt in der Formel eine ganz entscheidende Einsicht verborgen, die das Verhältnis von Darstellung (im Film) und Darstellung (im Text) betrifft. Was bisher als Gleichzeitigkeit von Methode und Gegenstand in der Darstellung bezeichnet wurde, läßt sich jetzt präzisieren. Benjamins Text reproduziert die Reproduktionsverfahren des Films als Darstellung. Und nur vermöge dieser potenzierten Darstellung der Darstellung, die Benjamins Text leistet, hat der Film Anspruch auf den aktuellen Stand, den Benjamin ihm zuspricht. Die Reproduktion der Reproduktion macht es allererst möglich, daß filmische Darstellung und deren sprachliche Darstellung gleichzeitig erscheinen können. Reproduktion der Reproduktion bestimmt aber nicht bloß in letzter Instanz das Verhältnis des Textes zu seinem Gegenstand, sondern sie markiert auch die Grenzen ihrer Gleichzeitigkeit. Reproduktion der Reproduktion leistet nämlich nicht der Film per se, sondern seine Darstellung in Benjamins Text, leistet der Film *als* Darsteller *in* Benjamins Darstellung. Damit wird die Differenz zwischen der Reproduktionstechnik des Films und seiner spezifischen Darstellung in Benjamins Text ihr Recht, und hier bricht zugleich ihre konsequente Koppelung wieder auf. Damit stellt sich auch die Differenz zu Hegel ein, den Benjamin nicht nur wiederholt und zitiert, sondern reproduzierend aktualisiert.

Die Nähe zu Hegel bedeutet unter keinen Umständen, daß Benjamins Überlegungen zum Problem Kunst und Technik, Kunst und neue Medien damit entwertet oder gar passé seien. Ganz im Gegenteil, erst vor diesem Horizont sind seine Thesen zu diskutieren, und es ist gar nicht abzusehen, was an Aktualisierungen diesem Text noch bevorsteht. Verglichen mit diesem Potential vielleicht nur das geringfügigste und jedenfalls zwischenzeitliche Verdienst dieses Aufsatzes ist es, den Begriff der Tradition neu zur Verfügung gestellt zu haben. Denn gerade mit der emphatischen Liquidierung des Traditionswertes am Erbe wird dem Begriff seine Freiheit für Umbesetzungen und Umstellungen wiederentdeckt. Das »Eingedenken« ist eine von Benjamin selbst vorgeschlagene Umdeutung, aber es ist kaum anzunehmen, daß sich Tradition problemlos vom Eingedenken scheiden ließe, wie Benjamin es im Erzähleraufsatz unter gattungspoetologischen Vorzeichen im Blick auf das Verhältnis von »Gedächtnis« und »Eingedenken« versucht hat (II,2, 453-54).

In einem »Problematik der Tradition« betitelten Fragment Benjamins aus dem Umkreis der Thesen »Über den Begriff der Geschichte« heißt es: »»Die Tradition als das Diskontinuum des Gewesnen [sic] im Gegensatz zur Historie als dem Kontinuum der Ereignisse«« (I,3, 1236). Tradition ist nur *als* Diskontinuum des Gewesenen, das je anders entdeckt, gefunden und erfunden wird, und Tradition bedarf deshalb der Kontinuität, als projektiertes oder betrauertes Ende, als narrative Strategie oder allegorische Struktur. Da Benjamin diese Überlegung eine »(g)rundlegende Aporie« (I,3, 1236) nennt, muß es unmöglich bleiben, die Tradition gegen die Geschichte, das Diskontinuierliche gegen die Kontinuität, das wesentlich Gewesene gegen das Ereignis auszuspielen. »»Mag sein, daß die Kontinuität der Tradition Schein ist. Aber dann stiftet eben die Beständigkeit dieses Scheins der Beständigkeit die Kontinuität in ihr«« (I,3, 1236). Dieser Schein ist je anders gestiftet worden bei Hegel, Nietzsche und Benjamin.

5. Kapitel: Nachspiel
Theodor W. Adorno

> *Das Ende ist am Anfang,*
> *und doch macht man weiter.*
> (S. Beckett)

I.

Adornos ästhetische Theorie entfaltet ihre strenge Aporetik zwischen den Polen eines guten, utopischen Endes und dem falschen Untergang der Kunst, zwischen dem Ideal einer versöhnten Gesellschaft, die der Kunst nicht länger bedarf, und der verzerrten Realität einer Gesellschaft, die mit der Kunst die letzte Spur des Individuums getilgt hat.[1] Bereits die allegorisierende Interpretation der homerischen Sirenen in der *Dialektik der Aufklärung* (1944) als Ursprung der Kunst in der bürgerlichen Gesellschaft untersteht bei aller Mehrdeutigkeit im Einzelnen doch stets einem Ende. Zunächst fällt der Anfang des Kunstgenusses zusammen mit dem imaginierten Ende des verführerischen Sirenengesangs; und da seit der glücklich-mißglückten Begegnung des Odysseus mit den Sirenen »alle Lieder erkrankt« sind,[2] strebt die Kunst fortan ihrem Ende entgegen, es sei dies ihr Tod oder ihre Genesung. Aber noch diese spekulative Interpretation selbst, problematisch, wie sie heute anmuten mag, ist einem Ende verpflichtet, das *vor* dem allegorischen Anfang der Kunst liegt, denn auf der ersten Seite des Odysseus-Exkurses der *Dialektik der Aufklärung* heißt es schon lakonisch: »Vom Zorn des Achill und der Irrfahrt des Odysseus Singen ist bereits sehnsüchtige Stilisierung dessen, was sich nicht mehr singen läßt« (3, 61). Homers Epos ist so wenig ein Ursprungstext wie

---

1 Dies hat man als Signatur ihrer geschichtlichen Überholtheit herausstellen wollen, so z.B. Burkhardt Lindner: »Adornos Ästhetik ist ihrem Konstruktionsprinzip nach eine geschichtsphilosophisch-ideologiekritische Reflexion aus der Perspektive des (drohenden) Endes der Kunst.« Burkhardt Lindner, »Il faut être absolument moderne. Adornos Ästhetik: Ihr Konstruktionsprinzip und ihre Historizität«, in: *Materialien zur Ästhetischen Theorie. Theodor W. Adornos Konstruktion der Moderne*, hrsg. Burkhardt Lindner u. W. Martin Lüdke, Frankfurt a. M.: Suhrkamp 1979, S. 262. Vgl. auch S. 301 ff.

2 Max Horkheimer u. Theodor W. Adorno, »Dialektik der Aufklärung«, in: Theodor W. Adorno, *Gesammelte Schriften*, a.a.O. Alle Zitate beziehen sich auf diese Ausgabe und werden mit Band- und Seitenzahl im Text notiert. Hier: 3, 78.

die Sirenenepisode der Anfang der Kunst. Schon die *Odyssee* ist ein modernes Kunstwerk, Abgesang auf sich selbst, und die Tatsache seiner Existenz ebenso paradox wie die Möglichkeiten seiner Deutung. Daß die Verfasser der *Dialektik der Aufklärung* dies nicht verschweigen, sondern emphatisch herausstellen, indem sie sich mit dem ersten Satz des Odysseus-Exkurses auf ein Ende berufen, das noch *vor* der am Epos doch erst zu entwickelnden Dialektik von Aufklärung und Mythos, *vor* dem zwiespältigen Ursprung der Kunst liegt, daß sie das Pathos ihrer Interpretationen ausgerechnet durch seine Überbietung unterlaufen, dies rückt eine unerwartet selbstironische und subversive Dimension der *Dialektik der Aufklärung* in den Blick, deren hyperbolische Exzesse ihre Kritiker seit Habermas irritieren.[3] Aber weder die notorisch übertreibende Darstellung noch der penetrant übertriebene Rekurs auf das Ende der Kunst reichen aus, Adorno seinen Platz im Diskurs über das Ende der Kunst zuzuweisen. Mag sein, daß er der pointierteste Theoretiker der Paradoxien des Endes der Kunst ist,[4] einem diskursanalytischen Zugriff bietet er kaum eine Handhabe. Verdankt sich Nietzsches Ende der Kunst seiner Abwesenheit, so mag die Allgegenwart desselben Motivs bei Adorno dafür stehen, daß es hier überhaupt nicht um ein Ende der Kunst geht, jedenfalls nicht um das Ende der Kunst als Diskurs. Was als conditio sine qua non der Adornoschen Ästhetik manifest zutage liegt, bezieht seine Intensität aus Quellen, die mit dem Ende der Kunst nur mittelbar zu tun haben. Damit fällt Adorno eigentlich aus der Reihe der hier besprochenen

---

3 Jürgen Habermas, »Die Verschlingung von Mythos und Aufklärung: Horkheimer und Adorno«, in: *Der philosophische Diskurs der Moderne*, a.a.O., S. 104-129. Überwiegend kritisch auch die Beiträge von Bolz, Seel, van Reijen und Lethen in *Vierzig Jahre Flaschenpost*, hrsg. Wilhelm van Reijen u. Gunzelin Schmid Noerr, Frankfurt a. M.: Fischer 1987. Apologetisch dagegen Hauke Brunkhorst, *Theodor W. Adorno. Dialektik der Moderne*, München u. Zürich: Piper 1990. Zu den wenigen, die die Darstellungseffekte der *Dialektik der Aufklärung* ernst genommen haben, gehört Fredric Jameson, *Late Marxism. Adorno, or, the Persistence of the Dialectic*, London u. New York: Verso 1990. Jüngst auch Sven Kramer, »›Wahr sind Sätze als Impuls…‹ Begriffsarbeit und sprachliche Darstellung in Adornos Reflexion auf Auschwitz«, in: *DVjs* 1996, S. 501-523, sowie Alexander García Düttmann, *Kunstende. Drei ästhetische Studien*, a.a.O. Nach Abschluß des Manuskripts sind erschienen Britta Scholze, *Kunst als Kritik. Adornos Weg aus der Dialektik*, Würzburg: Königshausen & Neumann 2000 und Eric Krakauer, *The Disposition of the Subject. Reading Adorno's Dialectic of Technology*, Evanston: Northwestern University Press 1998. Zur Auseinandersetzung vgl. meine Sammelrezension »Adorno macht's möglich. Neue Lektüren«, in: *Monatshefte*, Sonderheft zu Theodor W. Adorno, hrsg. Gerhard Richter, (94) Nr. 1, 2002. S. 96-108.

4 Vgl. Alexander García Düttmann, *Kunstende. Drei ästhetische Studien*, a.a.O.

Autoren heraus, denn Beiträge zu einer Genealogie der Moderne, wie sie sich bei Hegel, Nietzsche oder Benjamin abzeichnet, wird man bei ihm nicht oder nur auf Umwegen finden, die vom Ende der Kunst weg, auf einen Nebenschauplatz des Diskurses führen. Aber auch wenn Adornos Ende der Kunst in diskursanalytischer Perspektive nicht viel mehr als ein Nachspiel darstellt, bleibt seine Reinszenierung und Pointierung von Versatzstücken des Diskurses instruktiv, denn hier zeigt sich, daß nicht schon jedes Durchspielen des Diskurses auch am Diskurs arbeitet, daß nicht jedes Reden über das Ende der Kunst schon Diskurscharakter hat. Den Abwegen nachzugehen, auf die Adornos Rede vom Ende der Kunst führt, lohnt aber nicht allein um dieses negativen Nachweises willen, sondern stellt auch einige überraschende Perspektiven auf Adornos Kunsttheorie in Aussicht, deren Hauptanliegen unter Umständen nicht nur mit dem Ende der Kunst nur wenig, sondern auch mit ästhetischer Theorie kaum zu tun hat.

Unter diesen Voraussetzungen ist das bisherige Lektüreverfahren dem Gegenstand nicht mehr adäquat. Die Bedingungen, die eine Parallelschaltung von rhetorischer und diskursanalytischer Lektüre, von immanenter Rekonstruktion und Aufdeckung des Diskurscharakters bisher ermöglicht haben, sind bei Adorno nicht in gleichem Maße gewährleistet. Deshalb gehen die folgenden Überlegungen anders vor. Sie rekonstruieren den Status des Endes der Kunst als Philosophem bei Adorno abstrakt und systematisch, um diese Rekonstruktion in einem zweiten Schritt mit der rhetorischen Lektüre ausgewählter Texte zu konfrontieren. Diese Lektüre entzündet sich zwar an den Irritationseffekten von Adornos Darstellung des Endes der Kunst, führt dann aber sehr schnell auf Themen und Probleme, die gleichsam hinter Adornos Obsession mit dem Ende der Kunst lauern. Zwar läßt sich auch und gerade an Adornos Texten Einblick in das konstitutive Zusammenspiel von Autonomie und Heteronomie gewinnen, denn schließlich ist Adornos negative Dialektik insgesamt eine Auseinandersetzung mit Hegel. Aber, so absurd es anmutet, man muß sich fragen, ob es bei Adorno letztlich überhaupt um Kunst bzw. auch nur um ästhetische Erfahrung geht, oder ob diese nicht ihrerseits Funktion einer latenten Sprachtheorie sind.[5] Mit dieser Sprachtheorie hängt zusammen, daß ausgerechnet Adornos ubiquitärem Einsatz des Endes

---

5 In einer Interpretation der *Minima Moralia* habe ich von einer anderen Fragestellung aus versucht, diese Dimension freizulegen. »Mega Melancholia: Adorno's *Minima Moralia*«, in: *Critical Theory. Current State and Future Prospects*, hrsg. Peter Uwe Hohendahl und Jaimey Fisher, New York, Oxford: Berghahn Books 2001, S. 49-68.

der Kunst stärker noch als anderen Autoren die Tendenz innewohnt, das Ende zu hypostasieren und damit genau der fatalen Überschätzung der Kunst anheimzufallen, die zur Rede vom Ende der Kunst seit Schelling gehört.

Eine Art Modell für die »Konstruktion des Ästhetischen« in Adornos eigener Kunstphilosophie und somit eine Art Vorspiel seines Nachspiels stellt die Dissertation über Kierkegaard (1933) dar. Die ästhetischen Qualitäten und insbesondere die Bilder der Prosa Kierkegaards, mit der die meisten Kierkegaard-Interpretationen doch anfangen, spielen für Adorno erst eine Rolle, nachdem seine Rekonstruktion das Ästhetische theoretisch und praktisch vom Begriff der Kunst abgespalten hat. Daß Kierkegaards Philosophenprosa an die Tradition deutscher Romantik anzuknüpfen scheint, weist Adorno als schimärisch zurück: »Nur äußerlich hat Kierkegaard diesen Rhythmus wiederholt.« (2, 13)[6] Zeugnis von einer schon beim frühen Kierkegaard spürbaren »Kunstfeindschaft« legen in Adornos Augen u.a. die unfreiwillig parodistischen Züge seiner Darstellung ästhetischer Lebenshaltung ab (2, 14 und 18). Auch theoretisch spricht Adorno Kierkegaards Kunstbegriff den ästhetischen Anspruch ab, denn was Kierkegaard Dichtung nennt, sei gar keine ästhetische, sondern eine philosophische Kategorie der Erkenntnis: »Stets ist der Ursprung des Namens Dichtung in Kierkegaards Werk als philosophisch durchsichtig.« (2, 12) Das mag, cum grano salis, auch von Adorno selbst gelten, der sich wenig Illusionen über den aporetischen Nexus von Kunst und Philosophie gemacht hat.[7]

Adorno entkräftet folglich Kierkegaards Einwände gegen die Kunst nicht, sondern er verstärkt sie. Die Pointe dieser Strategie liegt freilich in dem auftrumpfenden Nachweis, daß sich das Ästhetische eben nicht in Kunst erschöpft. Vielmehr ist Kierkegaards Kritik an der Kunst – auch sie ein Ende der Kunst – geradezu die Bedingung für Adornos Rettung eines Ästhetischen, das auf Kunst nicht reduzibel ist und infolgedessen von Kierkegaards Kunstkritik nicht tangiert wird. »Das Ästhetische als Kunst ›verfällt‹ dem Verdikt« (2, 25) – aber eben nur *als Kunst*. Adorno bietet das Ästhetische als Kategorie der Erfahrung gegen das Ästhetische als Kunst auf. »Denn so wenig Kierke-

---

6 Das ist ein entscheidender Einwand gegen den Versuch, Adornos Prosa schlechterdings in Kunst zu überführen. Vgl. Bernd Bräutigam, *Reflexion des Schönen – Schöne Reflexion. Überlegungen zur Prosa ästhetischer Theorie – Hamann, Nietzsche, Adorno –*, Bonn: Bouvier 1975.

7 Vgl. Britta Scholze, *Kunst als Kritik*, a.a.O., S. 356 ff.

gaards Verdikt über die ästhetische Sphäre deren Gehalte allesamt erreicht, so wenig sind ihre Bilder auf das Bereich beschränkt, das seine Existenzlehre ihnen einräumt.« (2, 187) Daß aber jenes in Bild und Phantasie abgewanderte Ästhetische nicht nur überlebt, sondern sich erst mit einem Ende der Kunst abzeichnet, besiegelt die »in künstlerischer Hinsicht unbedeutende« Abbildung des gekreuzigten Christus auf einem Kinderbilderbogen (2, 188), von der ein Passus bei Kierkegaard berichtet. In Adornos Interpretation wird Christi Passion zur Passion der Kunst, deren Opfertod die Auferstehung eines geläuterten Ästhetischen begründet. Vom Bild des Gekreuzigten schreibt Adorno: »Es hebt alle Kunst auf, ›ist in künstlerischer Hinsicht unbedeutend‹ und dennoch selber Bild; so errettet es das Ästhetische im Untergang« (2,189). Um der Auferstehung des Ästhetischen willen wird die Kunst gekreuzigt. Adornos eleganter Nachweis, daß die »originäre Erfahrung des Christentums« für den bilderfeindlichen Protestanten Kierkegaard wesentlich ans Bild geknüpft bleibt (2, 188-9), bedeutet aber zugleich, daß die »originäre Erfahrung« des Ästhetischen im selben Maße der Religion verpflichtet ist wie Kierkegaards Religion der Ästhetik. Mit dem Opfertod der Kunst um des Ästhetischen willen erweist sich Adornos Ästhetisches als latent theologisch. Vielleicht hat Adorno, den das Geheimnis des Opfers als Schwelle zwischen Mythischem und Nicht-mehr-Mythischem zeitlebens nicht losgelassen hat, diesen Zusammenhang geahnt, als er formulierte, die »Kunstfeindschaft des späten Kierkegaard ist nicht umstandslos auf die Opferkategorie zu reduzieren« (193), und das ausgerechnet dadurch zu beweisen suchte, daß Kierkegaard »den Kinderbilderbogen des Gekreuzigten (...) vom Verdikt über Kunst« ausnehme (2, 193).

Das Recht des Ästhetischen als Phantasie – »die Augenblicke der Phantasie sind die Feiertage der Geschichte« (2,197) –, das Adorno am Schluß des Kierkegaardbuchs auf den Trümmern der Kunst zu inthronisieren sucht, steht allerdings in letzter Instanz nicht im Zeichen des leidenden Christus und auch nicht im Zeichen der Natur, sondern wird sinnfällig an den vorgefertigten Schablonen eines Bilder- oder Modellierbogens, »daß man aus einem Stück Papier einen Mann und eine Frau ausschnitt, die in noch strengerem Sinn als Adam und Eva Mann und Frau überhaupt waren.« (2, 197) Mit Recht stellt Adorno dieses Bild mit Kierkegaards Analyse der Posse zusammen, deren unerwartete Freiräume sich ebenfalls dem holzschnittartigen Zuschnitt, dem Schablonencharakter des Genres verdanken. Adornos Durchspielen verschiedener Szenarien eines Endes der Kunst hat bei allem Pathos gelegentlich etwas von einer Posse. Eben diese Dimension durchkreuzt die seiner ästhetischen Theorie immanente Neigung, das Ende der Kunst und damit die Kunst zu verabsolutieren.

2.

Die für die Sirenen-Interpretation der *Dialektik der Aufklärung* charakteristische Auflösung oder Spaltung des einen Endes der Kunst in mehrere, einander widersprechende, diese Art qualitativer Pluralisierung gehört zur Signatur des Theorems vom Ende der Kunst nicht erst seit Adorno, aber bei ihm zeitigt die vorgängige Ambivalenz zwischen Endlichkeit und Vollendung, Katastrophe und Erlösung besonders radikale Konsequenzen. Symptomatisch für die Irritationen, die von der Ambivalenz des Endes der Kunst ausgehen können, ist Adornos paradoxe Haltung gegenüber der Kunst nach Auschwitz. Während er bekanntlich Geschichte machte mit dem Verdikt über die Barbarei der Lyrik nach Auschwitz (in dem Aufsatz »Kulturkritik und Gesellschaft« [1951]), erwies sich Adorno als scharfer Kritiker solcher Verdikte, als er mit ihnen um 1968 konfrontiert wurde. »In dem Augenblick, da zum Verbot geschritten wird und dekretiert, es dürfte nicht mehr sein, gewinnt die Kunst inmitten der verwalteten Welt jenes Daseinsrecht zurück, das ihr abzusprechen selber einem Verwaltungsakt ähnelt« (7, 373). Und mit Blick auf die traditionsreiche Geschichte des Endes der Kunst in der Moderne heißt es weiter: »Das Verdikt, es ginge nicht mehr (...), ist selbst ein bürgerlicher Ladenhüter« (7, 373). Daß sich der Widerspruch zwischen Adornos eigenem Verdikt und seiner Kritik nicht einfach auf den zwischen Adornos Theorie und seiner Praxis abbilden läßt, zeigt sich daran, daß jede Position für sich genommen schon einen Widerspruch enthält und austrägt. Als Adorno nämlich formulierte, Lyrik nach Auschwitz zu schreiben, sei barbarisch, reflektierte er im selben Satz auf die Unmöglichkeit des Verdikts, indem er hinzufügte, »und das frißt auch die Erkenntnis an, die ausspricht, warum es unmöglich ward, heute Gedichte zu schreiben.« (10,1, 30) Adornos Kritik am Dekretcharakter eines Endes der Kunst fällt in der *Ästhetischen Theorie* andererseits derart radikal aus, daß sie den Kern von Adornos eigenwilliger Konstruktion der ästhetischen Moderne berührt, denn die Kritik an den Proklamationen und Postulaten eines Endes der Kunst geht unwillkürlich über in die Selbstkritik seiner eigenen Theorie ästhetischer Materialbeherrschung nach Maßgabe des kritischen Bewußtseins: »Aus dem Dilemma, ob und wie Kunst möglich sei, die (...) in die Gegenwart passe, führt *nicht* die Verwendung technischer Mittel an sich heraus, die parat liegen und nach dem kritischen Bewußtsein der Kunst von ihr benutzt werden können, sondern die Authentizität einer Erfahrungsweise« (7, 325, Hervorh. E.G.).[8] Damit zeichnet sich ab, daß das Ende der Kunst an Aporien in Adornos Denken rührt, die seine negative Dialektik – dieser Kanon der Aporetik – nicht ohne weiteres zu absorbieren vermag.

Dennoch hat die vorläufige Sondierung der scheinbar inkompatiblen Positionen gegenüber dem Ende der Kunst – daß alles immer schon unmöglich ist und daß man dennoch weitermachen müsse – heuristischen Wert. Mit dieser Gegenüberstellung sind nämlich schon die beiden Pole markiert, zwischen welche die zahlreichen Negativismen der Ästhetik Adornos gespannt sind. Sie lassen sich auf die Stichworte »Nachspiel« und »Vorgang« bringen. In Adornos Reflexion auf die Unmöglichkeit der Kunst nach Auschwitz ist das Ende der Kunst Index des post-apokalyptischen Überlebens und Nachlebens. Der widersinnige Sinn des immer wieder falsch verstandenen, weil instrumentalisierten Satzes über die Barbarei der Lyrik nach Auschwitz wird vor allem in seiner Radikalisierung deutlich, wie Adorno sie in der *Negativen Dialektik* vornahm: »darum mag falsch gewesen sein, nach Auschwitz ließe kein Gedicht mehr sich schreiben. Nicht falsch aber ist die minder kulturelle Frage, ob nach Auschwitz noch sich leben lasse, ob vollends es dürfe, wer zufällig entrann und rechtens hätte umgebracht werden müssen. Sein Weiterleben bedarf schon der Kälte, des Grundprinzips der bürgerlichen Subjektivität, ohne das Auschwitz nicht möglich gewesen wäre« (6, 355-356). Auch im Hinblick auf die eigene Biographie entwickelt Adorno hier jene Vorstellung des Überlebens *nach* dem Ende, die ihre bündigste Formulierung im berühmten Eingangssatz der *Negativen Dialektik* fand: »Philosophie, die einmal überholt schien, erhält sich am Leben, weil der Au-

---

8 Das Argument setzt zugegebenermaßen ein recht einseitiges Verständnis von Adornos ästhetischer Theorie voraus. Christoph Menke hat sich eine andere Lesart zu eigen gemacht in *Die Souveränität der Kunst. Ästhetische Erfahrung nach Adorno und Derrida*, a.a.O. Aber das diktatorische »il faut être absolument moderne« ist zumindest *eine* Seite von Adornos ästhetischer Theorie, wie zum Beispiel aus folgender Bemerkung hervorgeht: »Das Verhältnis zur Tradition setzt sich um in einen Kanon des Verbotenen.« Theodor W. Adorno, »Über Tradition«, in: *Gesammelte Schriften*, a.a.O., 10,1, 313-4.

genblick ihrer Verwirklichung versäumt ward.« (6,15)⁹ Was dort über das Leben der Philosophie als Überleben und anachronistisches Nachspiel gesagt ist, gilt auch von der Kunst, deren Entwicklung mit dem Zerfall metaphysischen Sinns eng verbunden ist.¹⁰ Auch sie ist in einem umfassenden Sinn bloß und immer nur Nachspiel, so wie die *Odyssee* bereits – dieses Zeitadverb, gekoppelt mit dem »nicht mehr«, ist eine formelhaft wiederkehrende Wendung – Abgesang auf den Gesang ist. Nach dieser Logik liegt das Ende immer schon hinter uns und verurteilt die Überlebenden zum endlosen Nachleben, wobei Nachleben sowohl das zeitliche post finem meint als auch den fatalen Wiederholungszwang. Das Diktum über Kunst nach Auschwitz ist folglich kein Verbot, sondern Ausdruck dessen, daß es nach Auschwitz auch kein vor Auschwitz mehr gibt, daß noch, was chronologisch Vorgeschichte heißen mag, historisch gesehen Nachgeschichte bleibt.¹¹

Dieser Logik des Nachlebens und Überlebens steht gegenüber und

---

9 Eine systematische Exegese dieser Sätze und des Begriffs »Versäumnis« bei Alexander García Düttmann, *Kunstende. Drei ästhetische Studien*, a.a.O.

10 Der Eingangssatz der *Ästhetischen Theorie* lautet ganz ähnlich: »Zur Selbstverständlichkeit wurde, daß nichts, was die Kunst betrifft, mehr selbstverständlich ist, weder in ihr noch in ihrem Verhältnis zum Ganzen, nicht einmal ihr Existenzrecht« (7, 9).

11 Adornos Stillstellung der Geschichte vor und nach Auschwitz hat inzwischen ihre eigene Nachgeschichte. Eine kritische Analyse des Diskurses über das Ende der Kunst nach Auschwitz, seiner Geschichte in Deutschland (und nicht nur dort) nach 1945 steht noch aus. Aber es ist an dieser Stelle zumindest darauf hinzuweisen, daß die Debatten um die künstlerische Darstellung des Holocaust nach 1989 noch einmal mit einer Intensität eingesetzt haben, die sowohl mit dem durch dieses Datum entstandenen Vakuum als auch damit zu tun haben, daß die Überlebenden und die Tätergeneration aussterben. Daß die Debatten um Recht oder Unrecht dieser oder jener ästhetischen Darstellung – vor einigen Jahren war das Spielbergs Film »Schindlers Liste«, vor kurzem war es der italienische Film »La vita è bella« oder die Diskussion um die Aufzeichnungen Wilkomirskis – zeitlich zusammenfallen mit einem bisher unerreichten Ausmaß an medialisierter und kommerzialisierter Öffentlichkeit des Holocaust, wäre zu bedenken. Es gibt, und zwar verstärkt seit 1989, Tendenzen, sich im Namen von Auschwitz nicht mehr der Unmöglichkeit, sondern der Möglichkeit und Notwendigkeit ästhetischer Normativität zu versichern. So etwa Geoffrey Hartmans Beitrag »The Book of Destruction« in dem Band *Probing the Limits of Representation. Nazism and the Final Solution*, hrsg. Saul Friedlander, Cambridge/Massachusetts u. London: Harvard University Press 1992, S. 318-334. Die intensive Diskussion um Zeugenschaft, an der sich Hartman als Mitbegründer des Video-Archivs für Zeugenaussagen Überlebender des Holocaust an der Yale University beteiligt hat, weist auch bei anderen Autoren das latente Bedürfnis auf, Auschwitz als faktisches Ende der Kunst in den Dienst einer neu zu begründenden, ethisch verpflichtenden normativen Ästhetik zu stellen, sei es auch eine nicht-mehr-schöne. Zur Diskussion vgl. ›*Niemand zeugt für den Zeugen.‹ Erinnerungskultur nach der Shoah*, hrsg. Ulrich Baer, Frankfurt a. M.: Suhrkamp, 2000. Eine kritische Gegenposition zum Versuch, qua

zur Seite eine zweite, nach der das Enden als akuter Vorgang und Prozeß im Innern der Kunstwerke wirksam ist. Diese Logik des Vorgangs bestimmt das Verhältnis der Kunstwerke zueinander, aber auch das von Gattung und Werk, sogar von Kunst und ihrer Interpretation. Mit der Logik des Nachspiels teilt diejenige des Vorgangs den Prozeßcharakter. Wie im Nachspiel die Nachträglichkeit, so steckt im Ende als Vorgang die Dimension unverfügbarer Vorgängigkeit. Vorgängig ist der Kunst vor allem, daß sie sich stets nur als Relation konstituiert, und zwar als Agon mit dem, was in der Kunst nicht in Kunst aufgeht, denn, schreibt Adorno in »Die Kunst und die Künste«: »Kunst bedarf eines ihr Heterogenen, um es zu werden.« (10,1, 439) Dieser Bezug auf das ihr Heterogene ist nicht reduzibel auf das Verhältnis der Kunst zum gesellschaftlichen Ganzen, obwohl Adorno dieses privilegiert und zum Paradigma erhebt. Aber auch in anderen Hinsichten gilt: *art is war*. »Ein Kunstwerk«, schreibt Adorno in *Minima Moralia*, »ist Todfeind dem andern. (...) Denn wenn die Idee des Schönen bloß aufgeteilt in den vielen Werken sich darstellt, so meint doch jedes einzelne unabdingbar die ganze, beansprucht Schönheit für sich in seiner Einzigkeit und kann deren Aufteilung nie zugeben, ohne sich selber zu annullieren. Als eine, wahre und scheinlose, befreit von solcher Individuation, stellt Schönheit nicht in der Synthesis aller Werke der Einheit der Künste und der Kunst sich dar, sondern bloß leibhaft und wirklich: im Untergang von Kunst selber. Auf solchen Untergang zielt jedes Kunstwerk ab, indem es allen anderen den Tod bringen möchte. Daß mit aller Kunst deren eigenes Ende gemeint sei, ist ein anderes Wort für den gleichen Sachverhalt.« (4, 84) In knappster Verkürzung heißt es in einer Sentenz der *Ästhetischen Theorie* über die Kunstwerke: »Am Ende ist ihre Entfaltung eins mit ihrem Zerfall.« (7, 266)

Im Zeichen dieser Doppellogik des Endes als Vorgang und Nachspiel stehen Adornos zahlreiche Negativitätsformeln: Ruin und Auflösung, Zerfall, Liquidierung, Zerstörung und auch Entkunstung.[12] Keiner dieser Begriffe meint ein punktuelles Ende, alle geben Verläufe an. Das Spezifische des Endes der Kunst bei Adorno besteht nicht nur darin, daß es gehäuft und in widersprüchlichen Variationen auf-

---

Zeugenschaft für das Potential der Kunst zu bürgen, bezieht Giorgio Agamben in *Remnants of Auschwitz. The Witness and the Archive*, übers. Daniel Heller-Roazen, New York: Zone Books 1999, S. 35 ff.

12 Vgl. Alexander García Düttmann, »Entkunstung«, in: *L'Esprit Createur*, Sonderheft hrsg. Rodolphe Gasché, a.a.O., S. 53-65.

taucht, sondern daß es sich in allen Fällen beim Ende um eine Relation und um Prozesse handelt. Die offene Ambivalenz zwischen Katastrophe und Heil, zwischen falschem Untergang und versöhnendem Ende ist für Adorno unter den Bedingungen der Moderne und nach Auschwitz prinzipiell unentscheidbar. Diese Unentscheidbarkeit findet ihren vielleicht radikalsten Ausdruck in den Schlußpassagen von Adornos Beckett-Essay: »Das letzte Absurde ist, daß die Ruhe des Nichts und die von Versöhnung nicht auseinander sich kennen lassen.« (11, 321). In der Doppellogik von Nachspiel und Vorgang ist diese Unentscheidbarkeit sozusagen mobil und dynamisch geworden. Bei Adorno hat die Kunst also kein Ende, denn sie ist die perennierende Krise. Und es gibt keine Instanz, an die noch zu appellieren wäre, um zu entscheiden, ob die Krise daher rührt, daß die Kunst paradoxerweise ihr Ende überlebt hat und als Nachspiel ihrer selbst ihr Dasein fristet, oder ob die Kunst ihren Untergang avisiert, antizipiert und im Agon auslebt. »Das Ende der Kunst hat nicht stattgefunden«, schreibt Adorno in der *Ästhetischen Theorie* mit Blick auf das Hegelsche Ende der Kunst, aber er fügt hinzu, noch »der Gestus ihres Verstummens und Verschwindens bewegt gleichwie in einem Differential sich weiter.« (7, 309-10)

Die Aporie des endlos mehrdeutigen Endes der Kunst bestimmt auch Adornos Aufsatz über jenen Ort, der seit Hegel so etwas wie die Bühne der Dramatisierungen des Endes der Kunst abgibt. In seinem Essay »Valéry Proust Museum« hat Adorno Paul Valérys Kritik am Museum als Sterbestatt der Kunst dialektisch bezogen auf Prousts Verherrlichung des Museums als Stätte ihrer Wiedergeburt. Auf die hypothetische Frage, ob dem Kritiker oder dem Retter des Museums zuzustimmen sei, antwortet Adorno wie nicht anders zu erwarten: »Weder Valéry noch Proust hat recht in dem latenten Prozeß, der zwischen ihnen anhängig ist, noch ließe gar eine mittlere Versöhnung zwischen beiden sich herbeiführen. (…) Die Positionen gehen ineinander über« (10,1, 191).

Im Zeichen solcher Übergängigkeit steht alles Enden und jedes Ende der Kunst bei Adorno. Aber dies heißt nicht, daß er gegen die Versuchungen des Endes gefeit ist. So unterliegt schon das verkürzte Schema von Vorgang und Nachspiel mindestens zwei Einschränkungen bzw. es wirft zwei Probleme auf. Obwohl die Logik des Nachspiels und die des Vorgangs aneinander gekoppelt sind und gerade ihre Verschränkung die Unentscheidbarkeit des Endes bei Adorno ausmacht, ein jedes Ende vervielfacht und spaltet, gibt es bei Adorno Spuren ihrer latenten Inkompatibilität und also Hinweise darauf, daß ihre Verschränkung und damit die Unentscheidbarkeit nicht konsequent durchgehalten wird. Den beiden Logiken korrespondiert nämlich in Adornos Texten zur Kunst, vor allem denjenigen zur Literatur, ein je anderer Kanon von Werken. Während die unstillbare Dialektik des Endes als Vorgang vorzugsweise im Bereich der Autoren anzutreffen ist, die Adorno zur emphatischen Moderne rechnet – also Beckett, Joyce, auch Kafka –, dominiert die Logik des Nachspiels bei solchen Autoren, die als hoffnungslos veraltet und unwiderruflich passé gelten. Nur unter großen Schwierigkeiten sind Autoren wie Eichendorff, Borchardt, George oder Mörike einer ästhetischen Theorie zu integrieren, die sich dem Motto »il faut être absolument moderne« verschrieben hat, denn diese Autoren sind nicht bloß *nicht mehr* modern (wie z.B. Wedekind oder Ibsen), sondern sie waren *überhaupt nie* modern. Die Tatsache, daß man ausgerechnet in den diesen Autoren gewidmeten Essays immer wieder auf explizit sprachtheoretische Reflexionen stößt, legt nahe, daß die latente Spannung zwischen den beiden Logiken des Endes auf eine andere Spannung bei Adorno repliziert, die Spannung zwischen einer latenten Sprachtheorie und ihrer nie ganz gelingenden Subsumption unter eine generelle ästhetische Theorie.

Daneben tritt als zweiter problematischer Aspekt Adornos Hang zur (oft latent religiösen) Hypostasierung des Endes der Kunst. Zwar sind Vorgang und Nachspiel Bewegungen und unterbindet ihre Verschränkung jeden Versuch einer apodiktischen Differenzierung von gutem Ende und bösem Untergang; aber wenn Adorno von Kunst kategorisch behauptet, »Inbegriff der bestimmten Negation, die sie übt, ist ihre eigene« (7, 60), schreibt er dem Ende der Kunst ein Privileg zu, das die problematischen Aspekte der Geschichte des Endes der Kunst seit dem deutschen Idealismus ungebrochen fortsetzt – denn je emphatischer das Ende der Kunst, desto größer die Gefahr ästhetischer Totalisierung. Wo das Ende der Kunst zum *Inbegriff* der Negativität von Kunst avanciert, besetzt es eine Metaposition, die nicht weiter legitimiert werden kann und in den Prozeß des Endens nicht rückführbar ist, eben weil sie, als dessen Inbegriff, über den Prozeß hinaus ist. Als Inbegriff der Negativität von Kunst ist das Ende der Kunst dann nur noch mitteilbar von einem archimedischen Punkt aus und als quasi-apokalyptisches Geheimwissen.[13] Das ist das

---

13 Zum Verhältnis von Apokalypse und Geheimnis vgl. Jacques Derrida, »Von einem neuerdings erhobenen apokalyptischen Ton in der Philosophie«, in: *Apokalypse*,

Risiko, das Adornos radikalisierende Prozessualisierung des Endes eingeht, und es ist vielleicht nirgends größer als in der *Dialektik der Aufklärung*, die bekanntlich stark zum apokalyptischen Ton neigt. Aber es ist ausgerechnet und gerade dort, wo Adorno scheinbar hoffnungslos den Schablonen apokalyptischer Rede verhaftet bleibt, daß sich andere Modalitäten des Endes abzeichnen, die die Risiken der nicht immer gelingenden Gratwanderung zwischen Prozessualisierung und Hypostasierung unterlaufen. Und vielleicht läßt sich in diesem Zusammenhang auch eine Dimension von Adornos Denken aufdecken, die bisher oft zu kurz gekommen ist, eine latente Sprachtheorie,[14] die zumindest soweit zu heben ist, wie nötig, um den Zusammenhang zu erhellen, in dem sie mit Adornos Ende der Kunst steht.

3.

Was der Schluß des Beckett-Aufsatzes pointiert formuliert – »Das letzte Absurde ist, daß die Ruhe des Nichts und die von Versöhnung nicht auseinander sich kennen lassen« (11, 321) –, bildet auch schon eine Einsicht des Exkurses über Kulturindustrie in der *Dialektik der Aufklärung*. Dort ist das Verhältnis von guter Kunst und schlechter Kulturindustrie nicht antagonistisch, sondern strikt reziprok konzipiert;[15] dort lassen sich aber auch die problematischen Voraussetzungen der gewonnen Einsichten in immer noch apokalyptischen Denkmustern nachweisen.

Schon vor zehn Jahren wurde darauf hingewiesen, daß die Autoren der *Dialektik der Aufklärung* nicht ohne Faszination auf das Unheil starren, das sie in der amerikanischen Kulturindustrie zu erblicken glauben, aber man beschränkte sich auf vorsichtige Formulierungen und erwog nur am Rande die Möglichkeit, daß die Kulturindustrie sowohl Korrelat als auch Korrektiv der (bürgerlichen) Kunst sein

---

übers. von Michael Wetzel, hrsg. Peter Engelmann, Wien: Passagen 1985, sowie das vorzügliche Vorwort und die englische Übersetzung von Peter Fenves, *Raising the Tone of Philosophy*, Baltimore: Johns Hopkins University Press 1993.

14 Im Zusammenhang mit der Funktion des Namens hat diese Dimension zuerst Alexander García Düttmann aufgedeckt, in: *Das Gedächtnis des Denkens. Versuch über Heidegger und Adorno*, Frankfurt a. M.: Suhrkamp 1991.

15 Dagegen aber Schmid Noerrs Beitrag in *Neue Versuche, Becketts Endspiel zu verstehen. Sozialwissenschaftliches Interpretieren nach Adorno*, hrsg. Hans-Dieter König, Frankfurt a. M.: Suhrkamp 1998, S. 18-62.

könnte.[16] Das wahre Maß der unheimlichen und unheimlich faszinierenden Affinität von hohen Kunstwerken und kulturindustriellem Schund erweisen dagegen gerade die berühmt-berüchtigten, wild überzogenen und sozusagen hysterischen Passagen der *Dialektik der Aufklärung*, zum Beispiel diejenigen über Stil und Tragik. Adornos und Horkheimers Interpretation des Stils in der Kulturindustrie leistet nichts anderes als die Einsicht in die Fatalität und Korruption des echten Stils in aller Kunst von Anfang an: »Der Begriff des echten Stils wird in der Kulturindustrie als ästhetisches Äquivalent der Herrschaft durchsichtig« (3, 151). Da »(n)ur noch Stil, gibt sie (d.i. die Kulturindustrie, E.G.) dessen Geheimnis preis, den Gehorsam gegen die gesellschaftliche Hierarchie« (3, 152). Von der Tragödie gilt: »Wie über den Stil enthüllt die Kulturindustrie die Wahrheit über die Katharsis« (3, 166), daß sie nämlich stets schon Lüge war. Das Kino firmiert als pervertierte Realisierung von Schillers Theaterprojekt: »Tragisches Lichtspiel wird *wirklich* zur moralischen Besserungsanstalt« (3, 175, Hervorh. E.G.). Vollends unmißverständlich bekundet ein Passus aus den *Minima Moralia* den katastrophalen Erkenntnisgewinn, den die Begegnung mit der Kulturindustrie zeitigt: »Die Archetypen von heutzutage, die der Film und die Schlager für die verödete Anschauung der spätindustriellen Phase synthetisch zubereiten, liquidieren Kunst nicht bloß, sondern sprengen im eklatanten Schwachsinn den Wahn zutage, der den ältesten Kunstwerken schon eingemauert ist und der noch dem reifsten die Gewalt verleiht. Grell bestrahlt das Grauen des Endes den Trug des Ursprungs.« (4, 258) Die Kulturindustrie ist die große Erleuchtung, sie enthüllt, »entschleiert« (3, 178) und bestrahlt, sie ist die Entdeckung, die es nur am Ende aller Tage, am jüngsten Tage des Gerichts geben kann. Das epistemologische Grundmuster dieser allumfassenden Erkenntnis, die Adorno kaum je einem Kunstwerk (mit Ausnahme vielleicht von Becketts *Endgame*) zugemutet hat, ist der Untergang der Kunst als Apokalypse. Das Vokabular von Enthüllung und Offenbarung ist eindeutig. »Jahrhundertelang hat sich die Gesellschaft auf Victor Mature und Mickey Rooney vorbereitet. Indem sie auflösen, kommen sie, um zu erfüllen« (3, 179). In der Apokalypse kollabiert die Differenz zwischen Erlösung und Katastrophe, denn die Kunst wird vom Zwang zu lügen erlöst, wo die Kulturindustrie zur katastrophalen Offenbarung des universalen

---

16 Vgl. Martin Seel, »Dialektik des Erhabenen. Kommentare zur ›ästhetischen Barbarei von heute‹«, in: *Vierzig Jahre Flaschenpost*, hrsg. Wilhelm van Reijen u. Gunzelin Schmid Noerr, Frankfurt a. M.: Fischer 1987, S. 11-40.

Verblendungszusammenhangs wird. Rhetorisch inszeniert wird die Apokalypse in Form der Verbuchstäblichung aller Metaphern. Die objektive gesellschaftliche Tendenz des Zeitalters inkarniert sich folgerichtig im Antichrist der subjektiven dunklen Machenschaften der Generaldirektoren (3, 145). Mit einer charakteristischen Formulierung aus dem »Schema der Massenkultur« im Anhang der *Dialektik der Aufklärung* heißt es: »Verdinglichung ist der Massenkultur gegenüber keine Metapher« (3, 334).

Rhetorische Exzesse dieser Art resultieren zwangsläufig in um sich greifender Indifferenz. Während die Autoren diese Indifferenz für die Zwecke der Kunsterkenntnis einspannen, indem sie aufzeigen, was an der Kunst sich im Licht der Kulturindustrie als von Grund auf problematisch erweist, holt die apokalyptische Rhetorik die erkennende Intention zuletzt ein, denn sie begräbt unter sich den Unterschied zwischen einem Gegenstand und seiner kritischen Erkenntnis. Damit geht das Kapitel über die Kulturindustrie nicht nur aller Legitimationspotentiale verlustig, sondern – und das ist bekannt – es setzt auch die bloße Möglichkeit kritischer Intervention im katastrophalen Prozeß aufs Spiel. Gerade weil apokalyptisches Wissen ein Geheimwissen ist, dessen Zeichen allein der Initiierte zu deuten vermag, bleibt zu seiner Legitimation kein anderer Ausweg als der, Erkenntnis und Interpretation den Zeichen des Endes selbst zu überantworten, die für sich sprechen, keiner Interpretation bedürftig sind, die sich, mit Hegel zu reden, selbst wissen und weisen. Eben dies geschieht im Kapitel über die Kulturindustrie, deren Zeichen autonom und autosignifikant sind. Die Gegenstände und Phänomene offenbaren sich, indem sie sich als die Lüge zu erkennen geben, die sie in Wahrheit sind. Aber gerade dieser Effekt der apokalyptischen Rhetorik macht die in der Tat wichtige und aktuelle, aber bis heute noch nicht ausreichend reflektierte Einsicht in den Selbstbekenntnischarakter der sogenannten Massenkultur überhaupt möglich. (Die Frage ist, wie man damit umgeht, daß eine US-amerikanische Bank erfolgreich für sich mit dem Slogan der ungeschminkten Manipulation wirbt: »one day we will be your bank«, oder daß das Motto der Bildzeitung so ironisch wie haarsträubend lautet »BILD dir deine Meinung!« Noch in den avanciertesten Analysen der sogenannten »popular culture« kann diese quasiphänomenologische Selbstausstellung paradoxerweise nur in den der hohen Kunst entlehnten Registern von Selbstreflexion und Ironie erscheinen.)

Der Selbstbekenntnischarakter der Kulturindustrie erzwingt ihre

Konvergenz mit Kunst. In der *Dialektik der Aufklärung* resümieren die Autoren ihr fassungsloses Staunen über diese, von ihnen freilich rhetorisch forcierte Tendenz der Phänomene, ihre Lüge ungeschminkt zu offenbaren, mit einer amerikanischen Phrase: »I am a failure, sagt der Amerikaner. – And that is that.« (3, 238) Aber »that« is not only »that«, sondern »that« ist auch Kunst, hohe Kunst, die wie die Kulturindustrie angesichts ihrer eigenen Unmöglichkeit trotzdem weitermacht. Im Aspekt der unter den Bedingungen apokalyptischer Rhetorik erkannten Tendenz zum Selbstbekenntnis der Phänomene mutiert das zunächst reziprok angelegte Verhältnis von Kunst und Kulturindustrie endgültig zur Identität. Das Spektakel der Tantalusqualen (3, 162), die die Kulturindustrie bereithält, ist nicht mehr deutlich von den Mühen der Kunst zu unterscheiden, die Adorno in der *Ästhetischen Theorie* mit dem Mythologem der »Sisyphosanstrengung« assoziiert (7, 326). Natürlich markieren die archaischen Formen der Qual auch Adornos verzweifelten Versuch, das Kontinuum zu brechen, das die Theorie der Kulturindustrie mit seiner Theorie der Kunst unweigerlich bildet. Vor den Konsequenzen zurückscheuend, die die apokalyptische Dramatisierung dort zeitigt, wo sie noch die Differenz zwischen Kulturindustrie und Kunst zu annihilieren droht, und also, um die apokalyptisch erschütterte Differenz zwischen Kunst und Kulturindustrie zu retten, beruft sich Adorno mit Tantalus und Sisyphos auf den Unterschied zwischen passiv erlittener und selbstzugefügter Qual in Form von Arbeit und Anstrengung. Selber angestrengt insistiert der zweite Teil des Kulturindustrie-Exkurses auf dieser Differenz: »Gewiß ist jedes fixierte Kunstwerk ohnehin vorentschieden, aber Kunst trachtet, die lastende Schwere des Artefakts durch die Kraft der eigenen Konstruktion aufzuheben, während Massenkultur mit dem Fluch der Vorentschiedenheit sich identifiziert« (3, 310). Die Einführung dieser Kriterien, so dringlich sie als Korrektiv zur nivellierenden Eigendynamik der apokalyptischen Rhetorik geboten sind, basiert auf einer übrigens auch geschlechtlich kodierten Entgegensetzung von Stärke und Schwäche, Erektion und Impotenz, Arbeit und Faulheit, die, wiewohl nicht uncharakteristisch für Adornos Prosa insgesamt, hinter seine eigene Ansichten zurückfällt. Denn wenn sich das Kunstwerk einer seiner Definitionen zufolge durch den »Einstand« (7, 264) auszeichnet, den von Stillstand und Bewegung, von Konstruktion und deren Auflösung, die Einheit von Schwäche und Stärke, Entfaltung und Zerfall, ist die in der *Dialektik der Aufklärung* erprobte Gegenüberstellung von effeminierter Kulturindustrie und männlich tapferer Kunst selber schwach.

Freilich wird der Gegensatz von schwach und stark in letzter Instanz in dem Gegensatz von Massenproduktion und individueller Produktion verankert. Weil es sich bei der Kulturindustrie um kapitalistische Warenproduktion handelt, sind die internen Spannungen dieser Produkte im Gegensatz zu solchen individueller Herstellung durch den Künstler vorab neutralisiert. Aber auch dieser Versuch, das Gegensatzpaar unter Bezug auf Individuum und Gesellschaft zu stabilisieren, muß scheitern, weil er die sonst von Adorno immer angeführte Dialektik von Individuum und Gesellschaft zugunsten ihres starren Gegensatzes vernachlässigt. Deshalb bleiben alle Versuche, den drohenden Kollaps von Kunst und Kulturindustrie im Zeichen der Apokalypse aufzuhalten, fragwürdig – und das hat sehr viel für sich, spricht nicht gegen Adorno, sondern für ihn. Denn Jahrzehnte später in Adornos »Resümee zur Kulturindustrie« aus dem Jahr 1966, wo die apokalyptischen Energien in dem Maße gedrosselt wurden, wie der Gegensatz von Spannung und Entspannung befestigt, zeigen sich die fatalen Konsequenzen der nun erfolgreichen Entgegensetzung von Kunst und Kulturindustrie. Nichts ist dort mehr von einer *Dialektik* der Aufklärung übrig, wie sie sich in dem Kapitel über die Kulturindustrie zwanzig Jahre zuvor enthüllt hatte, als die schiere Anti-Aufklärung. In diesem späteren Essay zahlt Adorno einen hohen Preis dafür, daß er die wichtigsten Differenzen aus den Trümmern der Apokalypse retten konnte; seine Thesen sind nicht zu unterscheiden von konservativem Ressentiment.

Mit anderen Worten: die überzogene Version des apokalyptischen Szenarios ist der späteren moderaten Variante vorzuziehen, aber sie konfrontiert mit einem Dilemma. Auf der einen Seite ist die apokalyptische Inszenierung unabdingbare Voraussetzung dafür, daß die wirklich bedrückenden Aussichten auf eine kulturindustrielle Nivellierung aller Differenzen wahrgenommen werden können.[17] Auf der anderen Seite ist es aber gerade dieses apokalyptische Modell, das alle

---

17 Daß das Verschwinden der reziprok aufeinander bezogenen Bereiche Kitsch und Avantgarde tatsächlich und gerade heute ein Problem darstellt, läßt sich bei Boris Groys nachlesen. In einem provozierenden Aufsatz hat er die gegenwärtig kurrenten Fundamentalismen aus dem Versuch abgeleitet, die für beide Bereiche, Kitsch und Kunst, konstitutive and prinzipiell endlos verschiebbare Kluft endgültig zu schließen. Boris Groys, »Fundamentalismus als Mittelweg zwischen Hoch- und Massenkultur«, in: *Logik der Sammlung*, a.a.O., S. 63-80.

Möglichkeiten weiterer Differenzierung und kritischer Intervention vorab ausschließt; die Technik der Enthüllung ist nicht mehr von dem zu unterscheiden, was sie enthüllt. Die *Dialektik der Aufklärung* ist deshalb so totalitär wie das System, das sie erkennt.

Aber obwohl die *Dialektik der Aufklärung* das erste Opfer jenes Terrors der Selbigkeit ist, den sie anklagt, findet sich in ihr auch der folgende, zunächst enigmatische Satz, der wohl nicht von ungefähr an Walter Benjamins «Reproduktion der Reproduktion« aus dem Kunstwerkaufsatz erinnert: »Die vollendete Ähnlichkeit ist der absolute Unterschied.« (3, 168) Dieser Umschlag ist kein dialektischer mehr, sondern bestenfalls ein theologischer: Nur ein Gott kann uns retten.[18] Gerecht werden läßt sich diesem Satz folglich nicht mehr philosophisch-diskursiv, sondern allein auf der Ebene der Darstellung, das betreffend, was Herbert Schnädelbach mit einer etwas unglücklichen Formulierung einmal als die »narrative Stringenz« von Adornos Prosa bezeichnet hat.[19] Erst auf dieser Ebene zeichnet sich ab, daß das Kapitel über die Kulturindustrie keine Apokalypse ist, sondern – deren verzweifelte Parodie. Und vielleicht mußte die Aktualität dieses Textes erst in den Stand der Antiquiertheit treten, bevor diese parodistische Dimension hervortreten konnte.

Nun reden Horkheimer und Adorno sehr häufig von Parodie. Das omnipräsente Radio wird apostrophiert als dämonische Parodie von Max Webers charismatischem Führer (3, 183), und die Kulturindustrie insgesamt ist Parodie aufs märchenhafte Schlaraffenland (3, 179-80). Von den laugh-tracks der amerikanischen sitcoms heißt es: »Das Teuflische des falschen Lachens liegt eben darin, daß es selbst das Beste, Versöhnung, zwingend parodiert« (3, 163). Aber dieser ostentative *Gebrauch* des Begriffs Parodie dient allein dem Zweck, den Unterschied zwischen falscher und richtiger Versöhnung zu postulieren, also apodiktisch etwas zu behaupten, was sich der Unterscheidung entzieht. Weil mit dem Begriff der Parodie an einem Wissen um das Original und seine Parodie, das gute und das böse Ende festgehalten und somit eine Differenz vorausgesetzt wird, die keine Legitimationsgrundlage mehr hat, verbleiben der Begriff Parodie und sein Gebrauch im Bann der apokalyptischen Rhetorik. Aber, und das ist entscheidend, erst

---

18 Alles Wesentliche und berechtigt Kritische zu dieser Position hat Michael Theunissen formuliert in »Negativität bei Adorno«, in: *Adorno-Konferenz 1983*, hrsg. Ludwig von Friedeburg u. Jürgen Habermas, Frankfurt a. M.: Suhrkamp 1983, S. 41-64.
19 Herbert Schnädelbach, »Dialektik als Vernunftkritik. Zur Konstruktion des Rationalen bei Adorno«, in: *Adorno-Konferenz 1983*, a.a.O., S. 66-93.

dieser selbst noch apokalyptische Gebrauch der parodierten, weil pervertierten Apokalypse stellt die Folie bereit, auf der eine andere Parodie, auch das Andere der Parodie lesbar wird. Wirklich zur Parodie wird der Text nämlich erst dort, wo er nicht mehr instrumentalisierend über den Begriff der Parodie verfügt, sondern sich scheinbar halt- und hemmungslos der apokalyptischen Tirade hingibt. Gerade dort also, wo die Autoren naiv auf das uralte Vokabular der Apokalypse zurückgreifen, genau an diesem Punkt wird ihr eigener Text als parodistische Praxis lesbar. Im Vollzug der sich vollendenden Ähnlichkeit des Originals und seiner pervertierten Parodie stellt sich eine Differenz ein, die allerdings erst *als* Differenz markierbar wird auf dem Hintergrund des bewußten Gebrauchs der Parodie als Inbegriff der Perversion. Es geht hier also um den Unterschied zwischen einem instrumentalisierbaren Begriff der Parodie, der Verfügbarkeit von Parodie als Begriff einerseits und einer Parodie, die sich (wie die Wirkung der Posse in Kierkegaards Deutung) nicht berechnen läßt.[20] Die parodistische Dimension dieses Textes ist also kein ihm eigentümlicher Wesenszug, keine Qualität des Textes an sich, sondern Effekt einer Relation seiner Elemente, der Apokalypse und ihrer, unter Umständen sogar unfreiwilligen, Parodie im Unterschied zum instrumentalisierenden Gebrauch des Begriffs Parodie. Einzig und allein in diesem exzessiven Moment katapultiert sich der Text aus seinen eigenen Aporien heraus. Und diese andere Parodie gibt auch den Zwischenraum frei, in dem der Nexus zwischen der Logik des Vorgangs und der des Nachspiels unter Verzicht auf Anfangs- und Endpunkte denkbar wird. Die Logik des Nachspiels ist gleichsam die Parodie des Vorgangs und vice versa. Vorgängig ist Parodie in dem Sinne, daß sie immer nur ein Nachspiel sein kann. Wenn sich Adornos Texte heute gelegentlich wie Selbst-Parodien avant la lettre lesen, ist es an der Zeit, diese parodistische Dimension seiner Texte für ihre Lektüre fruchtbar zu machen. Und es ist nicht müßig zu betonen, daß der Begriff der Parodie in die Rhetorik gehört und infolgedessen den Rekurs auf die Katego-

20 Im Zusammenhang mit Nietzsche bemerkt Jacques Derrida: »Nein, die Parodie setzt immer irgendwo eine Naivität voraus, die an ein Unbewußtes angelehnt ist, und das Schwindelgefühl der Nicht-Meisterschaft, eine Bewußtlosigkeit. Die vollständig berechnete Parodie wäre ein Bekenntnis oder eine Gesetzestafel.« Jacques Derrida, »Sporen, die Stile Nietzsches«, in: *Nietzsche aus Frankreich*, hrsg. Werner Hamacher, a.a.O., S. 129-164, hier: 151. Vgl. auch Samuel Weber, »Upping the Ante: Deconstruction as Parodic Practice«, in: *Deconstruction is/in America. A New Sense of the Political*, hrsg. Anselm Haverkamp, New York, London: New York University Press 1995, S. 60-78.

rie Mimesis vereitelt, die einen Zugang zu Adornos Praxis und Theorie der Sprache systematisch verstellt.[21]

4.

Adorno hat diesen Sinn von Parodie in der Begegnung mit einem Text entfaltet, in dem das Ende schon stattgefunden hat, der in diesem Sinne Nachspiel ist und in dem das Enden-Wollen und Nicht-Enden-Können der einzige Vorgang ist, ein Text also, in dem die Verschränkung von Nachspiel und Vorgang geleistet ist, und ferner ein Text, der in Adornos Interpretation zur absoluten Parodie wird, denn Adorno parodiert Beckett so gut wie dieser jenen. Adornos Lektüre von Becketts *Endspiel* verdankt ihre Kohärenz und Evidenz der stringenten Logik der Parodie: »Die Explosion des metaphysischen Sinnes (...) läßt den ästhetischen mit einer Notwendigkeit und Strenge zerbröckeln, die der des überlieferten dramaturgischen Formen-Kanons nicht nachsteht« (II, 282). Reminiszenz und Parodie sind folglich die zentralen Kategorien in Adornos Interpretation, die auf dem Unterschied zwischen Parodie und Negation beharrt, denn Parodie negiert, was nicht einmal mehr negiert werden kann: »Emphatisch heißt Parodie die Verwendung von Formen im Zeitalter ihrer Unmöglichkeit« (II, 302). Es gibt in Becketts Stück nichts, behauptet Adorno, was nicht als Parodie lesbar ist. Parodiert werde Dichtung, Bildung, die Avantgarde und der Humor, das Stück parodiere ferner die Philosophie, die des Existenzialismus im besonderen, aber auch die Herr-Knecht-Dialektik Hegels; noch der Schund der Kulturindustrie ist Gegenstand parodistischer Inversion. »Mit der Technik von Verkehrung ist aber das ganze Stück gewoben« (II, 320). Als universale Technik der Verkehrung verurteilt diese Parodie, nicht anders als die Apokalypse in der *Dialektik der Aufklärung*, alle Differenzen zur Indifferenz. Die höhnische Parodie utopischer Hoffnungen im falschen Schlaraffenland der Kulturindustrie unterscheidet sich in nichts von der Beckettschen Indifferenz, die noch, was in den Ausführungen zur Kulturindustrie die Parodie des Besten und der Versöhnung hieß, parodiert. Es »verschwindet«, schreibt Adorno, »der Unterschied zwischen der absoluten Herrschaft (...) und dem messianischen Zustand« (II, 321).

---

21 In einer sehr eleganten Interpretation ist Britta Scholze aber die Überführung der Mimesistheorie in Adornos Sprachtheorie in dem Kapitel »Mimesis und Ausdruck« gelungen, *Kunst als Kritik*, a.a.O., S. 136-183.

Adornos Interpretation kulminiert – und zerfällt – in seiner Lektüre der Schlußszene des Stücks, denn an diesem Punkt zergeht zu guter Letzt noch der Unterschied zwischen Differenz und Indifferenz. Parodie parodiert und negiert das Schema ihrer Interpretierbarkeit. »Von Unterschieden abgesehen, die entscheiden mögen oder ganz gleichgültig sein, ist sie (d.i. diese Szene, E.G.) identisch mit dem Anfang. Kein Zuschauer und kein Philosoph wüßte zu sagen, ob es nicht wieder von vorn beginnt« (II, 314-5). Adorno schließt den Abschnitt mit einem Satz, der noch die Bewegung (negativer) Dialektik parodiert: »Dialektik pendelt aus« (II, 315). Das hätte eigentlich das Ende seines Essays sein müssen, nicht weil es um die Deutung der Schlußszene geht, sondern weil mit dem Satz »Dialektik pendelt aus« die Parodie noch einmal unentschieden schwebend offen hält, was Adorno anschließend zu einer signifikanten, weder unentschiedenen noch unentscheidbaren Indifferenz zusammenzwingt. Dort pendelt Dialektik nicht aus, sondern »Benjamins Idee einer Dialektik im Stillstand kommt nach Hause.« (II, 320) Und gleichsam als solle er diese Heimkehr besiegeln, folgt der schon zitierte Satz aus dem Schlußpassus: »Das letzte Absurde ist, daß die Ruhe des Nichts und die von Versöhnung nicht auseinander sich kennen lassen.« (II, 321) Diese Indifferenz aber ist apodiktische Behauptung, Bekanntgabe einer Entscheidung, die dann wie in der *Dialektik der Aufklärung* nur noch apokalyptisch legitimiert werden kann. An die Stelle der Apokalypse im Exkurs über Kulturindustrie tritt im Beckett-Aufsatz jedoch ein Existenzialismus des Todes. »Hoffnung kriecht aus der Welt, in der sie so wenig mehr aufbewahrt wird wie Brei und Praliné, dorthin zurück, woher sie ihren Ausgang nahm, in den Tod.« (II, 321) Daraus zieht nicht nur, wie Adorno schreibt, das Stück seinen einzigen Trost, sondern auch der »Versuch das Endspiel zu verstehen«. Zum Problem wird dem Essay, der kein Gegenbeispiel, sondern striktes Pendant des Kulturindustriekapitels ist, nicht das Ende der Kunst in Gestalt der Apokalypse, sondern der Zwang, das Ende der Moderne zu dekretieren. Es kann nach Beckett nichts mehr kommen, wenn er interpretiert wird wie in Adornos Aufsatz. Die in ihm versenkte Konstruktion der Moderne inszeniert und verabschiedet sich. Das Ende der Kunst wird suspendiert, um als Ende der Moderne dennoch zu triumphieren, die in den Tod als Ursprung und Ende aller Dinge zurückkehrt. Aber wie sich im Kapitel über die Kulturindustrie ein Unterschied abzeichnet zwischen parodistischer Praxis und instrumentalisierender Verfügung über den Begriff Parodie, so hält auch im Beckett-Aufsatz der Unterschied zwischen dem Satz »Dialektik pendelt aus« und Dialektik »kommt nach Hause« unausgesprochen das Ende und damit die Moderne offen, die ihr Ende in diesem Aufsatz gefunden zu haben schien.

Die Effekte dieser konterkarierenden (Selbst)parodie im Fahrwasser der souverän über Begriff und Technik der Parodie als Becketts Verfahren verfügenden Interpretation erschöpfen sich nicht im Punktuellen, sondern ziehen auch die Metaphorik von Adornos Essay in Mitleidenschaft. Becketts ökonomisch reduktionistisches Verfahren wird parodierend abgebildet auf eine üppige Metaphorik leiblicher Askese. Die gelegentlich schon penetrante Rede vom unersättlichen »Degout« (II, 283), der »Neige« (II, 288), der »Hausmannskost« (II, 284), dem »Existenzminimum« als Restbestand des Existenzialismus (II, 284), der Hinweis auf die »eiserne Ration an Realität und Personen, mit denen das Drama rechnet und haushält« (II, 292), all das nährt sich freilich von dem, was Beckett Adorno vorsetzt, aber im paradoxen Überschuß haushälterischer Metaphern artikuliert sich zugleich die Unberechenbarkeit parodistischer Praxis. Die letzte Pointe von Adornos konsequenter Parodie der Kunst als Konsum enthüllt sich erst am Schluß, wo sich Adorno mit der Indifferenz von Nahrung und Exkrement zugleich auch des Umkehrschlusses versichert, daß das Exkrement in sein Gegenteil umschlägt: »Zur Substanz des Lebens, das der Tod ist, werden dem Stück die Exkretionen. Aber das bilderlose Bild des Todes ist eines von Indifferenz. In ihm verschwindet der Unterschied zwischen der absoluten Herrschaft (...) und dem messianischen Zustand, in dem alles an seiner rechten Stelle wäre.« (II, 321)

Aber vor dieser streng kalkulierten Schlußvolte – Parodie dessen, was einmal Katharsis und dramatisches dénouement gewesen sein sollen und deshalb auch nicht mehr als Verkehrung, wie sie für die Pendelbewegungen negativer Dialektik typisch ist – hat sich die parodistische Praxis längst andere Bereiche erobert. Das Organ, das Nahrung aufnimmt, aber Sätze ausspuckt, ist der Mund des Menschen. Dort hat das Geheimnis der Beckettschen Parodie und ihr parodistischer Widerhall in Adornos eigenem Text seinen Sitz. »Der objektive Sprachzerfall, das zugleich stereotype und fehlerhafte Gewäsch der Selbstentfremdung, zu dem den Menschen Wort und Satz im eigenen Munde verquollen sind, dringt ein ins ästhetische Arcanum; die zweite Sprache der Verstummenden, ein Agglomerat aus schnodderigen Phrasen, scheinlogischen Verbindungen, galvanisierten Wörtern als

Warenzeichen, das wüste Echo der Reklamewelt, ist umfunktioniert zur Sprache der Dichtung, die Sprache negiert.« (11, 306) Für sich genommen ist diese Wiedergeburt des Geschwätzes als ästhetischer Segen wenig aufregend. Etwas schärfer formuliert: die Rede von der Dichtung, die Sprache negiert, ist bestenfalls die hypostasierende Radikalisierung des Endes der Kunst zum Ende der Sprache und schlechtestenfalls selbst bloß Geschwätz. Aber dem, was an Adornos Prosa selber phrasenhaft wirkt und zur Parodie einlädt, wächst aufgrund der metaphorischen Dichte im Haushalt der Metaphern eine gewisse Integrität zu. Daß ihm eine andere auch nicht zu Gebote steht, bestätigt sich vor allem im Blick auf den näheren Kontext, in den Adornos Diktum über das Gesetz der Beckettschen Parodie eingelassen ist. Anlaß der Überlegung ist die für Adornos Versuch, das *Endspiel* (und für jeden Versuch, Adornos Exerzitium in Unverständlichkeit) zu verstehen, zentrale Szene des Stücks, jene parodia ultima, hinter die alle zukünftigen Versuche, Beckett (und Adorno) zu parodieren, nur zurückfallen können: »Der tödlichste Schrecken der dramatischen Personen, wenn nicht des parodierten Dramas selber, ist der verstellt komische darüber, daß sie irgendetwas bedeuten könnten. ›HAMM: Wir sind doch nicht im Begriff, etwas zu ... zu ... bedeuten? CLOV: Bedeuten? Wir, etwas bedeuten? (Kurzes Lachen.) Das ist aber gut!«‹ (11, 305) Nach dem Zitat schließt Adorno an: »Mit dieser Möglichkeit (...) verschwindet auch die Bedeutung der Sprache.« Das könnte mindestens zweierlei bedeuten, wenn Sprache noch bedeuten würde, denn einerseits verschwindet Sprache als bedeutende, andererseits verschwindet auch die Bedeutung der Sprache (um zum Beispiel im Gestus zu erstarren). Die doppeldeutige Formulierung vom Verschwinden der Bedeutung der Sprache ist nur dem Schein nach eine andere Formulierung für die Vorstellung von einer Dichtung, die Sprache negiert. Entscheidend ist, *wie* der Verlust der Sprache zur Sprache kommt und der Bedeutungsschwund bedeutet wird. Adorno rechnet Beckett (im Unterschied zu Joyce) einer literarischen Tradition zu, die weiß, daß die Semantizität der Sprache nicht abzuschütteln ist, denn es ist nicht trotz, sondern wegen ihrer semantischen Dimension, daß Sprache nichts oder nicht mehr bedeuten kann. Die systematische Trennung der signifikativen von den mimetischen Elementen überantwortet letztere einer Konventionalisierung, die ihre mimetischen Ursprünge Lügen straft. Sie werden »eine zweite Konvention« (11, 306). Das ist die Grundeinsicht, der auch Adornos eigene parodistische Praxis untersteht. Parodie in diesem

Sinne ist nicht mimetisch, nicht sekundär und derivativ, sondern sie produziert und erfindet allererst als Konvention, was man dann auch parodieren kann. Die Feststellung, daß bei Beckett Dichtung Sprache negiert, ist deshalb zu messen an dem Satz »mit dieser Möglichkeit verschwindet auch die Bedeutung der Sprache.« Es ist der schwer auszumachende Abstand und Unterschied zwischen diesen beiden Sätzen, denen sich die Unverwechselbarkeit von Adornos Prosa verdankt, die in der Spannung verharrt zwischen negativer Dialektik als philosophischem Verfahren und sprachlicher Darstellung als ihrem parodierenden Medium. Ein Satz wie »mit dieser Möglichkeit verschwindet auch die Bedeutung der Sprache« parodiert nicht nur den Beckettschen Dialog, sondern er parodiert – avant la lettre und post festum – noch den späteren von der Dichtung als Negation der Sprache.

Nicht Parodie als Begriff, sondern ihre Praxis fungiert in Adornos Prosa in einer Weise als Korrektiv, die über das antithetische Verfahren hinausschießt, das jeweils einander widersprechende Positionen sich gegenseitig korrigieren läßt. Dieses exzessive Moment ist nicht von dem diskursiven Inhalt seiner Texte zu trennen, da es sich jeweils nur als Relation und momenthaft einstellt, auf eine Weise im Kapitel über die Kulturindustrie, auf eine andere im Beckett-Aufsatz. Bildet parodistische Praxis tatsächlich eine wichtige Dimension in Adornos Denken, so heißt dies nicht, daß sich seine Texte nicht weiter deuten lassen, verpflichtet aber dazu, ihre Rhetorik (einschließlich ihrer unfreiwilligen Effekte) miteinzubeziehen und kann unter Umständen sogar Verzicht auf thematische Rückkoppelung bedeuten. Man sollte sich bei Adorno nicht ausschließlich auf die Terminologie verlassen, auch und gerade dann nicht, wenn Parodie als Begriff daherkommt.

Das wird schon in der *Dialektik der Aufklärung* formuliert. Über den Odysseus, der den Zyklopen entronnen ist und den Mund nicht halten kann, der der Versuchung, den sprachlichen Trick und seine Identität – Udeis, Odysseus – preiszugeben, nicht widerstehen kann, schreiben Horkheimer und Adorno: »Die Rede, welche die physische Gewalt übervorteilt, vermag nicht innezuhalten. Ihr Fluß begleitet als Parodie den Bewußtseinsstrom, Denken selber: dessen unbeirrte Autonomie gewinnt ein Moment von Narrheit – das manische –, wenn sie durch Rede in Realität eintritt, als wären Denken und Realität gleichnamig, während doch jenes bloß durch Distanz Gewalt hat über diese.« (3, 87) Die metaphorische Affinität von Redefluß und Bewußtseinsstrom besagt, daß alles Denken, um Denken zu sein, in die

Welt der Rede übertreten muß. Aber in dem Augenblick, da »Rede in Realität eintritt«, ist sie gezwungen, sowohl die Realität als auch das Denken so zu behandeln, als seien sie Sprache, als wären sie gleichnamig. Die furchtbare Identifikation der Welt mit der Welt des Denkens verrät deren Differenz, weil die Sprache ihren Unterschied unterschlägt. Diesen Unterschied vergißt die Sprache, weil sie schon den Unterschied vergessen hat zwischen dem, was Sprache und was nicht Sprache ist. Aber der Redefluß begleitet das Denken nicht als seine oder dessen Parodie, sondern nur »als Parodie«. Sofern Rede immer auch von anderem redet, anderes mitredet, kann in der Rede auch das Wissen darum laut werden, daß sie vergessen hat, daß Rede weder Wirklichkeit noch Denken ist. So spukt in der Rede, was sie vergessen muß, wenn sie als Rede in die Realität eintritt. Aber dieses Wissen existiert allein *als* Parodie, als etwas anderes, zur Seite Gesprochenes. Daß Rede Denken als Parodie begleitet, aktualisiert eine ältere Bedeutungsschicht des Wortes Parodie in musiktheoretischen Zusammenhängen. Ado bedeutet »ich singe«, das Präfix para, das die Ambivalenz der Parodie ausmacht, kann entweder adversativ oder autoritativ eingesetzt werden, im Sinne von Verstoß gegen, aber auch im Sinne von nach dem Vorbild von.[22]

In so verstandener Parodie gelangen Negation und Affirmation zum labilen Einstand.[23] Was als Logik von Vorgang und Nachspiel beschrieben wurde, weist stets fort vom Ende der Kunst auf den Unterstrom einer latenten Sprachtheorie, die – als Parodie – Adornos Denken begleitet.

---

22 Vgl. dazu den Eintrag »Parodie« in *Historisches Wörterbuch der Philosophie*, hrsg. Joachim Ritter u.a., Basel, Stuttgart: Schwabe 1971 ff.
23 Der Passus über Parodie und Rede hat ein Pendant und Gegenbild in den Schlußsätzen des Odysseus-Exkurses, wo es nicht um den Redefluß einer Figur geht, sondern um eine Zäsur, die den Erzählfluß der *Odyssee* unterbricht. Thema ist die homerische Beschreibung des Blutbades, das Odysseus unter den Freiern und Mägden anrichtet. Die Gehenkten, lautet das Homerzitat, »›zappelten dann mit den Füßen ein weniges, aber nicht lange‹« (3, 98). Adorno und Horkheimer fügen hinzu: »Aber nach dem ›Nicht lange‹ steht der innere Fluß der Erzählung still. Nicht lange? fragt die Geste des Erzählers und straft seine Gelassenheit Lügen. Indem sie den Bericht aufhält, verwehrt sie es, die Gerichteten zu vergessen, und deckt die unnennbare ewige Qual der einen Sekunde auf, in der die Mägde mit dem Tod kämpfen.« (3, 99) Wie Parodie redet auch Zäsur im Reden stumm mit, und wie Parodie entstellt auch die Zäsur die Rede auf der Grenze zu dem, was nicht mehr Sprache ist und ihr doch angehört. Indem sie mitreden, ohne etwas zu sagen, sagen sie das, was am Sprechen und an der Sprache nicht in Sprache aufgeht. Allein auf diese Weise bleibt der Bezug auf Anderes offen, das Denken, aber auch die namenlose Qual der sterbenden Mägde.

Immer wenn Adorno vom Reden redet, fängt es an zu fließen. Das Bild vom Sprachstrom und Redefluß, das sich kraß vom Duktus reduktionistischer Ökonomisierung im Beckett-Essay unterscheidet, taucht gehäuft in Texten über Autoren auf, die quer zum selbstquälerischen »il faut être absolument moderne« der *Ästhetischen Theorie* liegen. Die naheliegende Behauptung, daß Adorno in der Auseinandersetzung mit Spätlingen wie Mörike, Eichendorff, Borchardt oder George seinen latent elitären und nostalgischen Sehnsüchten frönt, greift zu kurz. Entscheidend ist vielmehr, daß es sich um Autoren handelt, die aufgrund ihrer anachronistisch restaurativen Ambitionen unwillkürlich in die Nähe der Parodie dessen geraten, was sie nie waren, nämlich modern. Nicht zufällig also steht im Zentrum von Adornos Interpretationen in »Lyrik und Gesellschaft« der anachronistische Zitatcharakter der Texte, bei Mörikes »Auf einer Wanderung« zum Beispiel der antikisierende Anklang der freien Rhythmen und das vereinzelte Wort »Muse« (II, 61). In einem Gedicht Stefan Georges spürt Adorno den mittelalterlichen Ton der Verse heraus: »Nun muss ich gar / Um dein aug und haar / Alle tage / In sehnen leben« (II, 64). Diese Anspielung auf den Minnesang spitzt Adornos Lektüre zu. »Die vier Zeilen (…), die ich zu dem Unwiderstehlichsten zähle, was jemals der deutschen Lyrik beschieden war, sind wie ein Zitat, aber nicht aus einem anderen Dichter, sondern aus dem von der Sprache unwiederbringlich Versäumten: sie müßten dem Minnesang gelungen sein, wenn dieser, wenn eine Tradition der deutschen Sprache, fast möchte man sagen, wenn die deutsche Sprache selber gelungen wäre.« (II, 66) Solche Unwiederbringlichkeit ist nicht mehr historisches Versäumnis, sondern bezeichnet ein (wie bei Benjamin deutsches) Versagen, das keine Dichtung und keine Sprache je einholen könnten.

Am deutlichsten zutage und gleichsam über die Ufer tritt dieser Unterstrom einer latenten Sprachphilosophie, die wie eine Gegenströmung Adornos theoretische Konstruktionen durchkreuzt, in seinem Aufsatz »Zum Gedächtnis Eichendorffs«. Die Lockerung philosophisch-diskursiver Anspannung affiziert Adornos eigene Prosa dort so sehr, daß die sich selber hemmungslos der Bildwelt des Fließens und Strömens, dem Strom der Sprache überläßt. Adornos Eichendorfflektüre feiert solche Auflösung und Hingabe an die Impulse der Sprache: »Eichendorffs Dichtung läßt sich vertrauend treiben vom Strom der Sprache und ohne Angst, in ihm zu versinken. Für solche Generosität, die nicht haushält mit sich selber, dankt ihm der Genius der Sprache.« (II, 78) Aber so bewegt und bewegend Adornos Lektüre ist, auch hier gerät man schließlich an einen ähnlichen Endpunkt wie im Kapitel über die Kulturindustrie und im Beckettaufsatz. Als könne er wie Odysseus nicht aufhören zu reden, widersteht Adorno nicht der Versuchung, die Läuterung der Sprache im Exzeß des Sich-Verausgabens zu hypostasieren und religiös zu überformen. Sprache wird nicht »zweite Konvention« wie bei Beckett, sondern Eichendorffs Formgesetz ist das »der Sprache als zweiter Natur, in der die vergegenständlichte, dem Subjekt verlorene diesem wiederkehrt als beseelte« (II, 84). Es geschieht »die Versöhnung mit den Dingen durch die Sprache« (II, 84). An die Stelle, wo in der *Dialektik der Aufklärung* die Apokalypse, im Beckettaufsatz der Existenzialismus des Todes stand, tritt hier ein gutes Ende der Kunst, ihre Apotheose als Sprache. Das mutet Eichendorff aber zu viel zu und fällt hinter Adornos eigene Einsicht in die Negativität der Sprache als Parodie zurück. An einer anderen Stelle desselben Aufsatzes nimmt Adorno die Apotheose wieder zurück und konzediert, daß Eichendorffs Sprache keine Natur sei, weder erste noch zweite. Es sei, schreibt er so, als rede er nicht nur von Eichendorff, sondern auch von den eigenen Exzessen mit dem metaphysischen Takt des Konjunktivs, »als würde Natur dem Schwermütigen zur bedeutenden Sprache. Aber die allegorische Intention wird in Eichendorffs eigener Dichtung getragen nicht sowohl von der Natur, der er sie an jener Stelle zuschreibt, als von seiner Sprache in ihrer Bedeutungsferne« (II, 83). »Bedeutungsferne« und ferne Bedeutung sind nicht dasselbe wie der totale Bedeutungsschwund, aber auch nicht dasselbe wie die volle Bedeutung. Am Ende rückt auch bei Adorno das Ende der Kunst in die allegorische Distanz. Das falsche Ende der Kulturindustrie, das ambivalente im Beckettaufsatz und das gute Ende im Eichendorffaufsatz sind passionierte Parodien des Endes der Kunst.

6. Kapitel
Dasselbe Ende und
der andere Anfang: Heidegger

*Der Hinweis auf Hegel aber
liegt auf der Hand.*
(M. Heidegger)

1.

Mit Heidegger wird an dieser Stelle die chronologische Sequenz der vorangehenden Kapitel verlassen. In seinen Überlegungen zur Kunst wird die Denkfigur des Endes der Kunst derart explizit auf die gesamte ästhetische Tradition, insbesondere aber auf Hegels Ästhetik bezogen, daß man sich des Eindrucks nicht erwehren kann, hier sei tatsächlich die (vorläufig) *letzte* Reflexion dieser Figur und all dessen, was mit ihr zusammenhängt, erreicht. Aber da Heideggers Kunstdenken untrennbar mit seiner politischen Option für den Nationalsozialismus verbunden ist, stellt es zugleich auch einen fatalen Höhepunkt derselben Tradition dar, die er durchschaubar macht. Ist die Situation in dieser Hinsicht extrem und extrem kritisch, so kommt erschwerend hinzu, daß gerade Heideggers Texte sich dem bisherigen Lektüreverfahren systematisch verschließen. Um es etwas direkter zu sagen: Man gerät sehr leicht ins Heideggerisieren und hat dabei doch nichts verstanden, oder man widersetzt sich der Terminologie und hat auch nichts verstanden. Angesichts des erhöhten Risikos einer Fehlinterpretation ist es ratsam, Zugang zu diesen Texten von der Peripherie her zu suchen und dort einzusetzen, wo sich der Philosoph der Seinsfrage mit einem Literaturwissenschaftler über ein Gedicht streitet.

»Ein Kunstgebild der echten Art. Wer achtet sein? / Was aber schön ist, selig scheint es in ihm selbst.« So lauten die Schlußverse von Mörikes Gedicht »Auf eine Lampe«.[1] Der diesbezügliche Briefwechsel zwischen Emil Staiger und Martin Heidegger aus dem Herbst 1950 ist nicht nur ein Lehrstück der Texthermeneutik, sondern er ist auch und sogar vorrangig eine Debatte über das Ende der Kunst, genauer: eine Debatte, die sich unter den diskursiven Bedingungen dieses Topos

---

[1] Eduard Mörike, *Sämtliche Werke*, hrsg. Herbert G. Göpfert, München: Hanser ³1964, S. 85.

vollzieht. Es geht nicht um die *Kunst der Interpretation*,[2] sondern um die Interpretation der Kunst – im Zeichen ihres Endes.

Staiger glaubt seine Lesart des strittigen Verbums »scheint« im fraglichen Vers als *videtur* über *lucet* betonen zu dürfen, weil der Literaturwissenschaftler hier ein Echo des Verses »Das Schöne bleibt sich selber selig« aus Goethes *Faust* hört. Dies eröffnet Staiger den Zusammenhang des Gedichts mit »Mörikes epigonischer Situation und seiner wehmütigen Erinnerung an die vergangene Goethezeit« (13, 94). Der Philosoph antwortet auf die literarhistorische Reminiszenz, wie man es von einem Philosophen erwartet. Statt Goethe hört er Hegel: »Die zwei Zeilen sprechen in nuce Hegels Ästhetik aus« (13, 95), und: »Lesen Sie dazu Hegels *Vorlesungen über die Ästhetik* 1835 nach« (13, 96). Die philosophische Pedanterie kontert Staiger zunächst mit dem Nachweis, daß es um Mörikes Hegellektüre schlecht bestellt sei, um dann emphatisch die spezifisch literarische Qualität des Gedichts einzuklagen: »Er, der Spätling kann nur noch vermuten und als möglich bezeichnen; das Wesen ist ihm schon halb verhüllt. Wollen Sie diese kostbare, höchst individuelle Farbe des Dichters und fraglichen Verses opfern zugunsten eines Satzes, der nur noch eine nachträgliche Bilanz der Hegelschen Ästhetik wäre?« (13, 99) Soweit scheint alles in der Ordnung beim Schlagabtausch zwischen Philosophie und Literaturwissenschaft. Aber hier setzen auch schon die Verschiebungen und Irritationen ein, die den in bekannten Bahnen verlaufenden Dialog durchkreuzen und einmal mehr bezeugen, daß sich im Schnittpunkt des Endes der Kunst die Fäden verwirren und die Positionen verschieben. Sofern nämlich Staiger auf Mörikes post-goethescher Epigonalität beharrt, hat er das Gedicht schon auf ein literarisches Echo des Hegelschen Philosophems vom Ende der Kunst reduziert. Dem entspricht, daß sich im Folgenden der Philosoph Heidegger als der bessere Leser von Lyrik erweist, denn er gewinnt jene Einsicht in die literarische Eigenleistung des Gedichts als Sprachgebilde, die Staiger zwar fordert, in seiner thematischen Lektüre jedoch nicht einlöst. »Das Kunstgebilde der schönen Lampe«, schreibt Heidegger, »ist durch die Verse 1-8 so schön und damit gemäß in das Gedicht einge-

---

2 Unter diesem Titel hat Staiger den Briefwechsel in einem Sammelband seiner Aufsätze veröffentlicht. Er ist auch in der Gesamtausgabe Heideggers wiederabgedruckt und wird nach dieser Ausgabe zitiert. Martin Heidegger, »Zu einem Vers von Mörike. Ein Briefwechsel mit Emil Staiger«, in: *Aus der Erfahrung des Denkens 1910-1976*, Frankfurt a. M.: Klostermann 1983, Bd. 13 der *Gesamtausgabe*. Alle Zitate beziehen sich auf diese Ausgabe und werden mit Band- und Seitenangabe im Text notiert. Hier: 13, 93-109.

gangen, daß sogar erst das Gesprochene dieses Gedichtes die schöne Lampe in ihrer Schönheit zum Leuchten bringt. Das Gedicht zündet zwar die Lampe nicht an, aber es entzündet die schöne Lampe« (13, 104).

Das Wechselspiel von Literaturwissenschaftler und Philosoph liegt in Staigers und Heideggers gemeinsamem Bezug auf Hegels Ästhetik beschlossen, deren Pole – Kunstideal einerseits und Ende der Kunst andererseits – zwischen den Kontrahenten aufgespalten werden. So schweigt Staiger über Hegel, setzt aber die Gültigkeit der These vom Ende der Kunst fraglos voraus, ohne sich um den Rest der Ästhetik zu kümmern. Hegel als maßgebliche Autorität in Sachen Kunstgebilde anführend, unterschlägt Heidegger seinerseits dessen Ende der Kunst, dem er doch ein längeres Addendum zum »Ursprung des Kunstwerks« gewidmet hatte, in dem »der Spruch«, Hegels Urteil über das Ende der Kunst, solange für rechtskräftig erklärt wird, wie die Entscheidung über Kunst noch nicht gefallen ist.[3] Sowohl Heidegger als auch Staiger bedienen sich also des Topos »Ende der Kunst«, aber ihr je anders verkürzender Hegel-Rekurs hat unterschiedliche Interpretationen des Endes zur Folge.

Heidegger sperrt sich nicht der Einsicht in Mörikes Epigonalität, aber im Gegensatz zu Staiger versteht er unter dem Ende der Kunst kein abgeschlossenes Faktum, das nur noch wehmütig zu bedauern ist, sondern verbucht den Vergangenheitscharakter als Erkenntnisgewinn und vielleicht sogar Versprechen einer möglichen Einkehr in den Anfang. Heidegger nimmt an, daß Mörike »als Epigone offenbar mehr gesehen als die Vorgänger und schwerer daran getragen« hat (13, 107). Mit diesem Gedicht ist »ein Später in die Nähe des früh Gewesenen der abendländischen Kunst gelangt« (13, 107). Die von den Kontrahenten nicht eigens gedeutete Eingangszeile des Gedichts rechtfertigt beide Lesarten. Wenn es dort heißt, »Noch unverrücket, o schöne Lampe, schmückest du / (...) / Die Decke des nun fast vergeßnen Lustgemachs«, dann versteht Staiger das Zeitadverb »noch« im Sinne von aber bald *schon nicht mehr*; für Heidegger sind Kunstgebilde und Kunst aber *immer noch* und entsprechen ihrem Wesen gerade dort, wo sie gewesen sind. »Die schon erloschene Lampe leuchtet noch, indem sie als schöne Lampe lichtet: sich zeigend (scheinend) ihre Welt (das vergessene Lustgemach) zum Scheinen bringt.« (13,

[3] Martin Heidegger, »Der Ursprung des Kunstwerks«, in: *Holzwege*, Frankfurt a. M.: Klostermann ⁶1980, S. 1-72. Im folgenden zitiert als »Kunstwerk« mit Seitenangaben im Text, hier: Kunstwerk, 66.

107) Hinter der Frage, ob das Maß der Kunst schon halb leer oder noch halb voll sei, steht freilich auch der Unterschied zwischen Heideggers Verständnis von Geschichtlichkeit und Staigers Historismus. Er führt zu verschiedenen, jedoch reziprok aufeinander bezogenen Interpretationen des Endes. Paradoxerweise kann Staiger seine Lektüre des Scheinens als videtur nur durchsetzen, indem er das Ende der Kunst faktisch voraussetzt. Es *scheint* nicht nur zu Ende, sondern es *ist* so. Für Heidegger dagegen bleibt das Schöne objektiv, was es ist, unabhängig davon, wie die Frage »wer achtet sein?« beantwortet wird: »Die Stimmung der Wehmut trifft das Kunstgebild insofern, als es die seinem Wesen gemäße Achtung der Menschen nicht mehr um sich hat. Das Kunstwerk vermag dieses Haben weder jemals für sich zu erzwingen, noch auf immer ungeschmälert für sich zu retten.« (13, 107) Muß Staiger das Ende der Goethezeit behaupten, so Heidegger komplementär die ungebrochene Existenz der Kunst, um das Gedicht zum Anlaß einer uns, den Menschen, bevorstehenden und unser Verhältnis zur Sprache betreffenden Entscheidung zu machen: »Denn anderes steht auf dem Spiel als diese vereinzelte Erläuterung eines Verses. Jenes andere entscheidet vielleicht bald, vielleicht in ferner Zeit, aber gewiß und zuerst und sogar allein das Verhältnis der Sprache zu uns, den Sterblichen.« (13, 100)

Unter dem Druck zur Setzung des schon geschehenen Endes bei Staiger und seiner nicht minder apodiktischen Vertagung auf einen künftigen Zeitpunkt der Entscheidung bei Heidegger verschieben sich die Positionen von Literatur und Philosophie noch einmal. Staiger steht zwar fest auf dem Boden der Hegelschen Ästhetiktradition vom Ende der Kunst, interpretiert aber auf dieser Grundlage das Gedicht als *Absage* an alle Ästhetik und an alle Kunst, sofern sie Aussagen über das Schöne treffen. Goethe konnte im *Faust* noch sagen »Die Schöne bleibt sich selber selig«, aber, schreibt Staiger, »Mörike geht nicht so weit. Er traut sich nicht mehr ganz zu, zu wissen, wie es der Schönen zumute ist« (13, 94). Der Epigone kündigt also der Ästhetik auf, die seinen Status als Epigone begründete. Heidegger, für den bekanntlich alles von der Überwindung der traditionellen, weil in die westliche Metaphysik verstrickten Ästhetik abhängt,[4] scheut sich aber nicht, dem Dichter philosophische Aussagen über die Kunst zuzumuten: Mörike »*weiß*: die rechte Art eines Kunstgebildes, die Schönheit des Schönen, waltet nicht von Gnaden der Menschen, sofern sie

---

4 Dazu das Kapitel über Heidegger in Jay. M. Bernsteins *The Fate of Art. Aesthetic Alienation from Kant to Derrida and Adorno*, a.a.O., S. 66-135.

das Kunstwerk achten oder nicht, ob sie, was schön ist, in ihren Genuß nehmen oder nicht. Das Schöne bleibt, was es ist, unabhängig davon, wie die Frage ›Wer achtet sein?‹ beantwortet wird.« (13, 105, Hervorh. E.G.) Darin spiegelt sich eine bei Heidegger zunächst einmal überraschende Affinität zur Ästhetiktradition, denn eine Aussage über die Endgültigkeit der Schönheit bleibt (Hegelscher) Spruch. Die Nähe ihres schärfsten Kritikers zur ästhetischen Tradition – dem Paradox geschuldet, daß die anti-ästhetische Einstellung ästhetische Theoreme fortführt – kommt in Heideggers überraschender Berufung auf Hegel zum Ausdruck. Während Heidegger damit signalisiert, daß der Versuch, sich von (Hegels) Ästhetik loszusagen, deren Geltung bekräftigt, steht Staiger dem Problem naiver gegenüber und scheint nicht zu merken, daß er die Absage des Gedichts an die Ästhetik nur um den Preis bekommt, Hegels Topos vom Ende der Kunst unreflektiert voraussetzen zu müssen.[5] Bei Heidegger wird dagegen die strukturale Verflechtung der Ästhetik mit allen Versuchen, sie hinter sich zu lassen, selbst thematisch, freilich eingehegt von allerlei seinsphilosophischen Bedingungen, die man nicht einfach ignorieren kann.

Sofern das entscheidende Motiv, das eine Rekonstruktion des Endes der Kunst bei Heidegger zu berücksichtigen hat, sein extrem ambivalentes und notwendig gespaltenes Verhältnis zur philosophischen Ästhetiktradition des Idealismus, insbesondere aber zu Hegel ist,[6] gilt

[5] Daß ihm dies nicht aufgegangen ist, zeigt Staigers abschließender Brief, in dem er die Auseinandersetzung intuitiv auf den Gegensatz zwischen klassizistischem Philosophen und Literarhistoriker reduziert: »Sie lesen das Gedicht als Zeugnis *des* Schönen in seiner wandellosen Einfachheit. Ich lese es mehr als Zeugnis der besonderen, unwiederholbaren Art des Dichterischen und des Schönen, die in Mörike um die Mitte des letzten Jahrhunderts wirklich geworden ist« (13, 109). Daß er sich mit dem Begriff der »besonderen, unwiederholbaren Art« sicher auf dem Terrain von Hegels Ästhetik befindet, entgeht ihm. Gewiß ist Staiger blind für das, was Geschichtlichkeit bei Heidegger heißt, aber ganz unrecht hat er mit dem Vorwurf des ahistorischen Klassizismus bekanntlich auch nicht. Weil die Kunst nach Heidegger geschichtlich vor allem insofern ist, als sie Geschichte gründet, ist sie nicht selbst Gegenstand historischer Wandlung. Auf der gleichen Linie liegt, daß Heidegger das Unentschiedene des Gedichts, für das Staiger immerhin Gespür zeigt, nicht wahrnehmen kann. Weil das Gedicht in die Entscheidung stellt, darf es nicht selbst unentschieden in einer Weise sein, die unter Umständen von keiner Philosophie einzuholen wäre.
[6] In der Heideggerforschung scheiden sich die Geister bekanntlich an der Frage, ob es überhaupt eine Kunstphilosophie Heideggers gibt oder sie nicht vielmehr dem philosophischen Gesamtprojekt untersteht. Vgl. Otto Pöggeler, *Die Frage nach der Kunst. Von Hegel zu Heidegger*, Freiburg i. Brsg.: Alber 1984; ders.: »Kunst und Politik im Zeitalter der Technik«, in: *Heideggers These vom Ende der Philosophie: Verhandlungen*

es als offiziell seinsphilosophischen Hintergrund zunächst jenes schwierige und auch in Heideggers Kunstdenken nie ganz gelöste Problem zu bedenken: die Frage nach dem Bezug der Menschen zur Kunst, der »Schaffenden« und »Bewahrenden«, wie sie im »Ursprung des Kunstwerks« heißen, zum Werk und seiner Wahrheit.[7] Im Kunstwerkaufsatz hatte Heidegger diese Frage so beunruhigt, daß er ihr später einen eigenen »Zusatz« widmete. Waltet Schönheit nämlich »nicht von Gnaden des Menschen«, was ist dann mit dem Ereignis der Wahrheit im schönen Kunstwerk? Was ist, wenn keiner hinschaut? Aufgrund des Briefwechsels mit Staiger sollte man annehmen, daß es für Heidegger ein Ende der Kunst nicht geben kann, sondern nur das Versäumnis der Menschen, in den von der Kunst gelichteten Bereich einzurücken. Die Lampe wartet ebenso auf die Menschen, wie es im Kunstwerkaufsatz den Deutschen noch bevorsteht, das Werk Hölderlins zu bestehen. Da Verbergung, Entzug und Verstellung aber nach Heideggers Kehre notwendig zum Wesen der Wahrheit gehören, kann es sich bei der Nichtachtung der Kunst nicht allein um ein Versäumnis oder Verschulden der Menschen handeln. In die Zwischenzeit dieser Ambivalenz, die Heidegger an Hegel als Instanz einer Entscheidung bindet, tritt deshalb vermittelnd das Denken, und diese denkerische Vorbereitung steht zwangsläufig unter dem Verdacht, selbst »Ästhetik« zu sein. So heißt es am Schluß des Kunstwerkaufsatzes, »dieses besinnliche Wissen ist die vorläufige und deshalb unumgängliche Vorbereitung für das Werden der Kunst. *Nur* solches Wissen bereitet dem Werk den Raum, den Schaffenden den Weg, den Bewahrenden den Standort« (Kunstwerk, 64, Hervorh. E.G.). Es scheint, als würde Hegels Ende von Heidegger in einen Anfang umgedeutet. Philosophische Reflexion überflügelt nicht die Kunst, sondern verhilft ihr umgekehrt zum (anderen) Anfang. Auch in den zur

---

des Leidener Heidegger-Symposions im April 1984, hrsg. Marcel F. Fresco et al., Bonn: Bouvier, 1989, S. 93-114; Peter Trawny, »Über die ontologische Differenz in der Kunst. Ein Rekonstruktionsversuch der Überwindung der Ästhetik bei Martin Heidegger«, in: *Heidegger-Studien*, Bd. 10, 1994, S. 207-221; *Martin Heidegger. Kunst – Politik – Technik*, hrsg. Christoph Jamme u. Karsten Harries, München: Fink 1992. Zur Differenzierung zwischen Hegels und Heideggers Ende der Kunst David Couzens Hoy, »The Owl and the Poet: Heidegger's Critique of Hegel«, in: *Martin Heidegger and the Question of Literature. Towards a Postmodern Literary Hermeneutics*, hrsg. William V. Spanos, Bloomington u. London: Indiana University Press 1979, S. 53-70.

7 Dazu Christopher Fynsk, *Heidegger. Thought and Historicity*, Ithaca u. London: Cornell University Press 1986 und Dieter Thomä, *Die Zeit des Selbst und die Zeit danach. Zur Kritik der Textgeschichte Martin Heideggers 1910-1976*, Frankfurt a. M.: Suhrkamp 1990.

Zeit des Kunstwerkaufsatzes 1936 entstandenen und gelegentlich als Heideggers anderes Hauptwerk gehandelten *Beiträgen* behält das Denken seine vorbereitende Funktion.[8] Es heißt zwar in einem Fragment aus dem Nachlaß ziemlich verzweifelt: »Wir haben keine Kunst (wir wissen nicht, ob haben oder nicht haben – Schein!) Wir wissen nicht, was Kunst ›ist‹ – wir wissen nicht, ob Kunst noch einmal sein kann – wir wissen nicht, ob sie sein muß«,[9] aber im Blick auf den anderen Anfang, »die künftige Kunst«, heißt es ebenso energisch: »Dichterische Gründung diesmal vorzubereiten durch denkerisches Wissen!«[10]

So kritisch Heidegger aller Ästhetik gegenübersteht, so hoch muß er sie andererseits aus Gründen veranschlagen, die sowohl mit dem vertrackten Diskurs des Endes der Kunst seit Hegel als auch mit ungelösten Problemen seines eigenen Denkens zusammenhängen. Wo diese beiden zusammenfallen, dort erscheint Heidegger als (Wieder)entdecker des Endes der Kunst als Diskurs. Ihm diese Rolle zuzumuten (oder auch: zuzugestehen), ist nicht ohne Risiko, da man gezwungen ist, sich einigermaßen intensiv auf Heideggers eigenen Diskurs einzulassen, der ja nicht primär am Ende der Kunst interessiert ist, sondern an der Seinsfrage. Ambivalent ist Heideggers Verhältnis zur Ästhetik aus einem weiteren offiziell seinsgeschichtlichen Grund: alle Ästhetik ist von Haus aus ambivalent, da in ihr – wie nach der Kehre in der metaphysischen Tradition der Seinsvergessenheit insgesamt – zugleich das Potential ihrer Überwindung oder, wie es später

---

8 Otto Pöggeler, *Neue Wege mit Heidegger*, Freiburg i. Brsg.: Alber 1992; Günter Seubold, *Kunst als Enteignis. Heideggers Weg zu einer nicht mehr metaphysischen Kunst*, Bonn: Bouvier 1992.
9 Martin Heidegger, »Die Unmöglichkeit des Da-Seins (›Die Not‹) und Die Kunst in der Notwendigkeit (›Die bewirkende Besinnung‹)«, in *Heidegger-Studien* (8) 1922, S. 6-12, hier: 8.
10 Heidegger, ebd., S. 12. Die unter Heideggerianern offenbar übliche Wertschätzung der *Beiträge* verdankt sich unter Umständen auch den apologetischen Bedürfnissen der Exegeten, die hier eine Chance sehen, Heidegger vom Klassizismusvorwurf (und dem, was damit politisch zusammenhängt) zu entlasten. Suspekt mutet auch die Mythenbildung um Heideggers Auseinandersetzung mit Cézanne und Klee an, wie sie Pöggeler und Seubold betreiben. Wenn man ihrer Einsicht in Heideggers Kleenotizen Glauben schenken darf, dann ist die Wendung zu Klee, wenn sie so wie von Seubold beschrieben aussieht, in hohem Maße problematisch. Daß der späte Heidegger so naiv geworden sei, die ontisch-ontologische Differenz in einem Gemälde einzusargen, wäre wirklich der Rückfall in den puren Idealismus. Die Gegenposition, daß sich Heidegger bis zuletzt mit dem Kunstwerkaufsatz identifiziert hat, vertritt Joseph J. Kockelmann in *Heidegger on Art and Artworks*, Dordrecht: Martinus Nijhoff Publishers 1985, S. 81.

heißt, ihrer Verwindung steckt. Zum Ausdruck kommt diese Ambivalenz der Ästhetik vor allem in der ihr immer wieder zugeschriebenen Tendenz zur Selbstzerstörung und Selbstüberschreitung. Ästhetik besitzt nach Heidegger ein auto-destruktives Potential, eine dekonstruktive Disposition. Diese Vorstellung bestimmt Heideggers Vorlesungen über Nietzsche, dessen Rückfall in die Metaphysik am absoluten Vorrang der ästhetisch, und das heißt für Heidegger produktionslogisch gefaßten Kunst abzulesen sein soll.[11] »Dadurch wird Nietzsches Fragen nach der Kunst zu der aufs Äußerste getriebenen Ästhetik, die sich gleichsam selbst überschlägt«.[12] Und: »So wird die Ästhetik innerhalb ihrer selbst über sich hinausgetragen.« (Nietzsche, 152) Von jeder wahren Ästhetik behauptet Heidegger, daß sie »sich selbst sprengt.«[13]

Wie diese Symptome von Heideggers ambivalentem Verhältnis zur philosophischen Ästhetiktradition gedeutet werden, bestimmt die Position, die man Heideggers Kunstdenken gegenüber einnimmt, vor allem hinsichtlich der Frage, ob Heidegger selbst in der Tradition der idealistischen Ästhetik steht oder mit ihr brechend sie überwindet. Sich auf diesen Streit einzulassen, heißt aber auch, in den Gleisen einer Diskussion weiterzufahren, die genetisch und systematisch eine Diskussion nicht nur über und um das Ende der Kunst ist, sondern unter dessen rhetorischen und diskursiven Voraussetzungen steht. Bei Heidegger hat sich die Frage nach dem Ende der Kunst explizit verschoben zur Frage nach der Beendbarkeit der Ästhetik. Aber das signalisiert keineswegs ein Ende des Endes der Kunst. Was (philosophische) Ästhetik an die Kunst bindet, ist nach Heideggers Einsicht nämlich nichts anderes als das Ende einer Kunst, »denn in Wahrheit ist die Tatsache, ob und wie ein Zeitalter der Ästhetik verhaftet ist, ob und wie es aus einer ästhetischen Haltung her zur Kunst steht, entscheidend für die Art und Weise, wie in diesem Zeitalter die Kunst ge-

---

11 »Die Kunst ist nach dem erweiterten Begriff des Künstlers das Grundgeschehen alles Seienden; das Seiende ist, sofern es ist, ein Sichschaffendes, Geschaffenes.« (*Nietzsche*, a.a.O., S. 85. Zu Heideggers Nietzschekritik vgl. David Farrell Krell, »Art and Truth in Raging Discord: Heidegger and Nietzsche on the Will to Power«, in: *Martin Heidegger and the Question of Literature*, a.a.O, S. 39-52.

12 Martin Heidegger, *Nietzsche*, Pfullingen: Neske 1961. Im folgenden zitiert als Nietzsche mit Seitenangaben in Klammern, hier: Nietzsche, 92.

13 In einem »Überwindung der Ästhetik« überschriebenen Fragment aus den frühen dreißiger Jahren heißt es von der Ästhetik: »Die ursprüngliche Besinnung auf die Kunst kann in ihr sich nicht halten, und trotzdem behauptet sie sich immer wieder und es kommt zu keiner Überwindung.« In *Heidegger-Studien*, Bd. 6, 1990, S. 5-7, hier: 6.

schichtebildend ist – oder ob sie ausbleibt.« (Nietzsche, 94) Auch Heidegger verschränkt das Ende der Kunst mit dem Beginn von Ästhetik: »Die Ästhetik beginnt bei den Griechen erst in dem Augenblick, da die große Kunst, aber auch die gleichlaufende große Philosophie zu ihrem Ende gehen« (Nietzsche, 95). Ästhetik setzt das Ende der (großen) Kunst in dem (Hegelschen) Sinne voraus, daß sie die Erb- und Folgelast der Kunst antritt, indem sie sagt, was Kunst, die einmal war, nicht mehr sagen kann. Daneben aber kennt Heidegger auch die anti-ästhetisch inspirierte Radikalisierung dieser Verbindung. In dieser Hinsicht ist die Ästhetik das Medium, in dem die Kunst »stirbt« (Kunstwerk, 65). »In dem geschichtlichen Augenblick, da die Ästhetik ihre größtmögliche Höhe, Weite und Strenge der Ausbildung gewinnt, ist die große Kunst zu Ende.« (Nietzsche, 100) Auch diese Variante, nach der die Ästhetik das Ende der Kunst nicht nur bilanziert, sondern mit der Erkenntnis von Kunst ihrer Bedeutsamkeit ein Ende erst setzt und macht, ist Hegel verpflichtet. Und genau dies, den zwar interpretatorisch offenen, aber stets verpflichtenden Nexus von Ende der Kunst und Ästhetik artikuliert und damit die entscheidende Bedeutung des Endes der Kunst erkannt zu haben, nicht nur für den Ästhetikdiskurs, sondern auch noch für jeden Versuch, ihr den Rücken zu kehren, dies ist, nach Heidegger, Hegels Größe, die Größe seiner Ästhetik. »Die Vollendung der Ästhetik hat darin ihre Größe, daß sie dieses Ende der großen Kunst *als solches* erkennt und ausspricht. Diese letzte und größte Ästhetik des Abendlandes ist diejenige Hegels« (Nietzsche, 100, Hervorh. E.G.).[14]

Daß Hegels große Ästhetik dies tut und kann, aber trotzdem Ästhetik bleibt, hat zur Folge, daß jede Überwindung der Ästhetik, jeder Versuch, sie zu Ende zu bringen, unter dem Verdacht stehen muß, immer noch Ästhetik zu sein. Umgekehrt liegt aber das Besondere der Hegelschen Ästhetik für Heidegger darin, daß hier das autodestruktive Gesetz der Ästhetik selbst erkannt ist. Das Selbst-Überschlagen und die charakteristische Selbstübertretung der Ästhetik wird eben in der Selbstbeschränkung des »Spruchs« über das Ende der Kunst deutlich und erkennbar. Zwar versteht Heidegger auch Nietzsches Philosophie als Vollendung und damit Übergang, aber dies einzig vermöge

---

14 Übertrumpfen läßt sich das nur noch mit dem »Ende der Philosophie«. Vgl. Martin Heidegger, »Das Ende der Philosophie und die Aufgabe des Denkens«, in: *Zur Sache des Denkens*, Tübingen: Niemeyer 1969. Zur Diskussion: *Heideggers These vom Ende der Philosophie. Verhandlungen des Leidener Heidegger-Symposions im April 1989*, hrsg. Marcel F. Fresco et al., a.a.O.

der Maßlosigkeit, mit der Nietzsches Ästhetik auf die gesamte Tradition ausgreift. »Wenn sich in Nietzsches Denken die bisherige Überlieferung des abendländischen Denkens in einer entscheidenden Hinsicht sammelt und vollendet, dann wird die Auseinandersetzung mit Nietzsche zu einer Auseinandersetzung mit dem bisherigen abendländischen Denken« (Nietzsche, 13). Im Unterschied dazu ist die Hegelsche Ästhetik eine Ästhetik der Ästhetik, die sich mit dem Topos vom Ende der Kunst selbst zurücknimmt und beschränkt. Hegel hat die Ästhetik mit dem Ende der Kunst beendet und mit eben diesem Ende zugleich dafür gesorgt, daß jede Abkehr von der Ästhetik ihr verhaftet bleibt. Dies ist Heideggers Einsicht in Hegels Größe *und* die Quelle aller Beunruhigungen, die von Hegels Ästhetik in Heideggers Kunstphilosophie ausstrahlen. Ihnen gehen die folgenden Abschnitte anhand einer Lektüre des Kunstwerkaufsatzes nach. Vorwegnehmend ist zu sagen, daß Heidegger seine Einsicht in Hegels Ästhetik überall dort verrät, wo er der Kunst zumutet, Anfang und Stiftung zu sein, die das Geschick eines Volkes eröffnen. Dort verfällt er in das, was er Nietzsche als Rückfall in die Metaphysik vorwirft. Die Chance, die in der Erkenntnis des Zusammenhangs von Selbstübertretung und Selbstbeschränkung im Ende der Kunst der Hegelschen Ästhetik lag, wird vertan. Was Heidegger in den *Beiträgen* von dem letzten Gott sagt, hätte aber auch von der letzten Ästhetik zu gelten: Sie ist »nicht das Ende, sondern der andere Anfang unermeßlicher Möglichkeiten«.[15] Einen solchen anderen Anfang unermeßlicher Möglichkeiten gibt es für Heidegger in der Tat, aber nicht bei Hegel. Einzig Hölderlin bürgt Heidegger für einen anderen Anfang. Die Konsequenzen dieser Wendung zu Hölderlin für die Rede vom Ende der Kunst mit und nach Heidegger werden im vierten und letzten Abschnitt kurz angeschnitten.

---

15 Martin Heidegger, *Beiträge*, a.a.O., S. 411.

2.

> *Wenn ich nun im Nachwort zu meiner Abhdlg.*
> *(Holzw. 66-67) Hegel zustimmend zitiere (...),*
> *dann ist das weder eine Einstimmung mit Hegels*
> *Auffassung der Kunst noch die Behauptung, die*
> *Kunst sei am Ende.*[16]
> (M. Heidegger)

Im Kunstwerkaufsatz von 1936 war Heidegger aber offenbar in demselben Maße blind für die »Größe« von Hegels Ästhetik, wie dafür, daß sein eigenes Denken, der anti-ästhetischen Programmatik zum Trotz, eine Tradition fortschrieb, die der Kunst Wahrheit zumutet und sich nicht scheut, Aussagen über sie zu treffen.[17] »Eine wesentliche Weise, wie die Wahrheit sich in dem durch sie eröffneten Seienden einrichtet, ist das Sich-ins-Werk-Setzen der Wahrheit.« (Kunstwerk, 48) Die Formulierung ist paradox, denn die Wahrheit richtet sich offenbar in dem Werk ein, das die Wahrheit erst eröffnet. Solches ist als hermeneutischer Zirkel bekannt, und in seinem Zeichen steht, wie Heideggers Philosophie seit *Sein und Zeit* überhaupt, auch der Kunstwerkaufsatz: »jeder einzelne der Schritte, die wir versuchen, kreist in diesem Kreise.« (Kunstwerk, 2) Aber die Hermeneutizität der Wahrheit ist kein zureichender Grund, Heideggers Text jenseits der ästhetischen Tradition anzusiedeln; ein Wechselbezug von Kunst und Wahrheit bleibt schließlich ungebrochen.

Wenn man Heideggers Aufsatz folglich als mißlungenen Versuch, der Ästhetik zu entkommen, als Rückfall in einen von der idealistischen Tradition vorgeprägten Kunst-Essentialismus auslegt, dann erscheint das leider nicht genau datierbare »Nachwort«,[18] wo die ein-

---

16 Martin Heidegger, Brief vom 25. 4. 1950 an Krämer-Badoni in *Phänomenologische Forschungen* 18 (1986), S. 179, zitiert nach Günter Seubold, *Kunst als Enteignis*, a.a.O., S. 23.

17 Schon Gadamer schreibt aus Gründen, die mit dem Hegelschen Erbe der Hermeneutik zu tun haben, und also in eigener Sache, in seinem Nachwort der Neuausgabe von Heideggers Text: »Heidegger erneuert damit auch nicht einfach die spekulative Ästhetik, die das Kunstwerk als das sinnliche Scheinen der Idee definiert. Diese Hegelsche Definition des Schönen teilt zwar mit Heideggers eigenem Denkversuch die grundsätzliche Überwindung des Gegensatzes von Subjekt und Objekt, Ich und Gegenstand und beschreibt das Sein des Kunstwerkes nicht von der Subjektivität her. Aber sie beschreibt es doch auf sie hin.« In Martin Heidegger, *Der Ursprung des Kunstwerkes*, hrsg. Hans-Georg Gadamer, Stuttgart: Reclam 1997 (1960), S. 107.

18 Das Nachwort ist nicht eindeutig zu datieren. Heidegger selbst schreibt im Vorwort der Neuausgabe des Textes rätselhafterweise, es sei »z.T. später geschrieben«, datiert

schlägigen Hegel-Stellen zum Ende der Kunst angeführt werden, als Korrektur und Distanzierungsversuch, der Heideggers tieferer Einsicht in seine eigenen Verstrickungen entspringt, einschließlich der nunmehr als seinsgeschichtlich erkannten Verstrickung in die Ästhetiktradition. Mit ein und derselben Geste der Hegel-Reverenz wird dieser Tradition der Respekt gezollt, der ihr seinsgeschichtlich gebührt, und zugleich ein Abrücken von der Kunst bewerkstelligt. Daß Heidegger spätestens in den fünfziger Jahren von seinen Erwartungen an die Kunst tatsächlich Abstand genommen hat, bestätigt u.a. der Aufsatz über »Die Frage nach der Technik« (1953), wo von der Kunst im Imperfekt und vorsichtiger die Rede ist. »Was war die Kunst? Vielleicht nur für kurze, aber hohe Zeiten?«[19] Die Kunst ist zu diesem Zeitpunkt weder so wesentlich noch so dringlich wie in der Abhandlung über den »Ursprung des Kunstwerkes« zwanzig Jahre vorher. Im »Zusatz« von 1956 verwahrt sich Heidegger ausdrücklich gegen jeden Versuch, seine Überlegungen als Aussagen über die Kunst mißzuverstehen: »Was die Kunst sei, ist eine jener Fragen, auf die in der Abhandlung keine Antworten gegeben sind. Was den Anschein von solchen bietet, sind Weisungen für das Fragen. (Vgl. die ersten Sätze des Nachwortes.)« (Kunstwerk, 71) Je emphatischer Heidegger negiert, desto deutlicher zeigt sich die traditionelle Dimension des Aufsatzes und ineins damit die jetzt veränderte Position. Die Kunst ist 1956, aber auch schon im undatierten »Nachwort«, nicht mehr mögliche Stätte einer Entscheidung über Wahrheit, sondern umgekehrt »gehört das Schöne in das Sichereignen der Wahrheit.« (Kunstwerk, 67) Noch deutlicher sind die Prioritäten im »Zusatz« formuliert: »Die Besinnung darauf, was die *Kunst* sei, ist ganz und entschieden aus der Frage nach dem *Sein* bestimmt.« (Kunstwerk, 71) Aber im Text selbst sah es noch so aus, als eröffne die Kunst erst den Bezug zum Sein. Gewiß war sie schon dort nur *eine* der Weisen, wie die Wahrheit sich einrichtet, neben der »staatsgründende(n) Tat«, dem »wesentliche(n) Opfer«, und dem »Fragen des Denkers« (Kunstwerk, 48), aber die Kunst beanspruchte als »eine ausgezeichnete Weise« (Kunstwerk, 64) Vorrang. Man könnte sogar argumentieren, daß auch die genannten

den »Zusatz« jedoch präzise auf das Jahr 1956. Zur Editionsgeschichte des Textes und der 1989 in den *Heidegger-Studien* abgedruckten Erstfassung vgl. Jacques Taminiaux, »The Origin of ›The Origin of the Work of Art‹«, in: *Reading Heidegger. Commemorations*, hrsg. John Sallis, Bloomington u. London: Indiana University Press, 1993, S. 392-404.

[19] Martin Heidegger, »Die Frage nach der Technik«, in: *Vorträge und Aufsätze. Teil I*, Pfullingen: Neske ³1967, S. 5-36, hier: 34.

anderen Weisen des Wahrheitsgeschehens dem Primat der Kunst folgen. Schließlich ist es die Kunst, die einem Volk sein Geschick eröffnet, so etwas wie eine Staatsgründung erst ermöglichend, und ein Volk werden die Bewahrenden erst und allein im Bezug auf ein Werk.

Aus Gründen, über die sich nur spekulieren läßt, will Heidegger die nachträglichen Korrekturen seiner Addenda nicht als Dementi verstanden wissen, sondern als Profilierung latent schon angelegter Ambivalenzen. Während das im Blick auf den »Zusatz« gerechtfertigt scheint, ist dies für das Hegel betreffende »Nachwort« weniger überzeugend. Was sich als klärende Zusammenfassung gibt, maskiert einen massiven Unterschied. Die eigentliche Abhandlung schloß mit einer rhetorischen Frage: »Sind wir in unserem Wesen geschichtlich am Ursprung? (...) Oder berufen wir uns in unserem Verhalten zur Kunst nur noch auf gebildete Kenntnisse des Vergangenen?« (Kunstwerk, 64) Daß die Frage rhetorisch ist, Heidegger also sehr wohl annimmt, »wir«, und d.h. unzweideutig wir Deutschen im Jahr 1936, seien am Ursprung, bezeugt der letzte Satz: »Für dieses Entweder-Oder und seine Entscheidung gibt es ein untrügliches Zeichen. Hölderlin, der Dichter, dessen Werk zu bestehen den Deutschen noch bevorsteht, hat es genannt, indem er sagt: ›Schwer verläßt / Was nahe dem Ursprung wohnt, den Ort.‹« (Kunstwerk, 64) Alle Zeichen stehen also zweifellos auf (anderen) Anfang. Im »Nachwort« ersetzt aber Hegel Hölderlin und das Ende den Ursprung. Die Frage lautet nicht mehr, sind wir schon oder wieder am Ursprung, sondern: »Ist die Kunst noch eine wesentliche und eine notwendige Weise, in der die für unser geschichtliches Dasein entscheidende Wahrheit geschieht, oder ist die Kunst dies nicht mehr? (...) Die Entscheidung über Hegels Spruch ist noch nicht gefallen, denn hinter diesem Spruch steht das abendländische Denken seit den Griechen, welches Denken einer schon geschehenen Wahrheit des Seienden entspricht.« (Kunstwerk, 66) Die Frage, ob die Kunst ein Ursprung und Anfang ist oder nicht, ist zu unterscheiden von der Frage, ob die Kunst zu Ende ist oder nicht. Ist sie ein Anfang, vermag Kunst sowohl vor- als auch zurückverweisen, ist sie dies nicht, bleibt die Kunst gebannt in die Vergangenheit, kann wohl zurück-, aber nicht mehr vorverweisen.

Die Überraschung und das Rätsel dieser Abkehr von Hölderlin zugunsten Hegels bestehen darin, daß Hegels Spruch angesichts der bis auf weiteres suspendierten Entscheidung nicht seinerseits suspendiert wird, sondern bestätigt. »Die Entscheidung über den Spruch fällt, wenn sie fällt, aus dieser Wahrheit des Seienden und über sie. Bis dahin bleibt der Spruch in Geltung.« (Kunstwerk, 66) Warum affirmiert Heidegger den Spruch, warum begreift er, was bisher immer als »Hegels These« zur Entscheidung anstand, als Spruch und Urteil? In der Abhandlung hatte es noch geheißen: »Der Anfang enthält schon verborgen das Ende« (Kunstwerk, 62); das Ende ist im Vorsprung des Entwurfs schon übersprungen. Jetzt wird aber *der* Hegel zitiert und bekräftigt, in dessen Denken gerade umgekehrt das Ende den Anfang enthält und ihn in sich als Resultat aufhebt.[20]

Verschiedene Begründungen der überraschenden Bestätigung des Hegelschen Urteils als bis auf weiteres endgültig sind denkbar. Von Heideggers Metaphysik-Interpretation her ergibt sich, daß die Kunst Bestandteil der Metaphysik ist und es, den voreiligen Hoffnungen des Kunstwerkaufsatzes zum Trotz, auch bleibt. Kunst kann kein Ursprung sein, kein Anfang werden, solange die Metaphysik herrscht. Deshalb sagt Hegel mit Recht, die Kunst sei zu Ende. Damit wird aber Hegel, und man möchte hinzufügen, ausgerechnet Hegel, eine Einsicht zugebilligt, die Heidegger doch für sich und sein Denken in Anspruch nimmt. Aber, wenn die Entscheidung über die Wahrheit des Seienden fällt (und ob sie überhaupt fällt, läßt die Konjunktion »wenn« vorsichtig offen, was hier ein Zögern einführt, das dem dringlichen Pathos der Abhandlung fehlt), und ein anderer Anfang stattfindet, dann ist die Kunst nicht mehr, was sie war, sofern ihr Wesenswandel bisher immer »dem Wesenswandel der Wahrheit« (Kunstwerk, 67) entsprochen hat.[21] Eine nicht-metaphysische Kunst wäre freilich auch keine Kunst mehr. (Das gilt für Heidegger in der Tat von Hölderlins Dichtung.)

Damit ist jedoch nicht geklärt, daß und wie Heidegger sich hier von Hegel eine Interpretation zuspielen läßt. In der Übernahme von dessen Spruch in genau der Äquivokation, die er schon bei Hegel im Bezug auf die Philosophie hat und die in dem Paradox zum Ausdruck kommt, daß die Kunst erst zu Ende sein muß, bevor sie gedacht werden kann, daß sie aber zu Ende ist, wo sie gedacht wird, verbirgt und zeigt sich zugleich die Ambivalenz der ganzen Tradition, die nicht zu

20 Vgl. Marc Froment-Meurice, *That is to Say. Heidegger's Poetics*, übers. Jan Plug, Stanford: Stanford University Press 1998, S. 164.
21 Auch diese Formulierung am Schluß des Nachwortes verzeichnet eine latente Umorientierung. In der Abhandlung selbst hieß es, daß mit der Kunst jeweils eine neue und wesentliche Welt aufbrach, sie also in den jeweiligen Wesenswandel der Wahrheit eröffnet hat. Im Nachwort wird der Wesenswandel der Kunst dem der Wahrheit offenbar nachgesetzt: »Dem Wesenswandel der Wahrheit entspricht die Wesensgeschichte der abendländischen Kunst« (Kunstwerk, 67).

verwerfen oder überwinden, sondern, nach Heidegger, als Seinsgeschichte anzueignen ist. Daß Heidegger Hegel bestätigt, wäre also nur notwendiger und vorläufiger Schein, denn die Differenz zwischen Hegels und Heideggers Ende ist nicht sichtbar,[22] solange der andere Anfang noch aussteht. (Heranzuziehen ist hier auch der letzte Satz des »Zusatzes« von 1956, wo Heidegger den Notstand einklagt, daß er als Autor »auf den verschiedenen Stationen des Weges jeweils in der gerade günstigsten Sprache zu sprechen« hat. (Kunstwerk, 72) Gerade vermöge der Ambivalenz, die der Spruch schon bei Hegel hat, ist seine Sprache prädestiniert, die Äquivokation der metaphysischen Tradition insgesamt zu markieren.)

Wichtig für eine Begründung des autoritativen Hegelzitats ist aber auch, was es ausschließt. Blockiert wird nämlich genau die in der Heideggerforschung vorherrschende Deutung, daß sich das kulturkritische Ressentiment, wie es in Heideggers düsteren Anspielungen auf den fatalen Kulturbetrieb anklingt, jetzt radikalisiert, der idealistische Optimismus also einem realistischen Pessimismus Platz gemacht habe. Sich aber hier *des* Endes zu bedienen und sich *dem* Ende zu unterstellen, das aus der für die Vorherrschaft der Reflexionsbegriffe Stoff und Form maßgeblichen Ästhetik Hegels stammt, jener Ästhetik, in der die Kunst »stirbt« (Kunstwerk, 65), das ist nicht nur seinsgeschichtlich Ironie erster Ordnung. Da es aber hier weder um offiziell seinsphilosophische Zusammenhänge noch um den Denkweg Heideggers geht, ist Hegels Präsenz im »Nachwort« als Symptom des von Heidegger anerkannten Sonderstatus der Hegelschen Ästhetik und ihres Endes der Kunst zur Kenntnis zu nehmen.

Wie man das Hegel-Zitat auch deutet und in welche Chronologie man es einordnet, zwischen Text und Nachwort, Hölderlin und Hegel, Kunst und Ästhetik, Ursprung und Ende herrschen Spannungen. Um solche handelt es sich allerdings nur unter der Bedingung, daß

---

22 Auf diese seinsgeschichtliche Lesart deutet auch der zunächst enigmatische letzte Satz des Nachworts. Die Kunst »ist aus der für sich genommenen Schönheit so wenig zu begreifen wie aus dem Erlebnis, gesetzt, daß der metaphysische Begriff von Kunst in ihr Wesen reicht« (Kunstwerk, 67). Der Satz ergibt allein dann Sinn, wenn man annimmt, daß »metaphysisch« hier noch so gebraucht wird wie in der *Einführung in die Metaphysik* von 1935, also als Äquivalent von Seinsgeschichte, denn als Metaphysik gilt ja späterhin vor allem die Ästhetik, deren nicht zureichende Art die Kunst zu denken hier aber nur aufgrund eines metaphysischen Kunstbegriffs denkbar wird. Der Gebrauch des Wortes Metaphysik deutet darauf, daß der Text in den unmittelbaren Umkreis des Aufsatzes, also die dreißiger Jahre gehört. Sein Sinn deutet aber genau umgekehrt auf eine spätere Abfassung.

Heideggers Aufsatz tatsächlich bruchlos an die Tradition anschließt. Aber wenn man davon ausgehen darf, daß die Aufnahme von Hegels Ende im Nachwort diese Tradition retrospektiv modifiziert, daß Heidegger sich nicht einfach von ihr distanziert, sondern seinen Aufenthalt in dieser Tradition rechtfertigt, indem er sie in einer Weise verkompliziert, die schlichtes Abrücken verunmöglicht, dann muß man den Aufsatz anders lesen und kann ihn nicht mehr als idealistischen Höhenflug abtun. Anders zu lesen hat man dann auch, was in diesem Aufsatz von der Kunst und ihrem Ende gesagt wird. Das rätselhafte Nachwort, zumal wenn es tatsächlich aus dem zeitlichen Umkreis der Abhandlung stammen sollte, eröffnet den Zugang zu einer Re-Lektüre des Kunstwerkaufsatzes – vom Ende her.

3.

Vom Ende, von Hegels Ende, jenseits und diesseits des Endes von Heideggers Text her gesehen, erscheint der Kunstwerkaufsatz von Anfang an mit Hegels Ästhetik vertraut.[23] Denselben Widerspruch, der sich bei einer ersten Lektüre der *Ästhetik* aufdrängt – zwischen dem proklamierten Ende der Kunst und ihrer Fortexistenz –, inszeniert auch Heidegger. Da heißt es zunächst: »Die Kunst, das ist nur noch ein Wort, dem nichts Wirkliches mehr entspricht« (Kunstwerk, 1). Dennoch geschieht Kunst und mit ihr Wahrheit vor van Goghs Gemälde der Schuhe, das die Wahrheit des Zeugcharakters in der Verläßlichkeit entdeckt (Kunstwerk, 19). Das ist zwar zunächst nur eine ›kleine‹ Wahrheit, die aber im Verlauf der Abhandlung erstaunliche Konsequenzen zeitigt. Es kann kein Zweifel sein, daß Kunst Wahrheit und Wesen weiterhin entbirgt.

Aber dieser scheinbare Widerspruch löst sich sehr schnell in dem auf, was Heidegger über das Bewahren und die Bewahrenden der Kunstwerke sagt. Die Innovation des Kunstwerkaufsatzes besteht nämlich vor allem darin, daß Heidegger, im Einklang mit seiner Nietzschekritik, die Produktion von Kunst zugunsten des Bewahrens abwertet. Das privilegierte Bewahren saugt gleichsam die Prioritäten des Schaffens auf. Und damit wird, was für Heidegger Kunst als (anderer) Anfang bedeutet, sehr kompliziert, denn Anfang ist kein Anfang, sondern eine Modalität des Bewahrens. Im dritten Teil der Ab-

---

23 Jacques Taminiaux, *Shadow of the Artwork*, a.a.O., S. 73-79.

handlung, wo Heidegger das Wesen der Kunst als Dichtung bestimmt, heißt es ausdrücklich: »Stiftung ist aber nur in der Bewahrung wirklich.« (Kunstwerk, 61) Zwar schafft das Werk die Bewahrenden mit, aber: »Für die Bewahrung erst gibt sich das Werk in seinem Geschaffensein als das wirkliche, d.h. jetzt: werkhaft anwesende« (Kunstwerk, 53). Ein Werk ist erst wirklich ein Werk, wenn es in der Bewahrung steht. Damit enthüllt sich auch die absichtliche Äquivokation des Wirklichkeitsbegriffs in dem Satz »Die Kunst ist nur noch ein Wort, dem nichts Wirkliches mehr entspricht.« (Kunstwerk, 1) Wirklichkeit kann als Hegels actualitas verstanden werden und metaphysisch als adaequatio, aber eben auch von dem im Aufsatz entwickelten Wirklichkeitsbegriff her. Von ihm aus gesehen, bedeutet der Satz kein Ende der Kunst, sondern die Tatsache, daß die vom Kunstwerk mitgeschaffenen Bewahrenden noch nicht in den Bereich der vom Kunstwerk eröffneten Wahrheit eingekehrt sind und der fortwirkenden Wirklichkeit des Kunstwerks noch nicht entsprochen haben. Es gibt nicht nur keinen Widerspruch zwischen Ende der Kunst und Wahrheitsgeschehen, sondern es gibt überhaupt kein Ende der Kunst, solange und sofern es Werke gibt, seien die auch bloß in der Erinnerung oder sonst defizient gegeben. Noch das Ausbleiben der dem Werk entsprechenden Bewahrung, behauptet Heidegger, verdankt sich dem Kunstwerk: »Wenn aber ein Werk die Bewahrenden nicht findet, nicht unmittelbar so findet, daß sie der im Werk geschehenden Wahrheit entsprechen, dann heißt dies keineswegs, das Werk sei auch Werk ohne die Bewahrenden.« (Kunstwerk, 53) Der nachfolgende Satz erweist, daß damit *nicht* gemeint ist, das Werk sei kein Werk mehr, wenn keiner auf es achtet, sondern daß das Werk die Bewahrenden schon mitgeschaffen hat und auf sie bezogen bleibt, auch wenn die nicht darauf achten: »Es bleibt immer, wenn anders es ein Werk ist, auf die Bewahrenden bezogen, auch *und gerade dann*, wenn es auf die Bewahrenden erst nur wartet und deren Einkehr in seine Wahrheit erwirbt und erharrt. Sogar die Vergessenheit, in die das Werk fallen kann, ist nicht nichts; sie ist noch ein Bewahren. Sie zehrt vom Werk.« (Kunstwerk, 53, Hervorh. E.G.)

Freilich haben nicht alle Modalitäten des Bewahrens den gleichen Rang und entsprechen der Wirklichkeit des Werks in abgestuften Graden: »Die Bewahrung geschieht in verschiedenen Stufen des Wissens mit je verschiedener Reichweite, Beständigkeit und Helligkeit.« (Kunstwerk, 54) So kann zwar auch die Erinnerung »dem Werk noch eine Stätte bieten, von der aus es Geschichte mitgestaltet. Die eigenste Wirklichkeit des Werkes kommt dagegen nur da zum Tragen, wo das Werk in der durch es selbst geschehenden Wahrheit bewahrt wird« (Kunstwerk, 55).[24] Erinnerung, Fälschung, Kunstgeschichte, Museumsbetrieb und »Erlebnis« sind noch und schon Formen des Bewahrens; selbst Vergessen und Verfall eines Kunstwerks können gar nicht anders, als seine ungebrochene Wirklichkeit zu bestätigen, denn sie sind immer noch Wirkungen des Werks. Mit anderen Worten, die Priorität der Bewahrenden und die potentielle Spannbreite des Bewahrens (die Heidegger allerdings sofort beschränken möchte auf ihre »eigentlichen« Weisen), bewahrt die Kunst – vor ihrem Ende. Denn daß einem Werk nicht eigentlich entsprochen wird, daß es musealisiert, vergessen oder zum Erlebnisträger reduziert werden kann, besiegelt, daß Werke wirklich sind und daß es in diesem Sinne Kunst gibt. Wenn man die von Heidegger als derivativ und uneigentlich denunzierten Bewahrungsformen – positiv formuliert, die unendlichen Entstellungs- und Entfremdungsmöglichkeiten der Kunstbewahrung – noch ein Ende der Kunst nennt, dann muß man zugleich sagen: Ein Ende der Kunst gibt es allein und insofern als es Kunst und Kunstwerke gibt. Diese Inversion, daß das Ende der Kunst die Wirklichkeit der Kunst nicht nur bezeugt, sondern voraussetzt und fortsetzt, ist nicht Heideggers Einsicht allein, wenn hier überhaupt von einer Einsicht gesprochen werden darf (zumal Heidegger alles daransetzt, den Spielraum der Bewahrung einschränkend zu hierarchisieren), aber die Konsequenzen dieses scharf gesehenen Umstandes sind radikal. Das heißt nämlich, daß Heidegger – ausgerechnet der Heidegger von 1936, der sich zum Unbehagen der Heideggerforschung so unbeholfen in Sachen moderner Kunst zeigt – die Moderne entbirgt, indem er zeigt, daß bisher keine Modernekonzeption den eigenen Bewahrungscharakter anzuerkennen fähig war – noch auch dessen ungeahnte Möglichkeiten. Das Problem aller bisherigen Modernekonzeptionen, einschließlich einer reflexiven, zweiten Moderne, ist, daß angesichts der unvermeidlichen Desillusionierung über die eigene Innovationsmacht nur noch übrigzubleiben scheint, melancholisch oder verschämt die eigene Derivativität einzugestehen oder auch, in der kon-

---

24 Jay. M. Bernstein, der Heidegger in das Projekt einer »memorial aesthetics« einschließt, schreibt: »Heidegger's end of great art thesis allows for and makes the work of remembrance integral to our engagement with works of art. In the recuperation of the essence of art we become, through remembrance, preservers of art once removed. Preservers of a possibility.« *The Fate of Art. Aesthetic Alienation from Kant to Derrida and Adorno*, a.a.O., S. 153.

servativen Spielart, solche Derivativität restaurativ zu beschwören. Sofern Heideggers Modalitäten des Bewahrens die Alternative innovativ oder derivativ, deren Schnittpunkt und diskursive Schaltstelle das Ende der Kunst ist, außer Kraft setzen, stehen der Kunst wie auch ihrem Ende unendliche Bewahrungsmöglichkeiten offen. Um diese bei Heidegger angelegte, aber sofort wieder gekappte Erkenntnis freizusetzen, muß man sie aus den Zusammenhängen herausnehmen, in denen sie steht – gegebenenfalls auch herausreißen. Heideggers Anfang ist nämlich in einem sehr genauen Sinn schizophren. Heißt es einerseits, daß Stiftung nur in der Bewahrung wirklich ist, so gibt es andererseits auch eine Dimension des Anfangs, die das genaue Gegenteil meint. Weil Heidegger, wie sich vor allem im dritten und letzten Teil der Abhandlung zeigt, auf Biegen und Brechen an der Kunst als Anfang festhält, gerät er paradoxerweise in die Lage, das Ende der Kunst beschwören, den alten Topos noch einmal unreflektiert instrumentalisieren zu müssen. Dieses alte und altbekannte Ende der Kunst steht überall dort am Horizont, wo Heidegger die Kunst auf Anfang, Stiftung und Gründung von Geschichte verpflichtet.

Der Stoß in »die unerschlossene Fülle des Ungeheuren« (Kunstwerk, 62) ist das Wahrheitsgeschehen der Kunst als Gründung von Geschichte. »Immer wenn das Seiende im Ganzen als das Seiende selbst die Gründung in die Offenheit verlangt, gelangt die Kunst in ihr geschichtliches Wesen als die Stiftung« (Kunstwerk, 62-63). Das geschah nach Heidegger zuerst in der Antike: »Jedesmal brach eine neue und wesentliche Welt auf. (...) Jedesmal geschah Unverborgenheit des Seienden. Sie setzt sich ins Werk, welches Setzen die Kunst vollbringt« (Kunstwerk, 63). Heidegger insistiert unmißverständlich *jedesmal* und »*immer wenn* Kunst geschieht, d.h. wenn ein Anfang ist, kommt in die Geschichte ein Stoß, fängt Geschichte erst oder wieder an.« (Kunstwerk, 63, Hervorh. E.G.) Was Heidegger hier unter Geschichte versteht, ist leider eindeutig. »Geschichte ist die Entrückung eines Volkes in sein Aufgegebenes als Einrückung in sein Mitgegebenes.« (Kunstwerk, 63) Gewiß gesteht Heidegger der Kunst Geschichtlichkeit auch zu »in dem äußerlichen Sinne, daß sie im Wandel der Zeiten neben vielem anderen auch vorkommt und sich dabei verändert und vergeht (...)« (Kunstwerk, 63), aber auch vergehen kann die Kunst nur dort, wo sie Anfang ist: »Die Kunst ist Geschichte in dem wesentlichen Sinne, daß sie Geschichte gründet.« (Kunstwerk, 63) Da die Kunst immer und jedesmal Geschichte neu gegründet hat, kann und muß sie auch für den Anfang bürgen, den Heidegger im Sinn hat, den sogenannten anderen Anfang. Weil er so bedingungslos auf Anfang setzt, bleibt Heidegger gar nichts anderes übrig, als sich den Diskursregeln des Endes der Kunst zu unterstellen und alles auf die Alternative zu reduzieren: Ist die Kunst ein Anfang oder ist sie am Ende? Wo Kunst mit dem Anfang belastet wird, ist das Ende immer auch schon in Sicht.

Man kann den »Ursprung des Kunstwerks« aber auch so lesen, daß sich Spuren eines Zweifels abzeichnen, den Heidegger gegenüber dem Gründungsmythos der Kunst mit dem Ende als notwendiger Kehrseite gehegt haben könnte. Heidegger läßt die Frage offen, ob Kunst Geschichte gründen kann oder Geschichte gründen muß.[25] »Was ist die Wahrheit, daß sie als Kunst geschehen *kann oder sogar geschehen muß*?« (Kunstwerk, 43, Hervorh. E.G.) Vorsichtig heißt es einmal: »Was ist die Wahrheit selbst, daß sie sich *zu Zeiten* als Kunst ereignet?« (Kunstwerk, 24, Hervorh. E.G.) An anderer Stelle ebenso ambivalent wie entschlossen: »was ist die Wahrheit, daß sie in *dergleichen* wie einem Geschaffenen geschehen *muß*?« (Kunstwerk, 46, Hervorh. E.G.) Die Feststellung, daß »im Wesen der Wahrheit ein *Zug zum Werk*« liegt (Kunstwerk, 48), beschreibt eine Tendenz und Möglichkeit, aber keine Notwendigkeit. Doch schon auf der folgenden Seite ist aus dem Zug ein Wille geworden: »Die Wahrheit will als dieser Streit ins Werk gerichtet werden« (Kunstwerk, 49). Die Begründung dieses Wollens liegt bekanntlich im Wesen von Erde und Welt, denn die Welt verlangt das Offene, und die Erde trachtet, sich zu verschließen. Aber warum will die Wahrheit das Werk? Immer wenn Kunst geschieht, kommt in die Geschichte ein Stoß. Aber wenn in die Geschichte ein Stoß kommt, geschieht das immer und notwendig als Kunst? Solches Zögern verzögert auch das Ende der Kunst, denn wenn der Anfang und die Geschichtsgründung qua Kunst nur möglich, aber nicht notwendig sind, ist auch das Ende der Kunst eine Möglichkeit, aber keine Notwendigkeit. Erst wenn im »Nachwort« nur mehr die Notwendigkeit zur Diskussion steht, wird das Ende der Kunst rechtskräftig: »Ist die Kunst noch eine wesentliche und eine notwendige Weise, in der die für unser geschichtliches Dasein entscheidende Wahrheit geschieht, oder ist die Kunst dies nicht mehr?« (Kunstwerk, 66)

---

25 In den *Beiträgen* ist Heidegger diesbezüglich eindeutiger: »Muß aber, wenn Wahrheit geschieht, immer auch Kunst sein – oder nur unter bestimmten Bedingungen?« *Beiträge, Zur Philosophie vom Ereignis*, hrsg. Friedrich Wilhelm von Hermann, Frankfurt a. M.: Vittorio Klostermann, 1989, Bd. 65 der Gesamtausgabe, a.a.O., S. 8.

Die Frage, ob Kunst notwendig oder nur unter gewissen Umständen Geschichte gründet, entspringt der Konkurrenz des Denkens mit der Kunst, die sich in der Dringlichkeit nicht eingestellt haben würde, wenn Heidegger die in seiner Theorie des Bewahrens angelegten Möglichkeiten aufgegriffen hätte. Das hat er aber nicht, und deshalb steht im Kunstwerkaufsatz die Konkurrenz und aporetische Verknüpfung von Denken und Kunst an, die dem Ende der Kunst als Diskurs eingeschrieben ist und die jede Instrumentalisierung des Topos fortschreibt. Wenn die Kunst ein Anfang ist, dann liegt vor diesem Anfang noch und schon die denkende Besinnung und das Fragen nach der Kunst. Gewiß vermag solches Denken die »Kunst und ihr Werden nicht zu erzwingen. Aber dieses besinnliche Wissen ist die vorläufige und deshalb unumgängliche Vorbereitung für das Werden der Kunst.« (Kunstwerk, 64) Nicht die Kunst stößt Geschichte an und auf, sondern das Fragen nach der Kunst. Nicht in der Kunst, sondern in »solchem Wissen (…) entscheidet sich, ob die Kunst ein Ursprung sein kann und dann ein Vorsprung sein muß, oder ob sie nur ein Nachtrag bleiben soll (…).« (Kunstwerk, 64) Aber, und das ist das Paradox der Lage, wenn das Denken die Kunst vorbereiten kann, dann ist die Kunst kein Anfang mehr, denn vor ihrem Stoß liegt der Vorstoß des Denkers, dem Kunst dann ihrerseits nur noch entsprechen kann. Dann ist es mit dem Anfang der Kunst vorbei, dann ist sie stets nur Nachtrag, dann muß sie unwiderruflich zu Ende sein.

Aber Heideggers Aufsatz macht von einer anderen Seite her auch eine andere Lesart möglich, die das Ende der Kunst noch einmal, anders, ins Spiel bringt. Der in der Frage, ob Kunst möglich oder notwendig Wahrheitsgeschehen und Geschichtsgründung sei, angelegten Alternative korrespondiert eine zweite, die stets lesbar bleibt, obwohl Heidegger sie an keiner Stelle als Alternative ausformuliert. Sie betrifft das Ende der Kunst im Sinne des unwiderruflichen Schwunds ihrer Welt, jenes Ereignis, das die Priorität des Bewahrens ermöglicht, dessen Potentiale in der hierarchischen Struktur des Bewahrens zugleich eingeschränkt werden. »Die ›Ägineten‹ in der Münchener Sammlung, die ›Antigone‹ in der besten kritischen Ausgabe, sind als die Werke, die sie sind, aus ihrem eigenen Wesensraum herausgerissen. Ihr Rang und ihre Eindruckskraft mögen noch so groß, ihre Erhaltung mag noch so gut, ihre Deutung noch so sicher sein, die Versetzung in die Sammlung hat sie ihrer Welt entzogen. Aber auch wenn wir uns bemühen, solche Versetzungen der Werke aufzuheben oder zu vermeiden, indem wir z.B. den Tempel in Paestum an seinem Ort und den Bamberger Dom an seinem Platz aufsuchen, die Welt der vorhandenen Werke ist zerfallen.« (Kunstwerk, 26) So unzweideutig dieses Ende ist, so mehrdeutig ist die Genese des Weltschwunds, denn es besteht ein Unterschied zwischen der kulturkritischen These, die Versetzung in die Sammlung habe die Werke ihrer Welt entzogen bzw. entrissen, und der melancholischen Einsicht, daß die Welt der Werke zerfallen ist. Zwischen »Weltentzug und Weltzerfall« besteht der gleiche Unterschied wie zwischen der schicksalhaften Flucht des Gottes aus seinem Tempel (Kunstwerk, 28) und der mörderischen Ästhetik, in der die Kunst »stirbt« (Kunstwerk, 65). Auch im »Nachwort« perenniert diese Doppeldeutigkeit, denn zunächst scheint Heidegger die Ästhetik verantwortlich zu machen für das Absterben der Kunst, um dann aber neutral zu formulieren, »die große Kunst samt ihrem Wesen« sei vom Menschen »gewichen« (Kunstwerk, 65).

Erklärung findet diese Unentschiedenheit in zwei verschiedenen Begründungszusammenhängen des Kunstwerkaufsatzes. Zum einen hat auch diese Ambivalenz im Wesen der Wahrheit selbst ihren Ursprung. Der Streit zwischen Welt und Erde, dem, was sich öffnet, und dem, was sich verschließt, ist ein Streit der Wahrheit im Sinne von aletheia als Zusammenspiel und Widerspiel von Verbergen und Enthüllen. Das Verbergen aber geschieht, so führt Heidegger aus, in doppelter Gestalt, als Versagen und Verstellen. »Die Verbergung kann ein Versagen sein oder nur ein Verstellen. Wir haben nie geradezu Gewißheit, ob sie das eine oder das andere ist. Das Verbergen verbirgt und verstellt sich selbst.« (Kunstwerk, 39-40) Es liegt also im Wesen der Wahrheit beschlossen, daß wir nicht geradewegs entscheiden können, ob die Welt der wahren Werke sich entzogen hat und sich versagt oder ob sie sich verstellt. Das ist der eine, gleichsam offizielle, weil die Wahrheit und die Art und Weise ihres Sich-Zeigens und Geschehens betreffende Begründungshorizont. Der andere betrifft die Frage nach dem Bezug der Menschen zur Kunst, zu der sich Heidegger im »Zusatz« von 1956 mit seltener Deutlichkeit geäußert hat. Die Frage, ob Weltentzug oder Weltzerfall waltet, ob wir der Kunst ein Ende bereitet haben oder ob sie sich uns entzogen hat, hängt davon ab, wie der Bezug des Menschen zur sich im Werk ereignenden Wahrheit ausfällt. »In dem Titel: ›Ins-Werk-Setzen der Wahrheit‹, worin unbestimmt, aber bestimm*bar* bleibt, wer oder was in welcher Weise setzt, verbirgt sich der *Bezug von Sein und Menschenwesen*, welcher Bezug schon in dieser Fassung ungemäß gedacht wird, – eine bedrängende Schwierigkeit, die mir seit ›Sein und Zeit‹ klar ist und dann in vielerlei Fassungen zur Sprache kommt.« (Kunstwerk, 71)[26]

Wenn aber Weltentzug und Weltzerfall nicht nur im Augenblick, sondern überhaupt nicht unterschieden werden können, dann ist auch die Alternative zwischen Möglichkeit und Notwendigkeit der Kunst nicht nur vorläufig, sondern prinzipiell nicht entscheidbar, denn diese Frage, die Frage nach dem Anfang, stellt sich ja erst dann und sofern die Welt der Werke zerfallen ist.[27] Dann gilt, daß mit dem unbestimmten und unterbestimmten Ende der Kunst als Weltschwund – so rätselhaft und unterbestimmt wie Nietzsches Traditionsabbruch – auch die Entscheidung zwischen Möglichkeit und Notwendigkeit der Kunst nicht nur vorläufig, sondern überhaupt ausbleibt.

Unter diesen Bedingungen tritt die Frage nach der Kunst in den Hintergrund und die Problematik der Werke in den Vordergrund.[28] Die Frage lautet nun nicht mehr, ist Kunst ein Anfang oder ein Ende, sondern sind Werke? Sind überhaupt Werke, und sind Werke überhaupt Werke, wenn ihre Welt zerstört wurde und/oder sich entzogen hat? Hier treten die Bewahrenden auf den Plan, und ineins damit das privilegierte Bewahren, »wo das Werk in der durch es selbst geschehenden Wahrheit bewahrt wird.« (Kunstwerk, 55) Aber an einer Stelle des Textes riskiert Heidegger eine Frage, die diese Hierarchisierung des Bewahrens erschüttert: »Doch ist das Werk *jemals* an sich zugänglich?« (Kunstwerk, 25, Hervorh. E.G.) Heidegger antwortet darauf mit dem Passus von Weltzerfall und Weltentzug. Seine Antwort lautet also, die Werke sind *nicht mehr*, die sie waren. Aber in der Frage steckt auch eine andere Antwort, daß Werke nämlich niemals zugänglich waren oder sind. Ihr »vormalige(s) Insichstehen« (Kunstwerk, 26) ist nicht geflohen, sondern das, was Werk heißt, stand über-

---

26 Schon im Kunstwerkaufsatz deutet sich an, daß die Auflösung der Kunst in den Begriff der Dichtung sich nicht zuletzt der Möglichkeit verdankt, daß sich mit dem Primat der Sprache das Problem sowohl des Bezuges von Sein und Dasein als auch das Problem der Intersubjektivität angemessener verhandeln läßt.
27 Peter Fenves weist mich darauf hin, daß Möglichkeit und Notwendigkeit von *Sein und Zeit* her gedacht nicht kategorial zu fassen sind, sondern als existenziale Modalitäten, die sich nicht ausschließen, sondern einander implizieren und im Tod des jeweiligen Daseins zur »*gewissen* Möglichkeit« zusammenkommen. Martin Heidegger, *Sein und Zeit*, Tübingen: Niemeyer ¹⁵1984, S. 258. Trotzdem erscheint mir ihre Gegenüberstellung im Rahmen des späteren Kunstwerkaufsatzes sinnvoll.
28 Mit dem zirkulären Verwiesensein von Kunst und Kunstwerk setzt der Aufsatz ein. Vgl. Kunstwerk, S. 1.

haupt nie in sich.[29] Von dieser Möglichkeit her gesehen erschließt sich auch eine andere Lesart des Satzes, mit dem Heidegger das Diktum »Die Werke sind nicht mehr, die, die sie waren« erläutert. »Sie selbst sind es zwar, die uns da begegnen, aber sie selbst sind die Gewesenen.« (Kunstwerk, 26) Das *kann* auf eine idealistische Fiktion vom Ende der großen Kunst hinauslaufen, muß aber nicht so gedeutet werden, wenn Werksein heißt, niemals »es selbst« und niemals »zugänglich«, also anachronistisch im Sinne Hegels, zu sein.

Die Konzeption des Bewahrens solcherart zu isolieren und die Frage, ob denn ein Werk *je* es selbst sei, aus ihrem Kontext herauszureißen, scheint insofern gerechtfertigt, als Vereinzelung, Versetzung und Dekontextualisierung nach Heidegger tatsächlich zum Wesen des Kunstwerks gehören. Vor van Goghs Gemälde »sind wir jäh anderswo gewesen, als wir gewöhnlich zu sein pflegen.« (Kunstwerk, 20) Nicht weil seine Welt zerfallen wäre, ist das Werk nicht zugänglich und nicht mehr es selbst, sondern weil das Kunstwerk keinen vorbestimmten Ort hat und an keinen vorbestimmten Ort gehört. Der Ort der Kunst ist kein Ort, sondern ein Nicht-Ort oder Un-Ort, weil das Werk verrückt, versetzt, verschiebt. Die Verläßlichkeit zeigt sich als das, was das Zeug wahrhaft ist, erst in den verlassenen, leeren und ortlosen Schuhen: »Um dieses Paar Bauernschuhe herum ist nichts, wozu und wohin sie gehören könnten, nur ein unbestimmter Raum.« (Kunstwerk, 18)[30] Heidegger behauptet, das Kunstwerk gehöre in den Bereich, den es eröffnet, aber wie kann das, dessen Wesen im Verrücken und Versetzen besteht, überhaupt irgendwohin gehören? Wenn man die Raumdimension dessen, was Heidegger zur Kunst zu sagen hat, ernst nimmt, dann bleibt kein Platz für ein zeitliches Ende der Kunst, ist es weder geschehen, noch steht es künftig an. Wenn Kunst von vornherein exiliert ist und selbst exiliert, dann ist sie nirgends zu Hause als eben im Modus des Nicht-Gehörens. Weil sie an andere Orte versetzen kann, ist sie selbst ohne Ort. Daß die Kunst, um ortlos zu machen und uns anderswohin zu versetzen, selbst ortlos sein muß, darf man folgern in Analogie zu Heideggers Argumentation, daß Kunst hergestellt wird, weil sie (Erde) herstellt, daß sie aufgestellt wird, weil sie selbst (Welt) aufstellt. Sie verrückt und versetzt

---

29 Vgl. Christopher Fynsks Interpretation des Werkbegriffs als »address« in dem Kapitel »The Work of Art and the Question of Man«, in: *Heidegger. Thought and Historicity*, a.a.O., S. 131-173.

30 Dazu die Diskussion zwischen Jacques Derrida und dem Kunsthistoriker Meyer-Shapiro in *La Vérité en Peinture*, Paris: Flammarion 1978.

folglich, weil sie selbst versetzt und ohne angestammten Ort ist. Das heißt nicht nur, daß ihre Versetzungen strikt nicht vorhersagbar sind und schon gar nicht auf ein Volk und seine Bestimmung hin ausgerichtet sein müssen, sondern das bedeutet zugleich, daß die qualitativen Unterschiede zwischen dem Exil der Kunst in einer musealen Sammlung und dem Raum, den der Tempel dem Gott einräumt, wegfallen. Ein Werk ist nie es selbst und nie es selbst gewesen, weil es immer schon an einem anderen Ort ist und an einen anderen Ort versetzt. Die Kunst setzt aus. Sie exiliert und verrückt die Bewahrenden. Sie setzt die Bezüge außer Kraft und sie setzt sich darin ihrer eigenen Nicht-Zugehörigkeit aus.

Heideggers Abhandlung entdeckt damit die Möglichkeiten einer Kunstauffassung, die sich gerade den Diensten widersetzt, in die der Text sie spannen möchte, die sich dem Ort widersetzt, an dem Heidegger sie heimisch machen möchte. Und sein Aufsatz stößt mit den Verweisen auf Hegel vor zu einer Theorie des Endes der Kunst, die es als Diskurs entdeckt. Aber Heidegger setzt das Ende auch ein, wo er die Kunst auf Anfang im Sinne der Geschichtsgründung festlegt. Das alte und das neue Ende, dasselbe und das andere Ende liegen haarscharf nebeneinander. Und zumindest in einer Hinsicht ist das neue Ende, das Heidegger entdeckt, das alte Ende: kein Ende ohne Hegel. Heidegger tat recht daran, ihm im »Nachwort« das letzte Wort über das Ende der Kunst einzuräumen. Der Kunstwerkaufsatz setzt das alte Ende nicht nur voraus und instrumentalisierend ein, sondern er stellt es auch aus. Gleichsam besiegelt wird diese Äquivokation mit Heideggers Rückkehr zu Hegel. Denn es ist Hegels Ende der Kunst, das, wie im ersten Kapitel zu zeigen versucht wurde, die Ortlosigkeit der Kunst im Diskurs über das Ende der Kunst entdeckt, gründet, stiftet. Was Hegel gründete, war also streng genommen gar nicht etwas, sondern ein leerer Ort, eine Unbestimmtheit, eine Unschärfe, eine Abwesenheit. Sie hat sich als unendlich produktiv erwiesen. Das Ende der Kunst wurde stets neu aufgefüllt, stets anders interpretiert. Nietzsche, Benjamin, Adorno und Heidegger haben sich je anders auf die Leerstelle des Endes der Kunst eingelassen und einlassen müssen. Sie standen hier jedoch im Vordergrund, weil sie zugleich, auf je andere Weise, aber im Kontakt miteinander, nie das Ende zu beenden suchten, sondern es neu eröffnet und offen gelassen haben, indem sie es als unter- oder überbestimmte Leerstelle, als Parodie oder Allegorie und bei Heidegger schließlich als Bewahrungsmöglichkeiten wiederentdeckten. Bei Heidegger ist dieser Aspekt am radikalsten formuliert, aber zugleich ist dieses Potential von den Zusammenhängen, in denen es steht, derart kontaminiert, daß einem gar nichts anderes übrigbleibt, als es herauszureißen und in einen anderen Kontext zu verpflanzen.

Zu den beeindruckendsten Momenten in Heideggers Kunstwerkaufsatz gehört zweifellos der Passus, in dem das Geschaffensein des Kunstwerks in einer Weise beschrieben wird, die sich radikal von allen Kreativitätsmodellen unterm Primat der erfindenden Phantasie verabschiedet. »Nicht das N.N. fecit soll bekanntgegeben, sondern das einfache ›factum est‹ soll im Werk ins Offene gehalten werden (…) Dort, wo der Künstler und der Vorgang und die Umstände der Entstehung des Werkes unbekannt bleiben, tritt dieser Stoß, dieses ›Daß‹ des Geschaffenseins am reinsten aus dem Werk hervor.« (Kunstwerk, 51) Indem er die alte Einheit von Werk und Autor zerreißt, bricht Heidegger mit einem fundamentalen Ordnungsprinzip. »[E]s geht um die Öffnung eines Raumes, in dem das schreibende Subjekt unablässig verschwindet«. Das hat nicht Heidegger 1936 gesagt, sondern Michel Foucault in seinem Essay über den Autor im Jahr 1969.[31] Was Heidegger über das Werk sagt, kann man auch beschreiben als »das Verschwinden des Autors, das sich seit Mallarmé unaufhörlich ereignet«.[32] In diesem Licht zeigt sich, wie eminent modern Heideggers Werkauffassung sein könnte, daß man ihr diese Aktualität freilich erst abgewinnen muß. Was Heidegger anstelle des Schaffens an Bewahrungsmöglichkeiten entdeckt, läßt sich wiederfinden in dem, was Foucault über die Rückkehr zum Text von Diskursstiftern schreibt. »Überdies richtet sich diese Rückkehr auf das, was in einem Text präsent ist, genauer noch, man kommt auf den Text selbst zurück, auf den Text in seiner Nacktheit und zugleich auf das, was im Text als Leerstelle, als Abwesenheit, als Lücke gekennzeichnet ist. Man kommt zurück auf eine gewisse Leere, die das Vergessen umgangen oder verstellt hat, die es mit einer falschen oder schlechten Fülle zugedeckt hat, die Rückkehr muß diesen Mangel wieder aufdecken«.[33] Was Foucault nicht sagen, sondern nur tun kann in diesem Text, der unter dem Beckett-Motto »Was liegt daran, wer spricht?«[34] auch die Selbststiftung Foucaults als Diskursbegründer der Diskurstheorie in Szene setzt: daß die Vergangenheit, deren Vergessen und Verdrängen, deren

---

31 Michel Foucault, »Was ist ein Autor?«, a.a.O., S. 1008.
32 Michel Foucault, a.a.O., S. 1011.
33 Michel Foucault, a.a.O., S. 1026.
34 Michel Foucault, a.a.O., S. 1003.

Lücken und Löcher wiederzuentdecken sind, daß die erst einmal zu stiften ist. Die Moderne leidet nicht unter einer verdrängten, unterdrückten oder verlorenen Vergangenheit, sondern umgekehrt: Es gibt eine wahre Obsession mit allen Formen der Wiederkehr. Alle Anstrengungen werden unternommen, verdrängte, latente oder vergessene Vergangenheit erst einmal so zu stiften, daß deren Wiederentdeckung, daß Rückkehr zur Vergangenheit, Wiederentdeckung des Verborgenen, Vergessenen oder Verdrängten möglich wird und bleibt. Was wiedergefunden werden soll, muß zunächst erfunden werden. Und was als Erfindung präsentiert wird, wurde stets bloß wiedergefunden. Die Möglichkeiten dieses Spiels, dessen Regeln Hegel für das Ende der Kunst inauguriert hat, mögen ausgeschöpft sein, aber was sich im Laufe der Spielarten herausstellt, ist eine Verschiebung von zeitlichen zu räumlichen Beziehungen. Die neue Obsession, das sind die Räume, und zwar solche, die nicht mehr als Orte im zeitlichen Kontinuum stehen, sondern Orte, an denen Zeit gestiftet wird, das Museum zum Beispiel oder das Archiv, der Friedhof, die Krypta, die Lichtung, die Grenze, die Installation, das Netz.[35] »Was tun, wenn wir weder vorwärts- noch rückwärts gehen können? Unsere Aufmerksamkeit verschieben. Wir sind nie vorgerückt oder zurückgegangen. Wir haben immer aktiv Elemente sortiert und ausgewählt, die zu verschiedenen Zeiten gehören. Wir können immer noch auswählen. *Dieses Auswählen macht die Zeiten und nicht die Zeiten das Auswählen.*«[36]

Wenn sich in dem Diskurs über das Ende der Kunst auch seine Regeln abzeichnen, daß nämlich die Sage von dem, was einmal war, immer auch eine Sage ist, die, was gewesen sein soll, miterfindet, und daß jede Sage sich als bloße Wiederentdeckung entlarven läßt, dann ist an diesem Punkt ein Zugeständnis fällig. Hegel hat nichts inauguriert, keine Leerstelle gestiftet, kein Ende der Kunst als Diskurs initiiert. »Hegel« ist eine Auswahl, ein Requisit, eine Rolle, die mit Hegel gut zu besetzen ist, ein Schauplatz, wie es die Tragödie für Nietzsche, das Trauerspiel für Benjamin, die Apokalypse für Adorno, die symbolische Vorkunst für Hegel und Hegels »Spruch« für Heidegger sind. Diese Einsicht ist nicht das Ende des Gerüchts vom Ende, sondern

---

35 Vgl. Michel Foucaults Begriff der »Heterotopie« in »Andere Räume« in: *Michel Foucault. Botschaften der Macht. Der Foucault-Reader. Diskurs und Medien*, hrsg. Jan Engelmann, Stuttgart: Deutsche Verlagsanstalt 1999, S. 145-160 sowie Marc Augé, *Non-Lieux. Introduction sur une anthropologie de la surmodernité*, Paris: Editions de Seuil 1992.
36 Bruno Latour, *Wir sind nie modern gewesen. Versuch einer symmetrischen Anthropologie*, a.a. O., S. 103-4.

Bedingung seiner verschiedenen Möglichkeiten und Bedingung von deren Auslegbarkeit als Diskurs.

4.

Es sieht also entschieden danach aus, als sei die seit Hegel doppelzüngige und doppelbödige Rede vom Ende der Kunst in Heideggers Überlegungen zu Hegels Ästhetik erkannt und darin gleichsam zu sich selber gekommen – vorausgesetzt, man dekontextualisiert gehörig, wählt sorgsam aus und trennt Heideggers Einsichten in die ästhetische Tradition von seinem eigenen philosophisch-politischen Stand in dieser Tradition. Aber ist es legitim und überhaupt möglich, das »alte« Ende von den »neuen« Einsichten in die diskursiven Strukturen des Endes zu trennen? Wenn von den anderen Philosophen galt, daß sie den von ihnen fortgeführten Diskurs über das Ende der Kunst auch fortlaufend modifizieren, so gilt von Heideggers Einsichten in diesen Diskurs umgekehrt, daß damit die prinzipiell problematischen Implikationen der Rede vom Ende der Kunst, insbesondere die Hypostasierung der Kunst, keineswegs abgetan sind. Einsicht in die Funktionsweise des Diskurses »Ende der Kunst« und Auslegung seiner Struktur schützt nicht vor den potentiell desaströsen Konsequenzen, die die Instrumentalisierung dieses Diskurses zeitigen kann, und vor allem in Heideggers Politik der dreißiger Jahre gezeitigt hat. Wenn Heidegger wie kein anderer nach Hegel das Funktionieren der ästhetischen Tradition durchschaut hat – und dazu gehört, entscheidend, der Rekurs auf Hegels Ende der Kunst –, so ist er auch derjenige, der die politischen Ambitionen eben dieser (deutschen) Ästhetik- und Anti-Ästhetiktradition fatal auf die Spitze trieb, als er im Namen von Hölderlins Dichtung ein Ende der Kunst verkündete, das »den Deutschen« die Einkehr ins eigene Geschick verbürgen sollte. Jenseits einzelner Einschränkungen (wie zum Beispiel die hierarchisierende Ordnung der Bewahrungsmöglichkeiten im Kunstwerkaufsatz) ist es in letzter Instanz Heideggers Identifikation politischer mit ästhetischen Strukturen, die seinen Rückfall hinter Hegels Einsicht in den konstitutiven Zusammenhang von Selbstüberhebung und Selbstbeschränkung der Kunst bedeutet. Zwiespältiges Dokument dieses Rückfalls sind Heideggers Hölderlin-Vorlesungen, und das untrügliche Zeichen einer katastrophalen Überschätzung der Kunst ist, wieder einmal, das Ende der Kunst, das Hölderlins Dichtung für Heidegger signalisiert, ein Ende, das weder mit Hegels »Spruch« noch mit der ästhetischen Tradition irgendetwas mehr zu tun zu haben scheint. Denn von Hölderlin gilt für Heidegger, daß er »aus aller Metaphysik herausfällt.«[37] Da aber alle Kunst bisher nur metaphysisch gedacht worden sei, ist Hölderlins Dichtung keine Kunst mehr, sondern steht »außerhalb des Wesensbereiches der abendländischen Kunst« (Ister, 21).

Zugegeben: Was in den vorigen Abschnitten recht mühselig in der wiederholten Lektüre des Kunstwerkaufsatzes zusammengesucht und umformuliert werden mußte – die Entdeckung der Bewahrungsmöglichkeiten und die (schon bei Hegel latent präsente und bei Heidegger explizit ausformulierte) Einsicht, daß, was (Kunst)werk heißt, keine heimische Stätte hat – all dies findet sich, weitaus ausführlicher und auch sehr viel deutlicher, in Heideggers Hölderlin-Vorlesungen, insbesondere in jener letzten, der Stromdichtung Hölderlins gewidmeten Vorlesung aus dem Jahr 1942. Da eine ausführliche Lektüre dieses Textes hier nicht geleistet werden kann, sollen wenigstens einige der Gründe angeführt werden, aus denen sie unterbleibt.

Das Unheimliche und Ungeheuerliche gerade dieser Vorlesung, deren Mittelteil der Erläuterung des »deinon« aus dem ersten Chorlied der *Antigone* gilt, besteht in der befremdlichen Erfahrung, daß und wie sich hier ein Philosoph in einer bisher unbekannten und vielleicht einmaligen Weise einer Dichtung verschreibt. Der landläufigen Kritik an Heideggers hermeneutisch und philologisch gewaltsamer Umdeutung Hölderlins entgegen, muß man sich umgekehrt fragen, was es bedeutet, wenn ein Philosoph das Philosophieren aufgibt, um sich zum Sprachrohr oder Medium eines Dichters zu machen. In der Tradition vom Ende der Kunst ist dies ein Novum. In der populären Interpretation von Hegels philosophisch dekretiertem Ende war es immer um die Selbstbehauptung der Kunst gegenüber diesem Diktum gegangen, stand die Legitimität moderner Kunst nach Hegel auf dem Spiel. Aber je mehr auf Autonomie insistiert und gegen Hegel opponiert wurde, desto deutlicher zeichnete sich die in dieser Geste angelegte Heteronomie ab, denn in den modernen Verkündigungen eines Endes der Kunst blieb man stets auf Hegel zurückverwiesen. Sofern sich die Auswahl der hier versammelten Autoren nach dem Kri-

---

37 Martin Heidegger, »Hölderlins Hymne ›Der Ister‹«, hrsg. von Walter Biemel in *Gesamtausgabe*, Frankfurt a. M.: Klostermann 1984, Bd. 55. Zitate aus diesem Text werden im folgenden mit Ister und Seitenangabe in runden Klammern im Text notiert. Hier: Ister, 66.

terium bestimmte, inwieweit sie den konstitutiven Zusammenhang von Autonomie und Heteronomie zur Geltung bringen, der seinen Ausdruck u.a. auch im Aufeinanderverwiesensein von Philosophie und Kunst in der Moderne findet, hat Heidegger hier seinen Platz. Aber seine Hölderlin-Vorlesungen stellen dieses Modell sozusagen auf den Kopf, denn jetzt dankt die Philosophie zugunsten der Dichtung ab. Während sich die Kunst zuvor auf das Dekret eines Philosophen zurückgeworfen sah, macht sich bei Heidegger der Philosoph vom Dichter abhängig. Es ist der Dichter, der dem Philosophen ein Ende der Kunst vorgibt, das letzteren in Legitimationsnöte und unter Zugzwang versetzt.

Dem aus der Metaphysik und deshalb aus dem Wesensbereich der abendländischen Kunst herausgefallenen Hölderlin steht nach Heidegger nämlich die unangefochtene Weiterherrschaft metaphysischen Denkens der Kunst gegenüber. Wenn Hölderlins Dichtung keine Kunst ist, »wären alle üblichen Auslegungen und Deutungen dieser Gedichte vergeblich, weil alle Interpretation ihr Werkzeug und ihren Aufwand unbesehen der Metaphysik und der metaphysischen Kunstlehre, d.h. der Ästhetik entnimmt.« (Ister, 21) Heidegger ist weit davon entfernt, sich und seine Erläuterungen, so eigenwillig und von den »üblichen Auslegungen und Deutungen dieser Gedichte« unterschieden sie auch anmuten, davon auszuschließen. Im Gegenteil, gerade die Tatsache, daß das Denken weiterhin im Bann der Metaphysik steht und Hölderlins Dichtung doch schon (oder noch) keine Kunst im metaphysischen Sinne ist, ist das Kernproblem dieser Vorlesung, ihre hermeneutische Crux und ihre Darstellungsschwierigkeit. Bei dem Versuch, Ende und Nicht-Ende der Kunst (und der Metaphysik in toto) zusammenzudenken, müssen zunächst der ungeheure Abstand und die Inkompatibilität markiert werden, die Hölderlin von der metaphysisch gedachten Kunst trennen. »Sofern nun aber Hölderlins Hymnendichtung aus aller Metaphysik herausfällt, dabei jedoch im Dichten der Ströme notwendig die Geschichtlichkeit des Menschen und somit Ort und Zeit dichtet, kann uns die Metaphysik zur Aufhellung von Ortschaft und Wanderschaft und ihrer Einheit unmittelbar nicht helfen.« (Ister, 66) Doch schon in diesem Satz, der der Philosophie jedwede Kompetenz abzusprechen scheint, gibt es Anzeichen, daß Hölderlin zwar das »Andere« (Ister, 58) ist, aber in dieser Alterität auf unser, d.h. auf das metaphysische Denken bezogen bleibt, das folglich nicht unmittelbar, aber mittelbar helfen kann. Der aus der Metaphysik herausgefallene Hölderlin ist doch und zugleich auch Dichter der Geschichtlichkeit und der Dichter von Ort und Zeit. Die Wendung »dabei jedoch« läßt sich nur so verstehen, daß dieses eine Gegenwendung ist, mit der diese Dichtung, obwohl sie aus der Metaphysik herausfällt, doch, wenngleich widersprüchlich, jene Kategorien Ort und Zeit thematisiert, die in der Metaphysik eine entscheidende Rolle spielen. In der Tat hält Heidegger an der Notwendigkeit fest, Hölderlin aus »*unserem* Denken her zu denken.« (Ister, 67) »Weil also unser Denken durchaus noch und entschiedener denn je metaphysisch ist, müssen wir auch die metaphysische Raum-Zeit Bestimmung im Blick behalten« (Ister, 66-67). Was also hier, von einer selbst exzentrischen Position aus, in die Einheit eines dialektischen Widerspiels gebracht wird, ist das Ende der (metaphysischen) Kunst und die ungebrochene Herrschaft metaphysischen (also ästhetischen) Denkens. Innerhalb dieser Dialektik gerät Hölderlin »unserem Denken« gegenüber in die Rolle des Fremden und »Anderen« (Ister, 58), das als Eigenes erst noch wiederzuerkennen ist. Dieses Verhältnis zwischen Eigenem und Fremdem hat sein Vorbild und Echo in der »Zwiesprache«, die der deutsche Hölderlin mit dem griechischen Sophokles hält, dessen Chorlied in Heideggers Sicht seinerseits schon das Verhältnis von Heimischem und Fremdem im griechischen Denken selbst betrifft.

Inwieweit diese Dialektik von Fremdem und Eigenem letzten Endes doch Hegelscher Art ist, welche Rolle Hölderlins Überlegungen aus dem berühmten Böhlendorff-Brief für Hegel gespielt haben, wie und ob Hölderlins Verhältnis zu Hegel mit Heideggers Verhältnis zu Hölderlin zusammenhängt, welche Rolle Hölderlin im Idealismus und der Idealismus für Heidegger spielt, all das sind philosophische und literarhistorische Fachfragen, die längst ein eigenes Forschungsfeld ausgebildet haben.[38] Nicht nur dessen Komplexität verbietet es, sich hier auf diese Fragen einzulassen; dies zu tun hieße auch, noch einmal anzufangen und eine andere Geschichte des Endes der Kunst zu beschreiben. Innerhalb des hier gesteckten Rahmens bleibt die Frage unbeantwortet, ob Heideggers merkwürdige Inversion von Hegels Ende der Kunst Heideggersche Kehre oder Hegelsche Dialektik ist. Aber es muß in aller Deutlichkeit gesagt werden: Wenn Heidegger die gespaltene Struktur des Endes (neben und nach Hegel) am ra-

---

38 Es seien hier nur zwei genannt: Beda Allemann, *Hölderlin und Heidegger*, Zürich: Atlantis 1954 und Dieter Henrichs Bemühungen um Hölderlin und den Idealismus, u.a. in *Der Grund im Bewußtsein: Untersuchungen zu Hölderlins Denken*, Stuttgart: Klett-Cotta 1992.

dikalsten entfaltet hat, so ist er auch derjenige, an dem sich die politische Problematik der Rede vom Ende der Kunst am deutlichsten abzeichnet, und zwar gerade in der politisch katastrophalen Überschätzung der Kunst, sei es auch die Nicht-mehr-Kunst-Dichtung eines Hölderlin.

Ob sich der moderne Diskurs übers Ende der Kunst von diesen politischen Implikationen lösen läßt, ob etwa eine Wiederentdeckung und neue Lektüren der Hegelschen Ästhetik das vermöchten oder ob Heideggers vorläufig letzte Lesart des Gerüchts vom Ende der Kunst dafür steht, daß es mit diesem Topos stets politisch zu bösen Häusern hinausgeht, das können und wollen die hier angestellten vorläufigen Überlegungen nicht entscheiden. Deshalb schließen sie mit offenem Ende, schließen also eigentlich nicht und bleiben, jedenfalls vorläufig, ohne Abschluß.

Der folgende Epilog nimmt die Gelegenheit wahr, statt dessen an einen Anfang anderer Art zu erinnern, der es erlaubt, oder auch: der dazu zwingt, die verschiedenen Motive der Rede vom Ende der Kunst, einschließlich der Frage nach ihren politischen Implikaten, noch einmal, aber in anderer Tonlage und an einem anderen Ort, durchzuspielen. Das Stichwort gibt Heidegger selbst, der im Zusammenhang mit der Stromdichtung auch Hölderlins Ode »Stimme des Volks« zitiert, allerdings nur in der ersten Kurzfassung: »Um unsre Weisheit unbekümmert / Rauschen die Ströme doch auch, und dennoch // Wer liebt sie nicht? Und immer bewegen sie / Das Herz mir, hör ich ferne die Schwindenden / Die Ahnungsvollen, meine Bahn nicht / Aber gewisser ins Meer hin eilen.« (Ister, 32) Heidegger führt den Text vor allem an, um darauf zu verweisen, »daß die Ströme selbst in ihrem Strömen zwiefach gerichtet sind« (Ister, 33), daß also Gewesenes und Kommendes, Vergangenes und Zukünftiges »einst« in einem Zusammenhang stehen, der im »Ahnen« zum Ausdruck kommt. Nur diese Verse zitiert und kommentiert Heidegger: »Das Gedicht selbst lassen wir in sich beruhen.« (Ister, 36)

Es gibt Gründe, dies nicht zu tun. Dazu gehört vor allem, daß es in diesem Text mit dem sprechenden Titel »Stimme des Volks« sehr direkt um das Verhältnis von Kunst und Politik geht, um das problematische Verhältnis des Dichters zu den Völkern. Es geht in diesem Gedicht weiterhin um ein gewaltsames, selbstmörderisches und unmittelbar »politisches« Ende der Kunst: »Das Ungebundne reizet und Völker auch / Ergreift die Todeslust und kühne / Städte, nachdem sie versucht das Beste, // Von Jahr zu Jahr forttreibend das Werk, sie hat

/ Ein heilig Ende troffen (...) er selbst, / Der Mensch, mit eigner Hand zerbrach, die / Hohen zu ehren, sein Werk, der Künstler.«[39] Das Gedicht lotet den Spielraum des Endes aus, zwischen tragisch erneuerndem Opfer – »gleich den Erstlingen der Ernte« (ein Vers, der Benjamins Rede von den Erstlingen der neuen Menschenernte in der Tragödie aus dem Trauerspielbuch vorwegnimmt) – und chaotisch sinnlosem Suizid: »Und alle waren außer sich selbst«. In seinem zweiten Teil führt das Gedicht eine Erzählung an, die von zwei konkreten Fällen solch suizidaler Selbstaufopferung berichtet, wobei das Kollektiv im zweiten Fall nur einen historischen Präzedenzfall anachronistisch nachzuahmen scheint. Es geht also nicht nur um ein Ende, sondern um verschiedene Deutungsmöglichkeiten des Endes, einschließlich der Frage nach dem Zusammenhang zwischen distanzierter Interpretation einer Tradition und deren Reinszenierung oder Instrumentalisierung, und folglich um genau die problematische Verknüpfung, die der Sage vom Ende der Kunst ihren eigentümlich gespaltenen Charakter verleiht. »(...) und wohl / Sind gut die Sagen, denn ein Gedächtnis sind / Dem Höchsten sie, doch auch bedarf es / Eines, die heiligen auszulegen.« Gut ein Jahrzehnt bevor Hegels *Vorlesungen zur Ästhetik* das Ende der Kunst formulierten und gut dreißig Jahre, bevor sie in der Fassung Hothos Gemeingut wurden, schrieb Hölderlin dieses lyrische Lehrstück über die Tücke von Überlieferungen und bezog sich dabei insbesondere auf solche Gerüchte und Sagen, die es mit dem Ende zu tun haben.

---

39 Zitiert wird die zweite Fassung nach Friedrich Hölderlin, *Werke und Briefe*, hrsg. Friedrich Beißner u. Jochen Schmidt, Frankfurt a. M.: Insel 1969, Bd. I, S. 86 ff.

7. Kapitel: Epilog
»Das wunderbare Sehnen
dem Abgrund zu«

Viel täuschet Anfang und Ende
(F. Hölderlin)

Stimme des Volks

(Zweite Fassung)

Du seiest Gottes Stimme, so glaubt ich sonst
   In heilger Jugend; ja, und ich sag es noch!
      Um unsre Weisheit unbekümmert
         Rauschen die Ströme doch auch, und dennoch

Wer liebt sie nicht? und immer bewegen sie
   Das Herz mir, hör ich ferne die Schwindenden,
      Die Ahnungsvollen meine Bahn nicht,
         Aber gewisser ins Meer hin eilen.

Denn selbstvergessen, allzubereit, den Wunsch
   Der Götter zu erfüllen, ergreift zu gern,
      Was sterblich ist, wenn offnen Augs auf
         Eigenen Pfaden es einmal wandelt,

Ins All zurück die kürzeste Bahn; so stürzt
   Der Strom hinab, er suchet die Ruh, es reißt,
      Es ziehet wider Willen ihn, von
         Klippe zu Klippe, den Steuerlosen,

Das wunderbare Sehnen dem Abgrund zu;
   Das Ungebundne reizet und Völker auch
      Ergreift die Todeslust und kühne
         Städte, nachdem sie versucht das Beste,

Von Jahr zu Jahr forttreibend das Werk, sie hat
   Ein heilig Ende troffen; die Erde grünt
      Und stille vor den Sternen liegt, den
         Betenden gleich, in den Sand geworfen,

Freiwillig überwunden die lange Kunst
　　Vor jenen Unnachahmbaren da; er selbst,
　　　　Der Mensch, mit eigner Hand zerbrach, die
　　　　　　Hohen zu ehren, sein Werk, der Künstler.

Doch minder nicht sind jene den Menschen hold,
　　Sie lieben wieder, so wie geliebt sie sind,
　　　　Und hemmen öfters, daß er lang im
　　　　　　Lichte sich freue, die Bahn des Menschen.

Und, nicht des Adlers Jungen allein, sie wirft
　　Der Vater aus dem Neste, damit sie nicht
　　　　Zu lang ihm bleiben, uns auch treibt mit
　　　　　　Richtigem Stachel hinaus der Herrscher.

Wohl jenen, die zur Ruhe gegangen sind,
　　Und vor der Zeit gefallen, auch die, auch die
　　　　Geopfert, gleich den Erstlingen der
　　　　　　Ernte, sie haben ein Teil gefunden.

Am Xanthos lag, in griechischer Zeit, die Stadt,
　　Jetzt aber, gleich den größeren, die dort ruhn,
　　　　Ist durch ein Schicksal sie dem heilgen
　　　　　　Lichte des Tages hinweggekommen.

Sie kamen aber, nicht in der offnen Schlacht,
　　Durch eigne Hand um. Fürchterlich ist davon,
　　　　Was dort geschehn, die wunderbare
　　　　　　Sage von Osten zu uns gelanget.

Es reizte sie die Güte von Brutus. Denn
　　Als Feuer ausgegangen, so bot er sich,
　　　　Zu helfen ihnen, ob er gleich, als Feldherr,
　　　　　　Stand in Belagerung vor den Toren.

Doch von den Mauern warfen die Diener sie,
　　Die er gesandt. Lebendiger ward darauf
　　　　Das Feuer und sie freuten sich und ihnen
　　　　　　Strecket' entgegen die Hände Brutus.

Und alle waren außer sich selbst. Geschrei
    Entstand und Jauchzen. Drauf in die Flamme warf
        Sich Mann und Weib, von Knaben stürzt' auch
            Der von dem Dach, in der Väter Schwert der.

Nicht räthlich ist es Helden zu trotzen. Längst
    Wars aber vorbereitet. Die Väter auch,
        Da sie ergriffen waren, einst, und
            Heftig die persischen Feinde drängten,

Entzündeten, ergreifend des Sromes Rohr,
    Daß sie das Freie fänden, die Stadt. Und Haus
        Und Tempel nahm, zum heilgen Aether
            Fliegend, und Menschen hinweg die Flamme.

So hatten es die Kinder gehört, und wohl
    Sind gut die Sagen, denn ein Gedächtnis sind
        Dem Höchsten sie, doch auch bedarf es
            Eines, die heiligen auszulegen.

Obwohl einzelne Wendungen aus Hölderlins »Stimme des Volks«, insbesondere jenes »wunderbare Sehnen dem Abgrund zu«, immer wieder zitiert werden, gibt es nur wenige Einzelinterpretationen dieses enigmatischen Gedichts,[1] vor allem kaum Kommentare zu dem den lyrischen Fluß der Ode sistierenden Bild der Strophen V und VI: »Städte, nachdem sie versucht das Beste, // Von Jahr zu Jahr forttreibend das Werk, sie hat / Ein heilig Ende troffen; die Erde grünt / Und stille vor den Sternen liegt, den / Betenden gleich, in den Sand geworfen, // Freiwillig überwunden die lange Kunst / Vor jenen Un-

---

[1] Friedrich Hölderlin, *Werke und Briefe in drei Bänden*, hrsg. Friedrich Beißner u. Jochen Schmidt, Frankfurt a. M.: Insel 1969, Bd. I, S. 86-88. Im folgenden zitiert mit Strophen- und Versangabe in Klammern. Hier: V, 1. Zur Interpretation Wolfgang Kayser, »Stimme des Volks«, in: *Die deutsche Lyrik. Interpretationen vom Mittelalter bis zur Romantik*, hrsg. Benno von Wiese, Düsseldorf: Bagel 1967, S. 381-393. Aus psychoanalytischer Perspektive und mit direktem Bezug auf Freuds Theorie der Wiederholung Rainer Nägele, »Der Diskurs des Anderen. Hölderlins Ode ›Stimme des Volks‹ und die Dialektik der Aufklärung«, in: *Le Pauvre Holterling* 4/5, 1980, S. 61-76; Eric Santner in *Friedrich Hölderlin: Narrative Vigilance and Poetic Imagination*, New

nachahmbaren da; er selbst, / Der Mensch, mit eigner Hand zerbrach, die / Hohen zu ehren, sein Werk, der Künstler //«.

Die Strophen XI bis XVIII konkretisieren die allegorische Szene anhand der Sage vom Schicksal der Bewohner der Stadt am Xanthos »in griechischer Zeit«: »Sie kamen aber, nicht in der offnen Schlacht, / Durch eigne Hand um. Fürchterlich ist davon, / Was dort geschehn, die wunderbare / Sage von Osten zu uns gelanget.« (XII, 1-4) Aber die Sage vom selbstgewählten Ende der Stadt stellt sich im Verlauf des Gedichts heraus als Sage vom Langzeiteffekt einer Sage, denn die umkamen von eigener Hand, handelten aus einem Wiederholungsimpuls heraus. Wie die spätere Generation die Sage vom heroischen Selbstmord ihrer Vorfahren gehört hatte, so hört der Leser nun seinerseits diese Ereignisse als Sage: »Fürchterlich ist davon, / Was dort geschehn, die wunderbare / Sage von Osten zu uns gelanget.« In dieser zweifachen Verdopplung – des Ereignisses innerhalb des narrativen Einschubs neben der wiederholenden Illustration der Allegorie in der historischen Anekdote – kommt nicht nur das Überdeterminierte des Endes, sondern auch die Ambivalenz des Gedichts gegenüber dem mehrdeutigen Ende thematisch und formal zum Ausdruck.

1798 als epigrammatische Kurzode konzipiert, wurde »Stimme des Volks« während der folgenden drei Jahre umgeschrieben und erweitert. Chronologisch und thematisch steht die Ode zwischen »Dichterberuf«, wo es um das Bedürfnis des Dichters geht, an der Welt des Streits und der Revolution teilzunehmen, und »Wie wenn am Feiertage«, wo die Vorstellung vom isolierten und distanzierten Dichter aus Gründen zusammenbricht, die Peter Szondis Lektüre rekonstruiert hat.[2] Während die ältere Langfassung der »Stimme des Volks« das Volk noch unzweideutig zum Handeln aufrief – »Drum weil sie fromm ist, ehr ich den Himmlischen / Zu lieb des Volkes Stimme, die ruhige, / Doch um der Götter und der Menschen / Willen, sie ruhe zu gern nicht immer!«[3] – endet die zweite, um die Geschichte der namenlosen Stadt am Xanthos erweiterte Fassung mit dem Imperativ der Auslegung: »So hatten es die Kinder gehört, und wohl / Sind gut die Sagen, denn ein Gedächtnis sind / Dem Höchsten sie, doch auch bedarf es / Eines, die heiligen auszulegen.« (XVIII, 1-4)

Dieser Verweis auf Auslegung, der den narrativen Einschub abrundet und das Gedicht beschließt, ist aber nicht bloß das Fabula Docet,

---

Brunswick u. London: Rutgers University Press 1986, S. 60-62.
2 Peter Szondi, *Einführung in die literarische Hermeneutik*, hrsg. Jean Bollack et al., Frankfurt a. M.: Suhrkamp 1975, S. 217-323.

das es aus der Erzählung von den Stadtbewohnern zu ziehen gilt, sondern er ist auch die nachträgliche Affirmation der Interpretation, die sich im Gang des Gedichts und seiner Darstellung der Ereignisse schon vollzogen hat. Daß die »wunderbare Sage« nicht bloß Gegenstand, sondern selbst schon Resultat einer Interpretation ist, erschließt sich aus der Inversion der chronologischen Abfolge der geschilderten Ereignisse. Im Gedicht geht das chronologisch spätere Ereignis dem früheren voran. Daß der Selbstmord der Bewohner angesichts der römischen Belagerung durch Brutus wiederholt, was eine frühere Generation tat, da »Heftig die persischen Feinde drängten« (XVI, 4), enthüllt sich erst in den letzten Strophen. Darauf, daß hier schon ausgelegt wurde, deutet auch das den gleichförmigen Gang der Erzählung apodiktisch unterbrechende »Nicht rätlich ist es, Helden zu trotzen« (XVI, 1). Die zahlreichen Unterschiede zwischen dem ersten und zweiten Ereignis spitzen sich in dem einen zu, daß die spätere Generation nur nachahmte, was im ersten Fall eigenständige Initiative war. »Längst / Wars aber vorbereitet« (XVI, 1-2) und: »So hatten es die Kinder gehört« (XVIII, 1). Die spätere Generation wiederholt und reinszeniert ihre eigene als Sage überlieferte Vorgeschichte. Der zweite Untergang der Stadt wäre demnach als Beispiel für das zu verstehen, was Hölderlin in einem anderen Text als Grund für den Untergang aller Völker und Gemeinschaften angibt, eine statisch und positiv gewordene Tradition: »Und was allgemeiner Grund vom Untergang aller Völker war, nämlich, daß ihre Originalität, ihre eigene lebendige Natur erlag unter den positiven Formen, unter dem Luxus, den ihre Väter hervorgebracht hatten, das scheint auch unser Schicksal zu sein, nur in größerem Maße, indem eine fast grenzenlose Vorwelt, die wir entweder durch Unterricht oder durch Erfahrung innewerden, auf uns wirkt und drückt.«[4]

Unter Hinzuziehung von Hölderlins Reflexionen über das Verhältnis von Antike und Moderne im Böhlendorff-Brief vom 4. Dezember 1802[5] könnte man die Differenzen zwischen dem originalen Akt und seiner parasitären Wiederholung auch als Hinweis auf die Unter-

---

3 Hölderlin, a.a.O., Bd 1, S. 86.
4 Friedrich Hölderlin, »Der Gesichtspunkt, aus dem wir das Altertum anzusehen haben«, in: *Werke und Briefe*, a.a.O., Bd. 2, 594.
5 Zur Interpretation Peter Szondi, »Hölderlins Überwindung des Klassizismus«, in: *Schriften I*, hrsg. Jean Bollack et al., Frankfurt a. M.: Suhrkamp 1978 sowie Andrzej Warminskis Kapitel »Endpapers: Hölderlin's Textual History«, in: *Readings in Interpretation: Hölderlin, Hegel, Heidegger*, Minneapolis: University of Minnesota Press 1987, S. 3-22, insbesondere S. 17-22.

schiede verstehen, die die jüngeren, modernen Rezipienten der klassischen Antike als Sage von den Griechen selbst trennen. Allegorisch wäre Hölderlins Ode dann auch ein Lehrstück darüber, wie die Sage vom Ende der Antike für die Formation modernen Selbstbewußtseins instrumentalisiert wurde – und daß das ziemlich katastrophale Folgen haben kann. Im Ausgang von den vorigen Kapiteln, insbesondere des letzten über Heidegger, kann man jedenfalls fast nicht anders, als in dem lyrisch veranschaulichten Wiederholungsimpuls eine Warnung vor der unreflektierten Übernahme der Sage vom Ende zu sehen, denn während die verheerende Feuersbrunst im ersten Fall ein gottgefälliges Opfer auf dem Weg ins »Freie« war (XVII, 2), so handelt es sich beim zweiten Mal um einen hypertrophen Akt dem großzügigen Feind Brutus gegenüber.

Aber diese fromme Lesart hätte vorauszusetzen, daß der Text und sein eigenes Sagen jenseits dessen stehen, wovon sie reden. Eine Position jedoch, von der aus solche Warnungen erfolgen könnten, gibt es in diesem Gedicht nicht. Und gerade seine Verstrickung in die in ihm denunzierte Logik macht die Eigentümlichkeit dieses Gedichts aus, mit der es sich als zur Rede vom Ende der Kunst gehörig ausweist. Was ein Abgesang auf die fatale Faszination mit dem Ende zu sein scheint, ist selbst nicht frei von dieser Faszination. Dieser Zwiespalt bestimmt den sprachlichen Gestus des gesamten Gedichts. Es hat offenbar Mühe und unter Umständen gar kein Interesse, sich von seiner Erzählung zu distanzieren. Jedenfalls wirkt der weise Appell am Ende trotz seines symmetrischen Rückbezugs auf Sagen und Kindheit bzw. Jugend in der ersten Strophe seltsam abstrakt und eigentümlich machtlos angesichts der so nachdrücklich demonstrierten Verführbarkeit durch Sagen. Wer vermöchte dem Ungebundenen zu widerstehen, dem »wunderbaren Sehnen dem Abgrund zu« nicht nachzugeben? Der bestimmte Hinweis in der II. Strophe »meine Bahn nicht« (II, 3) ist eine Formel, deren Emphase mittelbar auch von der Gefährdung des sprechenden Dichter-Ichs zeugt.

Die Schlußverse – »und wohl / Sind gut die Sagen (...) doch auch bedarf es / Eines, die heiligen auszulegen« – legen nahe, daß die spätere Generation einen Fehler beging, als sie in einer ähnlichen Krisensituation auf ihre Sage zurückgriff, um sie zurückzuverwandeln in das Ereignis, von dem sie als Sage erzählt. Gegen hastig-identifikatorische Aneignung der Sage als Gottes Stimme, Wunsch und Befehl, insistiert Hölderlins Text auf Auslegung. Und wem wäre die Aufgabe der Auslegung zu überantworten, wenn nicht dem Dichter, um dessen Verhältnis zur Welt der Geschichte es in diesem und den anderen Gedichten dieser Zeit schließlich geht? Aber sofern das Gedicht als Sage und Nacherzählung der Ereignisse selbst schon Spuren interpretatorischer Interventionen trägt, lassen sich eindeutige Abgrenzungen zwischen Ereignis, Sage und Auslegung nicht treffen. Das macht die Ausleger-Funktion des Dichters fragwürdig. Da der Text in Gestalt des narrativen Einschubs erzählt und sagt, wie aus dem Ereignis eine Sage wurde, die ihrerseits als Handlungsanleitung fungierte und ein Ereignis zeitigte, das gemeinsam mit der sagenhaften Vorlage für uns zur Sage wurde über den Effekt von Sagen, muß sich eine Lektüre des Gedichts vor allem mit dem Verhältnis von Ereignis und Erzählung, Akt und Sage, Sage und Gesagtem auseinandersetzen, und zwar sowohl mit ihrer Einheit als auch mit ihrer Disjunktion.

Disjunktiv setzt das Gedicht ein. Die beiden Seiten der Gleichung des alten Sprichworts »vox populi, vox dei« sind räumlich in Titel und Gedichtanfang aufgespalten. Hinzu tritt die zeitliche Disjunktion von Vergangenheit und Gegenwart sowie die semantische von Glauben und Sagen: »Du seiest Gottes Stimme, so glaubt ich sonst / In heilger Jugend; ja und ich sag es noch!« (I, 1-2) Während »Wie wenn am Feiertage« als Bruch endet und verstummt, kommt die »Stimme des Volks« allererst aufgrund eines Bruchs und gebrochen zur Sprache. Der Text wendet sich an die Stimme des Volkes als vergangene und im Modus der indirekten Rede als einst Gesagtes. Die Stimme, mit der das Gedicht anhebt, ist nicht Gottes Stimme und nicht Volkes Stimme, aber auch nicht die Stimme des Dichters, denn die leiht hier dem Stimme, was nicht mehr Gottes oder Volkes Stimme ist. Mit gespaltener Zunge spricht die Stimme von und zu einer Vergangenheit, von der nichts mehr übrig ist als das Sagen: »und ich sag es noch!«

Was gesagt wird, ist aber selbst nichts als Sagen, denn das bekannte »vox populi, vox dei« ist Sage und Rede, Wort und Sprichwort, das Gegenstand verschiedener Auslegungen wurde. Zur Entstehungszeit des Gedichts widerfährt dieser Redewendung eine ihrer effektivsten Umdeutungen, da »Volk« im Zuge seiner Nobilitierung durch Herder und andere zum Parallel- und Gegenbegriff der französischen »Nation« avanciert.[6] Die bewegte Geschichte dieses

---

6 Vgl. Reinhard Kosellecks Artikel über »Volk« und »Nation«, in: *Geschichtliche Grundbegriffe. Historisches Lexikon zur politisch-nationalen Sprache in Deutschland*, hrsg. Reinhard Koselleck et al., Stuttgart: Klett-Cotta 1972 f., Bd. 7, S. 320-348.

Sprichworts belegt,[7] daß Reden, Sagen und Sprichworte Ereignisse nicht nur dokumentieren, sondern solche auch heraufrufen und zeitigen können.

Aber bloße Sage, Wort und Rede sind die ersten Verse noch in einem weiteren Sinne, denn das Sagen, der Akt der Rede, ist abgespalten von dem, was gesagt wird. Das affirmative Sagen – »ja, und ich sag es noch!« – ist nichts mehr als Sagen. Nichts wird gesagt als Sagen selber, das in diesem ersten Vers Ereignis und Akt ist. Wenn Sagen, selbst das bloße Sagen des Sagens, Handlung sein kann, die hier im ersten Vers die Gegenwart des Gedichts unter Berufung auf vergangenes Sagen stiftet, dann hat sich der scheinbar große Abstand zwischen dem Dichter-Subjekt und den Völkern derart verringert, daß der Irrtum der späteren Generation immer verständlicher und sozusagen möglicher wird. Ihr irriger Akt und ihre aktive Rückverwandlung der Sage in den Akt und das Ereignis, von dem sie erzählt, waren möglich, weil Sagen, selbst jenes, das nur noch sagt und nichts mehr sagt als Sagen, schon gespalten ist in Akt und Bedeutung, gespalten in Sage und Gesagtes. Dasselbe Gedicht, das am Ende die zusätzliche Auslegung der Sagen fordert, schafft in seinem ersten Vers allererst die Bedingungen, die Auslegung nötig und möglich machen.

Der Unterschied zwischen dem Umgang mit Sagen im ersten Vers und dem Umgang der späteren Generation mit der ihr überlieferten Sage besteht natürlich darin, daß letztere an die Identität von Gottes und Volkes Stimme glaubt, an die das Subjekt nicht mehr glaubt. Aber daß der Glaube dem Subjekt vergangen und von ihm nur mehr Sagen übrig geblieben ist, ändert nichts an der Effektivität des Sagens, das so oder so Effekte hat und Ereignisse zeitigt. Sagen, selbst das Sagen, das sich emphatisch auf bloßes Sagen reduziert, ist prinzipiell der Möglichkeit des Ereignisses ausgesetzt.

Ein Ereignis zeitigt dieses Sagen lange bevor von der eigentlichen Sage der Stadt am Xanthos die Rede ist, nämlich schon im folgenden Vers, der gleichsam performativ vorführt, daß Sagen nie nur Sagen ist oder bleibt, denn der Rausch der Rede, das Strömen der Sage nimmt eine andere Bahn: »Um unsre Weisheit unbekümmert / Rauschen die Ströme doch auch, und dennoch // Wer liebt sie nicht? und immer bewegen sie / Das Herz mir, hör ich ferne die Schwindenden, / die Ahnungsvollen, meine Bahn nicht, / Aber gewisser ins Meer eilen.« (I, 2-II, 4) Diese über Vers und Strophengrenzen hinwegfließenden Strö-

[7] Vgl. George Boas, *Vox Populi: Essays in the History of an Idea*, Baltimore: The Johns Hopkins University Press 1969.

me sind in der Forschung durchgängig als die sich von der des einsamen Dichtersubjekts unterscheidende Bahn der Völker identifiziert worden,[8] obwohl doch erst in der vierten Strophe vom Strom vergleichsweise und dann im Singular die Rede ist: »so stürzt / Der Strom hinab« (IV, 1-2). Und noch später, erst in der fünften Strophe, erscheint eine Identifikation von Strömen und Völkern überhaupt berechtigt: »Das Ungebundne reizet und Völker auch / Ergreift die Todeslust« (V, 2-3). Aber seit Lawrence Ryans Deutung hat sich das Interpretationsmodell der geschwungeneren im Gegensatz zur geraden Bahn derart festgesetzt, daß es den Blick auf den Text verstellt. Daß die kürzeste Bahn zurück ins All auch eine gerade Bahn sei, wie Ryan deutet, ist eben aufgrund der Strommetapher selber fragwürdig. Das Bahnenmodell verkürzt die im Gedicht angelegte Vielfalt des Strombildes, das sich, wie Ströme auch, im Verlauf des Gedichts verändert, vom Plural zum Singular, vom noch vergleichslosen Bild ins Bild der Völker, um schließlich im Xanthos geographisch und historisch konkrete Lokalität zu gewinnen.

Die frühesten Ströme dieses Gedichts beziehen sich jedoch zunächst zurück auf das erste Distichon, das sie kommentieren und spiegeln. Wie sonst erklärte sich das Junktim »auch« in »Rauschen die Ströme doch auch…«? Das »auch« wie das »doch«, als Echo des »sag es noch«, bezieht sich auf den Sage- und Redefluß, der sich über den Bruch zwischen Sagen und Glauben, Sagen und Gesagtem hinweg fortsetzt. Der Dichter – wenn es denn ein Dichter ist, der hier spricht – lauscht gleichsam seinen eigenen Worten nach. Gerade erst gesagt und beschworen als bloßes Sagen, rauscht das Sagen weiter und kann allein deshalb als Vorahnung wiederkehren. Es gibt keinen inhaltlichen Zusammenhang, keinen expliziten oder impliziten Vergleich zwischen den ersten und den folgenden Versen, als daß der Strom der

---

8 So etwa David Constantine in *Hölderlin*, Oxford: Clarendon Press 1990, S. 228. Auch Lawrence Ryan, der so sehr daran interessiert ist, Hölderlins Ode ins poetologische Schema vom Wechsel der Töne einzureihen, daß ihm die Möglichkeit entgeht, Ströme und Völker nicht zu identifizieren. Lawrence Ryan, *Hölderlins Lehre vom Wechsel der Töne*, Stuttgart: Kohlhammer 1960, S. 169-176. Dagegen aber Martin Heidegger, der ja sonst immer schnell die Völker sieht: »Wie aber steht es mit den Strömen? Sie sind nicht Götter. Sie sind nicht Menschen. Sie sind nicht Vorkommnisse der Natur und nicht Bestandstücke der Landschaft. Sie sind auch nicht ›Sinnbilder‹ des menschlichen ›Erdenwandels.‹ Zu sagen, was die Ströme überall *nicht* sind, hilft uns wenig, hilft aber doch zu einigem. Zunächst ergibt sich, daß jede Bestimmung des Wesens der Ströme befremden muß.« Martin Heidegger, »Hölderlins Hymne ›Der Ister‹« a.a.O., S. 30.

Rede fortläuft wie Ströme. Ströme rauschen und Sagen sagt. Wo Sagen sich ereignet, nimmt das Gesagte seinen eigenen Lauf. Sagen und Sage nehmen einen anderen Verlauf als das Subjekt der Rede, und diese Differenz liegt in jeder Hinsicht vor der Differenz zwischen Dichter und Völkern.[9]

Aber gerade weil die Worte fortströmen vom sprechenden Subjekt, das seine Stimme und sein Sagen anderem verdankt, dem lateinischen Sprichwort »vox populi, vox dei« beispielsweise, können Ströme anderes bedeuten, Völker z.B. und ihre Bahn. Aus anderem kommend und eine andere Richtung nehmend, eröffnen Ströme den Blick auf mögliche Zukunft. In Hölderlins Werk gibt es ein Wort, das systematisch die doppelte Bewegung der Sprache bezeichnet, die, aus der Vergangenheit kommend, Vergangenes nennt und dadurch, daß jedes Sagen über das Bezeichnen hinausschießt, mögliche Zukunft öffnet. Das Wort ist das Wort für Sagen: die »Sage«. Mit Sage bezeichnet Hölderlin, was nicht mehr gegenwärtig und verschwunden ist, aber gerade dadurch Zukunft und Erwartung offen hält. So heißt es in »Diotima«: »Ach! Und da wie eine Sage, / Mir des Lebens Schöne schwand« (I, 24); »Am Quell der Donau«: »Jetzt aber endiget, seligweinend, / Wie eine Sage der Liebe, / Mir der Gesang« (I, 143). In »Germanien« bleibt in der Zwischenzeit der abwesenden Götter die Sage: »Nur als von Grabesflammen, ziehet dann / Ein goldner Rauch, die Sage, drob hinüber« (I, 154). Ein sehr spätes, kurzes Gedicht mit dem Titel »Der Herbst« zeichnet lakonisch die doppelte Bewegung der Sage und allen Sagens nach: »Die Sagen, die der Erde sich entfernen, / Vom Geiste der gewesen ist und wiederkehret, / Sie kehren zu der Menschheit sich, und vieles lernen / Wir aus der Zeit, die eilends sich verzehrt.«[10]

Dieser Bezug auf Geschichte, so deuten die Eingangsverse an, verdankt sich der Tatsache, daß Sagen immer auch anderes sagt. Nur was aus anderem herkommt und vom je sprechenden Subjekt wegströmt, hat Stimme. Wir haben eine Stimme und können »wir« sagen, nur

---

9 Trotz des zugegebenermaßen überdeterminierten Bedeutungsfeldes von Strom und Strömen gibt es in Hölderlins Werk eine Reihe von Hinweisen darauf, daß Sprache und Strömen einen Zusammenhang bilden. In »Brot und Wein« gibt es den Verweis auf »das strömende Wort«, das die Götter zurückgelassen haben (Friedrich Hölderlin, *Werke und Briefe*, I, S. 115). In dem thematisch verwandten Gedicht »Germanien« werden Worte den Strömen verglichen: »Doch Fülle der goldenen Worte sandtest du auch, / Glückselige! mit den Strömen und sie quillen unerschöpflich / In die Gegenden all« (Friedrich Hölderlin, *Werke und Briefe*, I, S. 155).
10 »Der Herbst« in Friedrich Hölderlin, *Turmgedichte*, mit einem Vorwort von D.E. Sattler, München: Schirmer/Mosel 1991, S. 33.

weil, was wir sagen, nicht unsere Stimme ist, sondern anderes uns Stimme verleiht. Das ist der Grund, warum das Possessivpronomen »unsre« in dem Vers »um *unsre* Weisheit unbekümmert« (I, 3) erst in dem Moment sagbar wird, da das Gedicht die Disjunktion von Sagen und Gesagtem sagt, leistet und als Entgleiten erfährt: »Um unsre Weisheit unbekümmert / Rauschen die Ströme doch auch«.[11] Dieses »unsre«, das später wiederkehrt im Personalpronomen »uns«, welche die Sagen aus dem Osten erreicht haben, gründet sich auf nichts als den Bruch, der das strömende Sagen von dem abkoppelt, was ein Ich oder ein Gott oder ein Volk sagt. Was uns eigen ist und etwas in unseren Besitz gibt, ist, daß Sprache nicht unsere ist, die geteilte, gemeinsame und einsame Erfahrung, daß wir keine Sprache haben, keine Stimme, die unsere und nur unsere wäre. Im Unterschied zu Götterstimmen ist die Stimme eines Volks, die Stimme der Menschen und Sterblichen, immer entstellt vom Bruch zwischen Sagen und Gesagtem, Akt und Rede. Vermöge dieses Bruchs und in ihrer Brüchigkeit ist menschliche Sprache wesentlich geschichtlich, denn der Raum der Geschichtlichkeit öffnet sich erst durch diese Lücke zwischen Erzählung und Ereignis, Rede und Geschehen. Und nur weil menschliche Sprache wesentlich geschichtlich ist, können Sagen und Sage in Hölderlins Gedicht ein Gedächtnis des Höchsten werden.

Aber die entstellte und entstellende Struktur der menschlichen Sprache setzt die Sterblichen zugleich der Gefahr aus, allzusehr bewegt zu werden vom Strom der Sprache. Eben dies, die Gefahr sich ganz und steuerlos der Sprache und den Sagen anheimzugeben, diese Gefahr, in jeder Sprache und allem Sagen beschlossen, wird in der dritten Strophe genannt: »Denn selbstvergessen, allzubereit, den Wunsch / der Götter zu erfüllen, ergreift zu gern, / Was sterblich ist, wenn offnen Augs auf / Eigenen Pfaden es einmal wandelt, // Ins All zurück die kürzeste Bahn« (III, 1 - IV, 1). Gerade dann, wenn die Sterblichen den eigenen Pfad wandeln, sind sie gefährdet. Gerade dann, wenn ein Dichter insistiert, daß die Bahn der Ströme, der Stromverlauf der Sage nicht sein eigener Weg ist, sind die Sterblichen und ist auch der sterbliche Dichter am meisten gefährdet, denn es

---

11 Aus philologisch unerfindlichen, hermeneutisch aber plausiblen Gründen beruht Ryans Deutung auf einer Textvariante, die hier statt »unsre« »meine« anführt. Das ist um so rätselhafter, als Kaysers drei Jahre zuvor erschienene Deutung »unsre« liest und dies nach der Frankfurter Ausgabe mit nahezu allen Varianten übereinstimmt. Vgl. Friedrich Hölderlin, *Historisch-Kritische Ausgabe*, hrsg. D. E. Sattler, Frankfurt a. M: Roter Stern 1984, Bd. 4, S. 214-222.

droht der Kollaps der Differenz, die das Sagen vom Handeln trennt und damit die Gefahr, menschliche Sprache zur göttlichen zu hypostasieren. Das würde die Aufhebung und das Ende der Geschichtlichkeit bedeuten, die sich aufgrund des Bruchs eröffnet. Diese Gefahr ist absolut unvermeidbar selbst dort, wo emphatisch auf der vermittelnden Auslegung insistiert wird, denn auch Auslegung der Sagen ist Sagen.

Und wie könnte dieses Gedicht, eine alkäische Ode mit undulatorisch strömendem Rhythmus, dieser Gefahr entgehen? Die Auslegung, die es fordert, wird erst möglich für Dichter und Gedicht aufgrund dieser Gefahr. Auslegung hätte die Differenzen auseinanderzulegen zwischen einer Art, sich dem Redestrom anzuvertrauen und einer anderen der Art der Selbstauslegung, wie sie in dem Vers »Und stille vor den Sternen liegt (...) die lange Kunst« (VI, 2 - VII, 1) anklingt. Erst hier aber, nachdem die Voraussetzungen des Gedichts und deren Gefahr erkannt sind, könnte eine Interpretation des Textes und die Lektüre seines Endes einsetzen. Sie hätte sich vor allem den Beziehungen zuzuwenden, die die Strophen V und VI zu den Ereignissen innerhalb des narrativen Einschubs unterhalten, denn die gewaltlose Ruhe der früheren steht in Verbindung, aber auch Kontrast mit dem Aufruhr der späteren.

Hölderlins Gedicht ist auch eine Sage über den selbstdestruktiven Umgang mit Sagen und Traditionen, insbesondere solchen Sagen, in deren Mittelpunkt das Ende steht. Aber auch sein eigenes poetisches Sagen der Sage ist nicht frei von der idealistisch-ästhetischen Logik immanenter Selbsttranszendierung in der Figur des Endes. Der Text kann sich von dieser Logik nicht freisprechen, weil sie ihm zufolge immer dort möglich ist, wo Sprechen und Sagen geschieht. Gerade weil das Potential dieser Logik im Sprechen selbst lokalisiert wird, liegt Hölderlins kritischer Impuls weder in seiner ambivalenten Haltung dem Ende gegenüber noch auch im Imperativ der Auslegung. Entscheidend sind vielmehr die Bedingungen, die der Text in seinem Sprechen entwirft und unter denen er sich allererst zur poetischen Existenz bringt, daß nämlich Sagen aus dem Anderen kommt, aus dem Lateinischen, aus der Vergangenheit oder von Osten. Sagen kommt aus dem Anderen und nimmt eine andere Bahn. Weil Sagen immer anderes sagt und anderem als dem Gemeinten Stimme leiht, ist es prinzipiell der Möglichkeit ausgesetzt, Effekte zu zeitigen, Ereignisse zu bewirken, und zwar insbesondere dann, wenn das Andere des Sagens vergessen wird, wenn einer oder viele das Sagen, in dessen

Anspruch sie stehen, in Anspruch nehmen, wenn also der bei Hölderlin im vielsprachigen Sagen selbst (und nicht, wie Heidegger meint, im exklusiv griechisch-deutschen Dialog) begründete Zusammenhang von Eigengesetzlichkeit und Abhängigkeit vergessen oder gewaltsam aufgebrochen wird.

Indem Hölderlin kritisch vor der hastigen Aneignung von Sagen warnt, aber gleichzeitig und ebenso nachdrücklich zeigt, warum ein völliger Verzicht auf Sagen dieser Art unmöglich bleiben muß, restauriert er implizit die älteste Bedeutungsschicht des »vox populi, vox dei«. Als Sprichwort gekennzeichnet taucht es um 798 in einem Brief Alcuins an Karl den Großen auf, worin der Herrscher aufgefordert wird, sich um diese Redeweise nicht zu scheren.[12] Längst wars aber vorbereitet. In viel älteren griechischen Versen aus Hesiods *Werke und Tage* (Vers 763-64) meint »vox populi, vox dei« die göttliche Macht von Sprichwörtern und Gerüchten: »Nie wird ganz ein Gerücht sich verlieren, das vielerlei Volkes / häufig im Munde geführt; denn ein Gott ist auch das Gerücht selbst.«[13] So wendet sich Hölderlins Gedicht über Sagen der Tradition selbst zurück zur Tradition. Aber in dieser Rückwendung eröffnet das Gedicht zugleich auch eine andere Perspektive auf Tradition, und auf die problematische des berüchtigten Endes zumal.

Sein Zentrum und seinen Ruhepunkt hat die bewegte »Stimme des Volks« in jenem »heilig Ende« (VI, 2) der Strophen VI und VII. In ihnen zeichnet sich nicht das Ende, aber der Abbruch – »mit eigner Hand« – eben der suizidalen Logik ab, die das Gedicht beschreibt. Die stille Emphase des Abbruchs bleibt aber eingeschlossen in den Prozeß des Gedichts. Der Wunsch, diese offene Stelle herauszubrechen, indem man aus dem Prozeß ausbricht, der allein sie als offene Stelle konturiert, ist »das wunderbare Sehnen«, frühe Chiffre des Versprechens, das die Verführungskraft der Rede vom Ende der Kunst seit Hegel ausmacht. Verabschieden und verabsolutieren, feiern und betrauern läßt sich diese Rede stets nur bis zum nächsten Ende. Zwischenzeitlich mag gelten: Was bleibt, ist weitermachen.

---

12 Vgl. »The Proverb's Annals« in Boas, *Vox Populi: Essays in the History of an Idea*, a.a.O., S. 8-38.
13 Dieser Hinweis fand sich ironischerweise dort, wo das Bildungsbürgertum seine gerüchteweise kursierenden Aperçus aufbewahrt, in Büchmanns *Lexikon geflügelter Worte*, München, Zürich: Droemer Knaur [24]1959.

Literaturverzeichnis

Adorno, Theodor W., *Gesammelte Schriften in 20 Bänden,* hrsg. Rolf Tiedemann et al., Frankfurt a. M.: Suhrkamp 1997.
Agamben, Giorgio, *Homo Sacer. Sovereignty and Bare Life,* Stanford: Stanford University Press 1998.
– *The Man without Content,* Stanford: Stanford University Press 1999.
– *Remnants of Auschwitz. The Witness and the Archive,* New York: Zone Books 1999.
Allemann, Beda, *Hölderlin und Hegel,* Zürich: Atlantis 1954.
Allison, David B. (Hrsg.), *The New Nietzsche; Contemporary Styles of Interpretation,* New York: Dell 1977.
Anderson, Benedict, *Imagined Communities. Reflections on the Origin and Spread of Nationalism,* London u. New York: Verso ²1991.
Augé, Marc, *Non-Lieux. Introduction sur une anthropologie de la surmodernité,* Paris: Editions de Seuil 1992.

Baer, Ulrich (Hrsg.), ›*Niemand zeugt für den Zeugen*‹*. Erinnerungskultur nach der Shoah,* Frankfurt a. M.: Suhrkamp 2000.
Bahti, Timothy, *Allegories of History. Literary Historiography after Hegel,* Baltimore u. London: Johns Hopkins University Press 1992.
Baudrillard, Jean, »Das Ende der Kunst«, in: *Spiegel Kultur Extra* (7), 1997.
Baumgart, Reinhard, *Addio. Abschied von der Literatur. Variationen über ein altes Thema,* München: Hanser 1995.
Belting, Hans, »Das unsichtbare Meisterwerk«, in: *DU* (12) 1997.
Benjamin, Walter, *Gesammelte Schriften in 7 Bänden,* hrsg. Rolf Tiedemann et al. Frankfurt a. M: Suhrkamp 1991.
Benn, Gottfried, *Gedichte in der Fassung der Erstdrucke,* hrsg. Bruno Hillebrand, Frankfurt a. M.: Fischer 1982.
Bernstein, Jay M., *The Fate of Art. Aesthetic Alienation from Kant to Derrida and Adorno,* Cambridge: Polity Press 1992.
Blanchot, Maurice, *Der Gesang der Sirenen. Essays zur modernen Literatur,* München: Hanser 1962.
Blasche, Siegfried, »Hegelianismen im Umfeld von Nietzsches ›Geburt der Tragödie‹«, in: *Nietzsche-Studien. Internationales Jahrbuch für die Nietzscheforschung* (15) 1986.
Blondel, Eric, »Nietzsche: Life as Metaphor«, in: *The New Nietzsche. Contemporary Styles of Interpretation,* hrsg. David B. Allison, New York: Dell 1977.
Boas, George, *Vox Populi: Essays in the History of an Idea,* Baltimore: The Johns Hopkins University Press 1969.
Bohrer, Karl Heinz, *Der Abschied. Theorie der Trauer,* Frankfurt a. M.: Suhrkamp 1996.

- *Plötzlichkeit. Zum Augenblick des ästhetischen Scheins*, Frankfurt a. M.: Suhrkamp 1981.
- (Hrsg.), *Sprachen des Ernstes – Sprachen der Ironie*, Frankfurt a. M.: Suhrkamp 1999.

Borchmeyer, Dieter (Hrsg.), *Vom Nutzen und Nachteil der Historie für das Leben. Nietzsche und die Erinnerung in der Moderne*, Frankfurt a. M.: Suhrkamp 1996.

Bräutigam, Bernd, *Reflexion des Schönen – Schöne Reflexion. Überlegungen zur Prosa ästhetischer Theorie – Hamann, Nietzsche, Adorno –*, Bonn: Bouvier 1975.

Brunkhorst, Hauke, *Theodor W. Adorno. Dialektik der Moderne*, München u. Zürich: Piper 1990.

Buck-Morss, Susan, »Benjamin's Passagenwerk: Redeeming Mass Culture«, in: *New German Critique* (29) 1983.

Bürger, Peter, »Das Altern der Moderne«, in: *Adorno-Konferenz*, hrsg. Ludger von Friedeburg u. Jürgen Habermas, Frankfurt a. M.: Suhrkamp 1983.
- *Theorie der Avantgarde*, Frankfurt a. M.: Suhrkamp 1974.

Calinescu, Matei, *Five Faces of Modernity: Modernism, Avantgarde, Decadence, Kitsch, Postmodernism*, Durham: Duke University Press 1987.

Constantine, David, *Hölderlin*, Oxford: Clarendon Press 1990.

Couzens Hoy, David, »The Owl and the Poet: Heidegger's Critique of Hegel«, in: *Martin Heidegger and the Question of Literature. Towards a Postmodern Literary Hermeneutics*, hrsg. William V. Spanos, Bloomington u. London: Indiana University Press 1979.

Danto, Arthur C., *The Philosophical Disenfranchisement of Art*, New York: Columbia University Press 1986.

Deleuze, Gilles, *Nietzsche et la philosophie*, Paris: Pr. Universitair. de Paris 1962.

Derrida, Jacques, *Randgänge der Philosophie*, Wien: Passagen 1999.
- *Die Schrift und die Differenz*, Frankfurt a. M.: Suhrkamp 1972.
- »Sporen. Die Stile Nietzsches«, in: *Nietzsche aus Frankreich*, hrsg. Werner Hamacher, Berlin: Ullstein 1985.
- *La Vérité en Peinture*, Paris: Flammarion 1978.
- »Von einem neuerdings erhobenen apokalyptischen Ton in der Philosophie«, in: *Apokalypse*, Wien: Passagen 1985.

Djuriac, Mihailo u. Simon, Josef (Hrsg.), *Kunst und Wissenschaft bei Nietzsche*, Würzburg: Königshausen &. Neumann 1986.

Düttmann, Alexander Garcia, »Entkunstung«, in: *L'esprit createur*, 35, (3) 1995.
- *Das Gedächtnis des Denkens. Versuch über Heidegger und Adorno*, Frankfurt a. M.: Suhrkamp 1991.
- *Kunstende. Drei ästhetische Studien*, Frankfurt a. M.: Suhrkamp 2000.
- »Tradition and Destruction: Benjamin's Politics of Language«, in: *Modern Language Notes*, German Issue 106 (3) 1991.

Duve, Thierry de, *Kant after Duchamp*, Cambridge, Massachusetts: The MIT Press 1999 (1996).

Einstein, Carl, *Die Fabrikation der Fiktionen*, hrsg. Sibylle Penkert, Reinbek b. Hamburg: Rowohlt 1972.

Enzensberger, Hans Magnus, »Gemeinplätze, die Neueste Literatur betreffend«, in: *Kursbuch* (15) 1968.

Fenves, Peter, *Arresting Language. From Leibniz to Benjamin*, Stanford: Stanford University Press 2000.
- »Marx, Mourning, Messianicity«, in: *Violence, Identity and Self-Determination*, hrsg. Hent de Vries u. Samuel Weber, Stanford: Stanford University Press 1997.
- (Hrsg.), *Raising the Tone of Philosophy*, Baltimore: Johns Hopkins University Press 1993.

Fisher, Jaimey u. Hohendahl, Peter Uwe (Hrsg.), *Critical Theory. Current State and Future Prospects,* Oxford u. New York: Berghahn Books 2001.

Foucault, Michel, *Die Archäologie des Wissens*, Frankfurt a. M.: Suhrkamp 1981.
- *Botschaften der Macht. Reader Diskurs und Medien*, hrsg. Jan Engelmann, Stuttgart: Deutsche Verlagsanstalt 1999.
- *Schriften zur Literatur*, Frankfurt a. M.: Suhrkamp 1974.
- *Von der Subversion des Wissens*, hrsg. Walter Seitter, Frankfurt a. M., Berlin: Ullstein 1978.
- *Wahnsinn und Gesellschaft*, Frankfurt a. M.: Suhrkamp 1969.

Fresco, Marcel F., et al. (Hrsg.), *Heideggers These vom Ende der Philosophie: Verhandlungen des Leidener Heidegger-Symposions im April 1984*, Bonn: Bouvier 1989.

Frey, Hans Jost, *Der unendliche Text*, Frankfurt a. M.: Suhrkamp 1990.

Friedeburg, Ludger von u. Habermas, Jürgen (Hrsg.), *Adorno-Konferenz*, Frankfurt a. M.: Suhrkamp 1983.

Friedlander, Saul (Hrsg.), *Probing the Limits of Representation. Nazism and the Final Solution*, Cambridge, Massachusetts u. London, England: Harvard University Press 1992.

Fries, Hent de u. Weber, Samuel (Hrsg.), *Violence, Identity, and Self-Determination*, Stanford: Stanford University Press 1997.

Froment-Meurice, Marc, *That is to Say. Heidegger's Poetics*, Stanford: Stanford University Press 1998.

Fynsk, Christopher, *Heidegger. Thought and Historicity*, Ithaca u. London: Cornell University Press 1986.

Gadamer, Hans-Georg, »Ende der Kunst? Von Hegels Lehre vom Vergangenheitscharakter der Kunst bis zur Anti-Kunst von heute«, in: *Ende der Kunst – Zukunft der Kunst*, hrsg. Rudolph Maresch, München: Deutscher Kunstverlag 1985.
- »Nachwort«, in: *Martin Heidegger, Der Ursprung des Kunstwerkes*, hrsg. Hans-Georg Gadamer, Stuttgart: Reclam 1997 (1960).
- *Wahrheit und Methode*, Tübingen: Mohr ⁴1974.

- (Hrsg.), *Martin Heidegger, der Ursprung des Kunstwerks*, Stuttgart: Reclam 1997 (1960).
Gasché, Rodolphe (Hrsg.), *L'esprit créateur*, Sonderheft »Beyond Aesthetics?«, 35, (3) 1995.
- *Inventions of Difference. On Jacques Derrida*, Cambridge, Massachusetts: Harvard University Press 1994.
Gehlen, Arnold, *Zeit-Bilder zur Soziologie und Ästhetik der modernen Malerei*, Frankfurt a. M., Bonn: Athenäum ²1965.
Gerhardt, Volker, *Pathos und Distanz. Studien zur Philosophie Nietzsches*, Stuttgart: Reclam 1988.
Gethmann-Siefert, Annemarie u. Pöggeler, Otto (Hrsg.), *Welt und Wirkung von Hegels Ästhetik*, Bonn: Bouvier 1986.
Geulen, Eva, »Adorno macht's möglich. Neue Lektüren«, in: *Monatshefte*, Sonderheft zu Theodor W. Adorno, hrsg. Gerhard Richter, (94) Nr. 1, 2001.
- »Mega Melancholia: Adorno's *Minima Moralia*«, in: *Critical Theory. Current State and Future Prospects*, hrsg. Peter Uwe Hohendahl und Jaimey Fisher, New York, Oxford: Berghahn Books 2001.
- »'Wiederholte Spiegelungen'. Formgeschichte und Moderne bei Kommerell und Preisendanz«, in: *DVjs* , (2) 2002.
Gross, David, *The Past in Ruin: Tradition and the Critique of Modernity*, Amherst: University of Massachusetts Press 1992.
Groys, Boris, *Logik der Sammlung. Am Ende des musealen Zeitalters*, München, Wien: Hanser 1997.
- *Über das Neue. Versuch einer Kulturökonomie*, München, Wien: Hanser 1992.

Habermas, Jürgen, *Kultur und Kritik. Verstreute Aufsätze*, Frankfurt a. M.: Suhrkamp 1977.
- »Die Moderne – ein unvollendetes Projekt«, in: *Kleine philosophische Schriften 1-4*, Frankfurt a. M.: Suhrkamp 1981.
- *Der philosophische Diskurs der Moderne. Zwölf Vorlesungen*, Frankfurt a. M.: Suhrkamp 1988.
Haftmann, Werner, *Malerei im 20. Jahrhundert*, München: Prestel 1954.
Hamacher, Werner, »Afformativ, Streik«, in: *Was heißt »Darstellen«?*, hrsg. Christiaan L. Hart-Nibbrig, Frankfurt a. M.: Suhrkamp 1992.
- »Echolos«, in: *Nietzsche aus Frankreich*, hrsg. Werner Hamacher, Berlin: Ullstein 1985.
- »Das Ende der Kunst mit der Maske«, in: *Sprachen der Ironie – Sprachen des Ernstes*, hrsg. Karl Heinz Bohrer, Frankfurt a. M.: Suhrkamp 1999.
- *Entferntes Verstehen. Studien zu Philosophie und Literatur von Kant bis Celan*, Frankfurt a. M.: Suhrkamp 1998.
- (Hrsg.), *Georg Wilhelm Friedrich Hegel, »Der Geist des Christentums«. Schriften 1796-1800*, Frankfurt a. M., Berlin, Wien: Ullstein 1978.
- »Über einige Unterschiede zwischen der Geschichte literarischer und der Geschichte phänomenaler Ereignisse«, in: *Kontroversen, alte und neue, IX*:

Historische und aktuelle Konzepte der Literaturgeschichtsschreibung; Zwei Königskinder? Zum Verhältnis von Literatur und Literaturwissenschaft, hrsg. Albrecht Schöne et al., Tübingen: Niemeyer 1985.

Hart Nibbrig, Christiaan, *Ästhetik der letzten Dinge*, Frankfurt a. M.: Suhrkamp 1989.

– *Was heißt »Darstellen?«* (Hrsg.), Frankfurt a. M.: Suhrkamp 1994.

Hartman, Geoffrey, »The Book of Destruction«, in: *Probing the Limits of Representation. Nazism and the Final Solution*, hrsg. Saul Friedlander, Cambridge, Massachusetts u. London: Harvard University Press 1992.

Haverkamp, Anselm, *Figura Cryptica*, Frankfurt a. M.: Suhrkamp 2002.

– (Hrsg.), *Deconstruction is/in America. A New Sense of the Political*, New York u. London: New York University Press 1995.

Hegel, Georg Wilhelm Friedrich, *Werke in 20 Bänden,* hrsg. Karl Markus Michel et al., Frankfurt a. M.: Suhrkamp 1970.

Heidegger, Martin, *Gesamtausgabe*, Frankfurt a. M.: Klostermann 1972 ff.

– *Nietzsche*, Pfullingen: Neske 1961.

– *Sein und Zeit*, Tübingen: Niemeyer ¹⁵1984.

– »Der Ursprung des Kunstwerks«, in: *Holzwege*, Frankfurt a. M.: Klostermann ⁶1980.

– *Vorträge und Aufsätze. Teil I*, Pfullingen: Neske ³1967.

Henrich, Dieter, »Kunst und Kunstphilosophie der Gegenwart (Überlegungen mit Rücksicht auf Hegel)«, in: *Immanente Ästhetik. Ästhetische Reflexion*, hrsg. Wolfgang Iser, München: Fink 1966.

– *Der Grund im Bewußtsein: Untersuchungen zu Hölderlins Denken*, Stuttgart: Klett-Cotta 1992.

Herzog, Reinhart, »Vom Aufhören. Darstellungsformen menschlicher Dauer im Ende«, in: *Das Ende. Figuren einer Denkform*, hrsg. Karlheinz Stierle u. Rainer Warning, München: Fink 1996.

Hilmer, Brigitte, *Das Scheinen des Begriffs. Hegels Logik der Kunst* (Hegel-Deutungen, Band 3), Hamburg: Meiner 1998.

Hobsbawm, Eric u. Ranger, Terence (Hrsg.), *The Invention of Tradition*, Cambridge: Cambridge University Press 1992.

Hölderlin, Friedrich, *Historisch-Kritische Ausgabe*, hrsg. D. E. Sattler, Frankfurt a. M.: Roter Stern 1984.

– *Turmgedichte*, hrsg. D. E. Sattler, München: Schirmer/Mosel 1991.

– *Werke und Briefe in drei Bänden*, hrsg. Friedrich Beißner u. Jochen Schmidt, Frankfurt a. M.: Insel 1969.

Hoesterey, Ingeborg (Hrsg.), *Zeitgeist in Babylon: The Postmodernist Controversy*, Bloomington u. London: University of Indiana Press 1991.

Horkheimer, Max u. Adorno, Theodor W., »Die Dialektik der Aufklärung«, in: Theodor W. Adorno, *Gesammelte Schriften*, hrsg. Rolf Tiedemann et al., Frankfurt a. M.: Suhrkamp 1997, Bd. 3.

Iser, Wolfgang (Hrsg.), *Immanente Ästhetik. Ästhetische Reflexion*, München: Fink 1966.

Jameson, Frederic, *Late Marxism: Adorno, or, the Persistence of the Dialectic*, London u. New York: Verso 1990.
Jamme, Christoph u. Harries, Karsten (Hrsg.), *Martin Heidegger: Kunst – Politik – Technik*, München: Fink 1992.
Jauß, Hans Robert, *Literaturgeschichte als Provokation*, Frankfurt a. M.: Suhrkamp ⁶1979.
– (Hrsg.), *Die nicht mehr schönen Künste*, München: Fink 1968.
Jencks, Charles, »Postmodern vs. Late-Modern«, in: *Zeitgeist in Babylon: The Postmodernist Controversy*, hrsg. Ingeborg Hoesterey, Bloomington u. London: University of Indiana Press 1991.
Jeudy, Henri Pierre, *Die Welt als Museum*, Berlin: Merve 1987.

Kalckenbrock-Netz, Jutta, *Fabrikation, Experiment, Schöpfung. Strategien ästhetischer Legitimation im Naturalismus*, Heidelberg: Winter 1981.
Kayser, Wolfgang, »Stimme des Volks«, in: *Die deutsche Lyrik. Interpretationen vom Mittelalter bis zur Romantik*, hrsg. Benno von Wiese, Düsseldorf: Bagel 1967.
Kermode, Frank, *The Sense of an Ending. Studies in the Theory of Fiction*, New York: Oxford University Press 1967.
Knox, Thomas M., »The Puzzle of Hegel's Aesthetics«, in: *Selected Essays on G. W. F. Hegel*, hrsg. Lawrence S. Steplevich, New Jersey: Humanities Press International 1993.
Kockelmann, Joseph J. (Hrsg.), *Heidegger on Art and Artworks*, Dordrecht: Martinus Nijhoff Publishers 1985.
König, Hans-Dieter (Hrsg.), *Neue Versuche, Becketts Endspiel zu verstehen. Sozialwissenschaftliches Interpretieren nach Adorno*, Frankfurt a. M.: Suhrkamp 1998.
Kopperschmidt, Josef u. Schanze, Helmut (Hrsg.), *Nietzsche oder »Die Sprache ist Rhetorik«*, München: Fink 1994.
Koselleck, Reinhard, et al. (Hrsg.), *Geschichtliche Grundbegriffe. Historisches Lexikon zur politisch-nationalen Sprache in Deutschland*, Stuttgart: Klett-Cotta 1972 f.
Krakauer, Eric, *The Disposition of the Subject. Reading Adorno's Dialectic of Technology*, Evanston: Northwestern University Press 1998.
Kramer, Sven, »›Wahr sind Sätze als Impuls …‹ Begriffsarbeit und sprachliche Darstellung in Adornos Reflexion auf Auschwitz«, in: *DVjs* (2) 1996.
Krauss, Rosalind E., *The Originality of the Avant-Garde and Other Modernist Myths*, Cambridge, Massachusetts: MIT Press 1985.
Krell, David Farrell, »Art and Truth in Raging Discord: Heidegger and Nietzsche on the Will to Power«, in: *Martin Heidegger and the Question of Literature. Towards a Postmodern Literary Hermeneutics*, hrsg. William V. Spanos, Bloomington u. London: Indiana University Press 1979.

Lacoue-Labarthe, Philippe, »Le Détour«, in: *Le Sujet de la Philosophie*, Paris: Editions du Seuil 1979.

- *La fiction du politique*, Paris: Christian Bourgois 1987.
Latour, Bruno, *Wir sind nie modern gewesen. Versuch einer symmetrischen Anthropologie*, Frankfurt a. M.: Fischer 1998.
Lehmann, Hans-Thies, »Das Erhabene ist das Unheimliche. Zur Theorie einer Kunst des Ereignisses«, in: *Merkur* (487/8) 1989.
Lepenies, Wolf, »Das Ende der Kunst und das Ende der Geschichte«, in: *Aufstieg und Fall der Intellektuellen in Europa*, Frankfurt a. M., New York: Campus 1992.
Lewis, Wyndham, *The Demon of Progress in the Arts*, London: Methuen 1954.
Lindner, Burkhardt, »Technische Reproduzierbarkeit und Kulturindustrie, Benjamins ›positives Barbarentum‹ im Kontext«, in: *Walter Benjamin im Kontext*, hrsg. Burkhardt Lindner, Königstein/Ts.: Athenäum ²1985.
– »›Il faut être absolument moderne.‹ Adornos Ästhetik: Ihr Konstruktionsprinzip und ihre Historizität«, in: *Materialien zur Ästhetischen Theorie. Theodor W. Adornos Konstruktion der Moderne*, hrsg. Burkhardt Lindner u. W. Martin Lüdke, Frankfurt a. M.: Suhrkamp 1979.
– (Hrsg.), *Materialien zur Ästhetischen Theorie. Theodor W. Adornos Konstruktion der Moderne,* Frankfurt a. M.: Suhrkamp 1979.
Luhmann, Niklas, *Die Kunst der Gesellschaft*, Frankfurt a. M.: Suhrkamp 1995.
Lyotard, Jean-François, »Das Erhabene und die Avantarde«, in: *Merkur* (424) 1984.

Man, Paul de, *Aesthetic Ideology*, hrsg. Andrzej Warminski, Minnesota: University of Minnesota Press 1996.
– *Allegories of Reading. Figural Language in Rousseau, Nietzsche, Rilke and Proust*, New Haven u. London: Yale University Press 1979.
– *Blindness and Insight. Essays in the Rhetoric of Contemporary Criticism*, Minneapolis: University of Minnesota Press ²1983.
Maresch, Rudolf (Hrsg.), *Zukunft oder Ende. Standpunkte, Analysen, Entwürfe*, München: Boer 1993.
Marquard, Odo, *Aesthetica und Anaesthetica. Philosophische Überlegungen*, Paderborn, München, Wien, Zürich: Schöningh 1989.
Marx, Karl, Engels, Friedrich, *Studienausgabe in 4 Bänden*, hrsg. Iring Fetscher, Frankfurt a. M.: Fischer 1990 (1966).
Menke, Bettine, *Sprachfiguren: Name, Allegorie, Bild nach Benjamin*, München: Fink 1991.
Menke, Christoph, »Distanz und Experiment. Zu zwei Aspekten ästhetischer Freiheit bei Nietzsche«, in: *Deutsche Zeitschrift für Philosophie*, (41) 1/1993.
– *Die Souveränität der Kunst. Ästhetische Erfahrung nach Adorno und Derrida*, Frankfurt a. M.: Suhrkamp 1991.
– *Tragödie im Sittlichen. Gerechtigkeit und Freiheit nach Hegel*, Frankfurt a. M.: Suhrkamp 1996.
Menninghaus, Winfried, *Schwellenkunde. Walter Benjamins Passage des Mythos*, Frankfurt a. M.: Suhrkamp 1986.

Menthen, Erich, »Pathos der Distanz. Zur Struktur der ironischen Rede bei Nietzsche«, in: *Nietzsche oder »Die Sprache ist Rhetorik«*, hrsg. Josef Kopperschmidt u. Helmut Schanze, München: Fink 1994.

Michel, Karl Markus u. Enzensberger, Hans Magnus (Hrsg.), *Kursbuch* (15) 1968.

Mörike, Eduard, *Sämtliche Werke*, hrsg. Herbert G. Göpfert, München: Hanser ³1964.

Nägele, Rainer, »Der Diskurs des Anderen. Hölderlins Ode ›Stimme des Volks‹ und die Dialektik der Aufklärung«, in: *Le Pauvre Holterling* (4/5), 1980.

Nancy, Jean-Luc, *Die Musen*, Stuttgart: Jutta Legueil 1999.

– *La Remarque speculative*, Paris: Galilée 1973.

Nauman, Francis M., *Marcel Duchamp: The Art of Making Art in the Age of Mechanical Reproduction*, Ghent: Ludion Press 1999.

Nehamas, Alexander, *Nietzsche: Life as Literature*, Cambridge: Harvard University Press 1985.

Nietzsche, Friedrich, *Kritische Studienausgabe in 15 Bänden*, hrsg. Giorgio Colli u. Mazzino Montinari, München: Deutscher Taschenbuch Verlag; Berlin u. New York: de Gruyter 1988.

Oelmüller, Willi, »Hegels Satz vom Ende der Kunst und das Problem der Philosophie der Kunst nach Hegel«, in: *Philosophisches Jahrbuch* (73) 1965.

Pöggeler, Otto, *Die Frage nach der Kunst. Von Hegel zu Heidegger*, Freiburg i. Brsg.: Alber 1984.

– »Kunst und Politik im Zeitalter der Technik«, in: *Heideggers These vom Ende der Philosophie: Verhandlungen des Leidener Heidegger-Symposions im April 1984*, hrsg. Marcel F. Fresco et al., Bonn: Bouvier 1989.

– *Neue Wege mit Heidegger*, Freiburg i. Brsg.: Alber 1992.

– u. Gethmann-Siefert, Annemarie (Hrsg.), *Welt und Wirkung von Hegels Ästhetik*, Bonn: Bouvier 1986.

Paz, Octavio, *Essays II*, Frankfurt a. M.: Suhrkamp 1984.

Pfotenhauer, Helmut, *Die Kunst als Physiologie: Nietzsches ästhetische Theorie und literarische Produktion*, Stuttgart: Metzler 1985.

Plumpe, Gerhard, *Ästhetische Kommunikation der Moderne. Band 1: Von Kant zu Hegel*, Opladen: Westdeutscher Verlag 1993.

Pornschlegel, Clemens, *Der literarische Souverän. Zur politischen Funktion der deutschen Dichtung bei Goethe, Heidegger, Kafka und im George-Kreis*, Freiburg i. Brsg.: Rombach 1994.

Preisendanz, Wolfgang, *Humor als dichterische Einbildungskraft. Studien zur Erzählkunst des Poetischen Realismus*, München: Fink ²1976.

Pries, Christine (Hrsg.), *Das Erhabene. Zwischen Grenzerfahrung und Größenwahn*, Weinheim: VCH Humaniora 1989.

Reijen, Wilhelm van u. Schmid Noerr, Gunzelin (Hrsg.), *Vierzig Jahre Flaschenpost*, Frankfurt a. M.: Fischer 1987.

Ritter, Henning, »Immergleiches Spiel der Überraschungen. Die erschöpfte Freiheit der Kunst«, in: *F.A.Z.* vom 17.1.98.

Ritter, Joachim et al. (Hrsg.), *Historisches Wörterbuch der Philosophie*, Basel, Stuttgart: Schwabe 1971 ff.

Roberts, David, *Art and Enlightenment. Aesthetic Theory after Adorno*, Lincoln u. London: University of Nebraska Press 1988.

Ronell, Avital, *Finitude's Score. Essays for the End of the Millenium*, Lincoln u. London: University of Nebraska Press 1994.

Rosenberg, Harold, *The Tradition of the New*, New York: Horizon Press 1959.

Ryan, Lawrence, *Hölderlins Lehre vom Wechsel der Töne*, Stuttgart: Kohlhammer 1960.

Sallis, John (Hrsg.), *Reading Heidegger. Commemorations*, Bloomington u. London: University of Indiana Press 1993.

Santner, Eric, *Friedrich Hölderlin: Narrative Vigilance and Poetic Imagination*, New Brunswick u. London: Rutgers University Press 1986.

Scarry, Elaine Scarry, *On Beauty and Being Just*, Princeton: Princeton University Press 1999.

Schnädelbach, Herbert, »Dialektik als Vernunftkritik. Zur Konstruktion des Rationalen bei Adorno«, in: *Adorno-Konferenz 1983*, hrsg. Ludger von Friedeburg u. Jürgen Habermas, Frankfurt a. M.: Suhrkamp 1983.

Scholze, Britta, *Kunst als Kritik. Adornos Weg aus der Dialektik*, Würzburg: Königshausen & Neumann 2000.

Schuller, Marianne, *Moderne. Verluste. Literarischer Prozeß und Wissen*, Frankfurt a. M.: Stroemfeld 1997.

Seel, Martin, »Dialektik des Erhabenen. Kommentare zur ›ästhetischen Barbarei heute‹«, in: *Vierzig Jahre Flaschenpost*, hrsg. Wilhelm van Reijen u. Gunzelin Schmid Noerr, Frankfurt a. M.: Fischer 1987.

Sedlmayer, Hans, *Die Revolution der modernen Kunst*, Reinbek b. Hamburg: Rowohlt 1955.

Seubold, Günther, *Das Ende der Kunst und der Paradigmenwechsel in der Ästhetik. Philosophische Untersuchungen zu Adorno, Heidegger und Gehlen in systematischer Absicht*, Freiburg i. Brsg.: Alber 1997.

– *Kunst als Enteignis. Heideggers Weg zu einer nicht mehr metaphysischen Kunst*, Bonn: Bouvier 1992.

Spanos, William (Hrsg.), *Martin Heidegger and the Question of Literature. Towards a Postmodern Literary Hermeneutics*, Bloomington u. London: University of Indiana Press 1979.

Staiger, Emil, *Die Kunst der Interpretation. Studien zur deutschen Literaturgeschichte*, Zürich: Atlantis 1955.

Steiner, Uwe, *Die Geburt der Kritik aus dem Geist der Kunst. Untersuchungen zum Begriff der Kunstkritik in den frühen Schriften Walter Benjamins*, Würzburg: Königshausen & Neumann 1989.

Stepelevich, Lawrence S. (Hrsg.), *Selected Essays on G. W. F. Hegel*, New Jersey: Humanities Press International 1993.

Stierle, Karlheinz, »Die Wiederkehr des Endes. Zur Anthropologie der Anschauungsformen«, in: *Das Ende. Figuren einer Denkform*, hrsg. Karlheinz Stierle u. Rainer Warning, München: Fink 1996.
– (Hrsg.), *Das Ende. Figuren einer Denkform*, München: Fink 1996.
Szondi, Peter, »Hegels Lehre von der Dichtung«, in: *Poetik und Geschichtsphilosophie I*, hrsg. Jean Bollack et al., Frankfurt a. M.: Suhrkamp 1974.
– *Schriften I*, hrsg. Jean Bollack et al., Frankfurt a. M.: Suhrkamp 1978.
– *Einführung in die literarische Hermeneutik*, hrsg. Jean Bollack et al., Frankfurt a. M.: Suhrkamp 1975.

Taminiaux, Jacques, *Poetics, Speculation and Judgement. The Shadow of the Work of Art from Kant to Phenomenology*, Stony Brook: Suny Press 1995.
– »The Origin of ›The Origin of the Work of Art‹«, in: *Reading Heidegger. Commemorations*, hrsg. John Sallis, Bloomington u. London: Indiana University Press 1993.
Theunissen, Michael, »Negativität bei Adorno«, in: *Adorno-Konferenz 1983*, hrsg. Ludger von Friedeburg u. Jürgen Habermas, Frankfurt a. M.: Suhrkamp 1983.
Thomä, Dieter, *Erzähle dich selbst. Lebensgeschichte als philosophisches Problem*, München: Beck 1998.
– *Die Zeit des Selbst und die Zeit danach. Zur Kritik der Textgeschichte Martin Heideggers 1910-1976*, Frankfurt a. M.: Suhrkamp 1990.
Tiedemann, Rolf, *Dialektik im Stillstand. Versuche zum Spätwerk Walter Benjamins*, Frankfurt a. M.: Suhrkamp 1983.
Trawny, Peter, »Über die ontologische Differenz in der Kunst. Ein Rekonstruktionsversuch der Überwindung der Ästhetik bei Martin Heidegger«, in: *Heidegger-Studien*, (10), 1994.

Valéry, Paul, *Gesammelte Schriften*, Frankfurt a. M.: Insel 1972.
Vattimo, Gianni, *Das Ende der Moderne*, Stuttgart: Reclam 1990.
Viëtor, Karl, *Goethe - Dichtung. Wissenschaft. Weltbild*, Bern: Francke 1975.

Warminski, Andrzej, *Readings in Interpretation: Hölderlin, Hegel, Heidegger*, Minneapolis: University of Minnesota Press 1987.
Weber, Samuel, »Genealogy of Modernity: History, Myth and Allegory in Benjamins ›Origin of the German Mourning Play‹«, in: *Modern Language Notes*, (106) 3, 1991.
– »Upping the Ante: Deconstruction as Parodic Practice«, in: *Deconstruction is/in America. A New Sense of the Political*, hrsg. Anselm Haverkamp, New York, London: New York University Press 1995.
Weidlé, Wladimir, *Die Sterblichkeit der Musen. Betrachtungen über Dichtung und Kunst in unserer Zeit*, Stuttgart: Deutsche Verlagsanstalt 1958.
Welsch, Wolfgang, »Ach, unsere Finaldiskurse ... Wider die endlosen Reden vom Ende«, in: *Zukunft oder Ende. Standpunkte, Analysen, Entwürfe*, hrsg. Rudolf Maresch, München: Boer 1993.

Wiese, Benno von (Hrsg.), *Die deutsche Lyrik. Interpretationen vom Mittelalter bis zur Romantik*, Düsseldorf: Bagel 1967.

Wyss, Beat, »Klassizismus und Geschichtsphilosophie im Konflikt«, in: *Kunsterfahrung und Kunstpraxis im Berlin Hegels*, hrsg. Annemarie Gethmann-Siefert u. Otto Pöggeler, Bonn: Bouvier 1986.

Theoretische Texte zu Kunst und Ästhetik
im Suhrkamp Verlag
Eine Auswahl

Pierre Bourdieu. Die Regeln der Kunst. Genese und Struktur des literarischen Feldes. Übersetzt von Bernd Schwibs und Achim Russer. 552 Seiten. Gebunden

Peter Bürger. Theorie der Avantgarde. Mit einem Vorwort zur zweiten Auflage. es 727. 147 Seiten

Lucien Dällenbach/Christiaan L. Hart Nibbrig. Fragment und Totalität. es 1107. 367 Seiten

Arthur C. Danto. Die Verklärung des Gewöhnlichen. Eine Philosophie der Kunst. Übersetzt von Max Looser. stw 957. 321 Seiten

Gilles Deleuze. Das Bewegungsbild-Bild. Kino 1. Übersetzt von Ulrich Christians und Ulrike Bokelmann. stw 1288. 332 Seiten

Gilles Deleuze. Das Zeit-Bild. Kino 2. Übersetzt von Klaus Englert. stw 1289. 454 Seiten

John Dewey. Erfahrung und Natur. Übersetzt von Martin Suhr. 465 Seiten. Gebunden

John Dewey. Kunst als Erfahrung. Übersetzt von Christa Velten, Gerhard vom Hofe und Dieter Sulzer. stw 703. 411 Seiten

Georges Duby. Die Zeit der Kathedralen. Kunst und Gesellschaft 980-1420. Übersetzt von Grete Osterwald. Mit Abbildungen. stw 1011. 561 Seiten

Umberto Eco. Das offene Kunstwerk. Übersetzt von Günter Memmert. stw 222. 442 Seiten

Christine Eichel. Vom Ermatten der Avantgarde zur Vernetzung der Künste. Perspektiven einer interdisziplinären Ästhetik im Spätwerk Theodor W. Adornos. 340 Seiten. Gebunden

Manfred Frank. Einführung in die frühromantische Ästhetik. Vorlesungen. es 1563. 466 Seiten

Josef Früchtl. Ästhetische Erfahrung und moralisches Urteil. Eine Rehabilitierung. 519 Seiten. Gebunden

Peter Gendolla/Thomas Kamphusmann (Hg.). Die Künste des Zufalls. stw 1432. 304 Seiten

Gérard Genette. Palimpseste. Die Literatur auf zweiter Stufe. Übersetzt von Wolfram Bayer und Dieter Hornig. es 1683. 535 Seiten

Carlo Ginzburg. Das Schwert und die Glühbirne. Picassos ›Guernica‹. Übersetzt von Reinhard Kaiser. Mit Abbildungen. es 2103. 112 Seiten

Luca Giuliani. Bildnis und Botschaft. Hermeneutische Untersuchungen zur Bildniskunst der römischen Republik. 335 Seiten. Kartoniert

Ernst H. Gombrich/Julian Hochberg/Max Black. Kunst, Wahrnehmung, Wirklichkeit. Übersetzt von Max Looser. es 860. 156 Seiten

Nelson Goodman. Sprachen der Kunst. Entwurf einer Symboltheorie. Übersetzt von Bernd Philippi. stw 1304. 254 Seiten

Nelson Goodman/Catherine Z. Elgin. Revisionen. Philosophie und andere Künste und Wissenschaften. Übersetzt von Bernd Philippi. stw 1050. 225 Seiten

Rolf Grimminger. Die Ordnung, das Chaos und die Kunst. Für eine neue Dialektik der Aufklärung. 284 Seiten. Kartoniert

Götz Großklaus. Medien – Zeit. Medien – Raum. Zum Wandel der raumzeitlichen Wahrnehmung in der Moderne. stw 1184. 264 Seiten

Dieter Henrich/Wolfgang Iser (Hg.). Theorien der Kunst. stw 1012. 637 Seiten

Max Imdahl. Gesammelte Schriften. Drei Bände. 1740 Seiten. Leinen

Wolfgang Iser. Das Fiktive und das Imaginäre. Perspektiven literarischer Anthropologie. stw 1101. 522 Seiten

Hans Robert Jauß. Ästhetische Erfahrung und literarische Hermeneutik. stw 955. 877 Seiten

Richard Klein/Claus-Steffen Mahnkopf (Hg.). Mit den Ohren denken. Adornos Philosophie der Musik. stw 1378. 446 Seiten

Franz Koppe (Hg.). Perspektiven der Kunstphilosophie. Texte und Diskussionen. stw 951. 412 Seiten

Ernst Kris/Otto Kurz. Die Legende vom Künstler. Ein geschichtlicher Versuch. stw 1202. 188 Seiten

Richard Kuhns. Psychoanalytische Theorie der Kunst.
Übersetzt von Klaus Laermann. 195 Seiten. Kartoniert

Paul de Man. Die Ideologie des Ästhetischen. Herausgegeben
von Christoph Menke. Übersetzt von Jürgen Blasius.
es 1682. 300 Seiten

Erwin Panofsky. Die Renaissancen der europäischen Kunst.
Übersetzt von Horst Günther. stw 883. 463 Seiten

K. Ludwig Pfeiffer. Das Mediale und das Imaginäre. Dimensionen kulturanthropologischer Medientheorie.
624 Seiten. Gebunden

Max Raphael. Werkausgabe. Herausgegeben von Hans-Jürgen Heinrichs. 11 Bände in Kassette. stw 831-841. 3448 Seiten.
Auch einzeln lieferbar

Martin Seel. Eine Ästhetik der Natur. stw 1231. 389 Seiten

Martin Seel. Die Kunst der Entzweiung. Zum Begriff der
ästhetischen Rationalität. stw 1337. 373 Seiten

Edgar Wind. Kunst und Anarchie. Die Reith Lectures 1960.
Mit Abbildungen. stw 1163. 219 Seiten

Richard Wollheim. Objekte der Kunst. Übersetzt von Max
Looser. stw 384. 256 Seiten

Kulturwissenschaft und Kulturtheorie
im Suhrkamp Verlag
Eine Auswahl

Michail M. Bachtin. Die Ästhetik des Wortes. Herausgegeben und eingeleitet von Rainer Grübel. Übersetzt von Rainer Grübel und Sabine Reese. es 967. 366 Seiten

Michail M. Bachtin. Rabelais und seine Welt. Volkskultur als Gegenkultur. Übersetzt von Gabriele Leupold. Herausgegeben und Vorwort von Renate Lachmann. stw 1187. 546 Seiten

Roland Barthes
- Fragmente einer Sprache der Liebe. Übersetzt von Hans-Horst Henschen. st 1586. 279 Seiten
- Die helle Kammer. Bemerkungen zur Photographie. Übersetzt von Dietrich Leube. Mit zahlreichen Abbildungen. st 1642. 138 Seiten
- Mythen des Alltags. Übersetzt von Helmut Scheffel. es 92. 152 Seiten

Pierre Bourdieu. Die Regeln der Kunst. Genese und Struktur des literarischen Feldes. Übersetzt von Bernd Schwibs und Achim Russer. 552 Seiten. Gebunden

Peter Bürger. Theorie der Avantgarde. es 727. 147 Seiten

Gilles Deleuze. Das Bewegungs-Bild. Kino 1. Übersetzt von Ulrich Christians und Ulrike Bokelmann. stw 1288. 332 Seiten

Gilles Deleuze. Das Zeit-Bild. Kino 2. Übersetzt von Klaus Englert. stw 1289. 454 Seiten

Jacques Derrida. Grammatologie. Übersetzt von Hans-Jörg Rheinberger und Hanns Zischler. stw 417. 541 Seiten

Jacques Derrida. Die Schrift und die Differenz. Übersetzt von Rodolphe Gasché. stw 177. 451 Seiten

John Dewey. Kunst als Erfahrung. Übersetzt von Christa Velten, Gerhard vom Hofe und Dieter Sulzer. stw 703. 411 Seiten

Michel Foucault. Archäologie des Wissens. Übersetzt von Ulrich Köppen. stw 356. 301 Seiten

Michel Foucault. Die Ordnung der Dinge. Eine Archäologie der Humanwissenschaften. Übersetzt von Ulrich Köppen. stw 96. 470 Seiten

Peter Gendolla/Thomas Kamphusmann (Hg.). Die Künste des Zufalls. stw 1432. 302 Seiten

Michael Giesecke. Der Buchdruck in der frühen Neuzeit. stw 1357. 957 Seiten

Michael Giesecke. Sinnenwandel, Sprachwandel, Kulturwandel. Studien zur Vorgeschichte der Informationsgesellschaft. stw 997. 374 Seiten

Ernst H. Gombrich/Julian Hochberg/Max Black. Kunst, Wahrnehmung, Wirklichkeit. Übersetzt von Max Looser. es 860. 156 Seiten

Nelson Goodman. Sprachen der Kunst. Entwurf einer Symboltheorie. Übersetzt von Bernd Philippi. stw 1304. 254 Seiten

Nelson Goodman/Catherine Z. Elgin. Revisionen. Philosophie und andere Künste und Wissenschaften. Übersetzt von Bernd Philippi. stw 1050. 225 Seiten

Jack Goody. Die Logik der Schrift und die Organisation von Gesellschaft. Übersetzt von Uwe Opolka.
323 Seiten. Gebunden

Jack Goody/Ian Watt/Kathleen Gough. Entstehung und Folgen der Schriftkultur. Übersetzt von Friedhelm Herborth. Mit einer Einleitung von Heinz Schlaffer. stw 600. 161 Seiten

Wolf Lepenies. Melancholie und Gesellschaft. Mit einer neuen Einleitung: Das Ende der Utopie und die Wiederkehr der Melancholie. stw 967. 337 Seiten

André Leroi-Gourhan. Hand und Wort. Die Evolution von Technik, Sprache und Kunst. Übersetzt von Michael Bischoff. Mit 153 Zeichnungen des Autors. stw 700. 532 Seiten

Winfried Menninghaus. Ekel. Theorie und Geschichte einer starken Empfindung. 592 Seiten. Gebunden

K. Ludwig Pfeiffer. Das Mediale und das Imaginäre. Dimensionen kulturanthropologischer Medientheorie.
624 Seiten. Gebunden